Tutorium Jura

Die Reihe Tutorium Jura stellt die Grundlagen des Zivil-, Straf- und Öffentlichen Rechts dar, um dem Lernenden einen praktischen Umgang mit der Materie zu ermöglichen. Sie stellt das in Vorlesungen meist abstrakt vermittelte Wissen dar und überträgt es auf prüfungsrelevanten Fallsituationen. Der Studierende wird so bei der Entwicklung juristischer Fertigkeiten an die Hand genommen.

Vorkenntnisse spielen keine Rolle. Die Autoren sind erfolgreiche und erfahrene Tutoren. Aufgrund ihrer langjährigen Tätigkeit als Leiter wissenschaftlicher Arbeitsgruppen kennen sie die typischen Probleme von Studierenden im Umgang mit dem Gesetz und gehen daher im Besonderen auf die Ansprüche und Bedürfnisse der Studierenden ein.

Die vollständig im Gutachtenstil verfassten Lösungen bieten dem Lernenden anschauliche Beispiele für eine gelungene Falllösung. Diese ist nicht nur Grundlage einer erfolgreichen Teilnahme an den Scheinprüfungen, sie bestimmt letztendlich den Erfolg im Examen.

Weitere Bände in dieser Reihe
http://www.springer.com/series/5548

Jan-Gero Alexander Hannemann
Georg Dietlein

Studentische Rechtsberatung und Clinical Legal Education in Deutschland

 Springer

Jan-Gero Alexander Hannemann
Göttingen
Deutschland

Georg Dietlein
Köln
Deutschland

Tutorium Jura
ISBN 978-3-662-48398-5   ISBN 978-3-662-48399-2 (eBook)
DOI 10.1007/978-3-662-48399-2

Die Deutsche Nationalbibliothek verzeichnet diese Publikation in der Deutschen Nationalbibliografie; detaillierte bibliografische Daten sind im Internet über http://dnb.d-nb.de abrufbar.

Springer
© Springer-Verlag Berlin Heidelberg 2016
Das Werk einschließlich aller seiner Teile ist urheberrechtlich geschützt. Jede Verwertung, die nicht ausdrücklich vom Urheberrechtsgesetz zugelassen ist, bedarf der vorherigen Zustimmung des Verlags. Das gilt insbesondere für Vervielfältigungen, Bearbeitungen, Übersetzungen, Mikroverfilmungen und die Einspeicherung und Verarbeitung in elektronischen Systemen.
Die Wiedergabe von Gebrauchsnamen, Handelsnamen, Warenbezeichnungen usw. in diesem Werk berechtigt auch ohne besondere Kennzeichnung nicht zu der Annahme, dass solche Namen im Sinne der Warenzeichen- und Markenschutz-Gesetzgebung als frei zu betrachten wären und daher von jedermann benutzt werden dürften.
Der Verlag, die Autoren und die Herausgeber gehen davon aus, dass die Angaben und Informationen in diesem Werk zum Zeitpunkt der Veröffentlichung vollständig und korrekt sind. Weder der Verlag noch die Autoren oder die Herausgeber übernehmen, ausdrücklich oder implizit, Gewähr für den Inhalt des Werkes, etwaige Fehler oder Äußerungen.

Gedruckt auf säurefreiem und chlorfrei gebleichtem Papier

Springer Berlin Heidelberg ist Teil der Fachverlagsgruppe Springer Science+Business Media (www.springer.com)

Danksagung

An dieser Stelle möchte ich vor allem meinen Eltern danken, die mich bei allen meinen Unternehmungen stets unterstützt haben und mir eine anspruchsvolle und gleichzeitig erfüllende Ausbildung ermöglicht haben. Sie sind meine besten Freunde, Vertrauten, Berater und Unterstützer in allen Lebenslagen. Auch Mariechen sei an dieser Stelle gedankt!

Mein besonderer Dank im Rahmen dieser Arbeit gilt meinen Freunden und engen Vertrauten Stephan, Konrad, Arne, Philip, Tino, Flo, Matoya, Robert, Christine, Christian, Ingrid und Albrecht, denen ich es verdanke, dass ich die wirklich wichtigen Dinge des Lebens nie ganz aus den Augen verloren habe.

Ich danke meinen Förderern und Freunden, Prof. Dr. (Fryderyk) Zoll, Prof. Dr. Ahrens, Prof. Dr. Renzikowski, Dr. Gerhold, Sylvia Groneick und Frau Bundesrichterin Ingrid Kopacek für die vielen Gespräche und ihren prägenden Einfluss. Auch gilt mein Dank Prof. Dr. Chan.

Ich hoffe, niemanden vergessen zu haben, und doch stehe ich in der Gewissheit, dass auch andere Personen mein Schaffen beeinflusst haben, die ich hier nicht aufführe. Ihnen gilt ebenfalls mein Dank!

Singapur im Spätsommer 2015   Jan-Gero Alexander Hannemann

Inhaltsverzeichnis

Kapitel 1 – Einleitung 1

Kapitel 2 – Clinical Legal Education in der deutschen Juristenausbildung 5
   1. Rechtsdidaktisches Konzept der Clinical Legal Education 8
   2. Warum gerade Live Client Clinics? 9

Kapitel 3 – Geschichte und Gegenwart studentischer Rechtsberatung in Deutschland 13
   1. Studentische Rechtsberatungen in Deutschland 18
      a) Verteilung der unterschiedlichen Legal Clinic Trends in Deutschland 18
      b) Allgemeine Rechtsberatungsstellen 21
      c) Refugee Law Clinics 31
      d) Start-Up Rechtsberatungen bzw. Business Law Clinics 39
      e) Internet Law Clinics 41
      f) Weitere interessante Ansätze in der studentischen Rechtsberatung 42
      g) Sonstige unentgeltlich rechtsberatende Institutionen 42
      h) Der Bund Studentischer Rechtsberater e. V. (BSRB) als Dachverband der Legal Clinics 43
   2. Exkurs: Studentische Rechtsberatung und Legal Clinical Education in den USA 46
   3. Exkurs: Internationaler Überblick 48

Kapitel 4 – Rechtsfragen der studentischen Rechtsberatung in Deutschland 53
   1. Studentische Rechtsberatung mit Anbindung an eine Hochschule 53
   2. Studentische Rechtsberatung ohne Anbindung an eine Hochschule ... 53
   3. Vertragsnatur des Beratungsverhältnisses 54
   4. Haftung 56
   5. Rechtsform, Struktur und Haftungsausschluss durch die Rechtsform ... 57
      a) Teilkörperschaft des öffentlichen Rechts 58
      b) Nicht eingetragener Verein 59
      c) Eingetragener Verein 60
      d) Kapitalgesellschaften (Unternehmergesellschaft/GmbH) 61

aa) Allgemein 61
bb) Haftungsrisiken der UG (haftungsbeschränkt) 63
(1) Unterkapitalisierung der UG
und Durchgriffshaftung 63
(2) Materiell qualifizierte Unterkapitalisierung 64
(3) Durchgriffshaftung 64
(4) Strafrecht 66
(5) Tätigkeitsverbot (§ 6 Abs. 2 GmbHG) 67
cc) Beendigung der Kapitalgesellschaft 67
e) Gewählte Rechtsformen der Legal Clinics in Deutschland 68
aa) Übersicht: Rechtsformen aller Legal Clinics 68
bb) Rechtsformen der allgemein beratenden
Legal Clinics 69
cc) Rechtsformen der Refugee Law Clinics 70
dd) Rechtsformen der Start-Up Rechtsberatungen
bzw. Business Law Clinics in Deutschland 71
ee) Rechtsformverteilung der Legal Clinics in
Deutschland nach der ersten statistischen Erhebung
zur Entwicklung der Studentischen Rechtsberatung
in Deutschland (BSRB, 2015) 72
6. Versicherungen zur Absicherung der Rechtsberatungsstelle 73
7. Versicherung über den mitwirkenden Anwalt 75
8. Steuer- und Gemeinnützigkeitsrecht 75
9. Anforderungen des RDG 76
a) Fachkundige Anleitung 78
b) Fachkundige Mitwirkung 82
c) Wettbewerbswidriges Verhalten des anleitenden Volljuristen ... 84
d) Tätigkeitsbereiche der Rechtsberatung 84
e) Die Tätigkeit des anleitenden Volljuristen 86
aa) Die Haftung des anleitenden Volljuristen 86
bb) „Pro-Bono-Verbot" für Anwälte 88
cc) Möglichkeiten des § 8 RDG 91
10. Grenzfragen der Unentgeltlichkeit 93
a) Entgeltlichkeit im weiteren Sinne 94
b) Rechtsberatung im Verein 94
c) Gegenleistungen und freiwillige Leistungen 96
d) Aufwandsentschädigungen 97
11. Vorgehen gegen unerlaubte Rechtsdienstleistungen 98
a) Untersagung von Rechtsdienstleistungen nach § 9 RDG 98
b) Unterlassungsansprüche nach dem BGB 100
c) Unterlassungsansprüche nach dem UWG 101
d) Unterlassungsansprüche nach dem UKlaG 101
12. Studentische Steuerberatung? 102

Kapitel 5 – Praktische Hinweise ... 105
1. Allgemeine Erwägungen ... 105
2. Haftung ... 106
3. Vor dem ersten Mandantenkontakt ... 106
4. Der Erstkontakt ... 107
5. Das erste Mandantengespräch ... 107
    a) Vorbereitung des Gespräches ... 107
    b) Das Mandantengespräch ... 108
    c) Ad Hoc Beratung ... 109
    d) Protokollierung und Archivierung ... 110
6. Fallbearbeitung ... 112
7. Umgang mit fehlerhaften Informationen seitens des Mandanten ... 113
8. Die Lösung des Falles ... 114
9. Abschluss und Nachbereitung der Rechtsberatung ... 115

Kapitel 6 – Organisatorische Aspekte der Rechtsberatung ... 117
1. Koordination der Rechtsberatungsstelle ... 117
2. Marketing ... 118
    a) Mandantenbezogenes Marketing ... 118
    b) Nachwuchsförderndes Marketing (HR) ... 119
3. Qualitätsmanagement ... 120
    a) Qualitätssicherung ... 120
    b) Professionelle und ethische Standards ... 122
    c) Umfragen zur Selbstevaluation ... 123
    d) Fachliche Anforderungen ... 124
    e) Supervisionen ... 125
    f) Kommunikation mit dem Mandanten ... 125
4. Nachhaltigkeit ... 126
    a) Expansionspolitik und Generationenwechsel ... 126
    b) Kooperationen mit externen Partnern ... 126
5. Das Team ... 127
    a) Teambildung ... 127
    b) Fachfremde Rechtsberater? ... 127
    c) Teamzusammenhalt ... 128
6. Finanzierung der Rechtsberatungsstelle ... 128
7. Anerkennung bzw. Anrechnung der Mitarbeit in der juristischen Ausbildung ... 130

Kapitel 7 – Prozessuale Bezüge ... 131
1. Unmittelbare Vertretung vor Gericht ... 132
2. Sonderfall: Studentische Strafverteidigung ... 132
3. Sonderfall: Verfassungsbeschwerde ... 133
4. Vertretung durch einen Referendar ... 134
5. Zwischenfazit ... 134
6. Vertretung im Zuge einer Streitgenossenschaft ... 134

    7. Vertretung im Zuge eines Eheversprechens i. S. d. § 1297 BGB ... 136
    8. Zeugenstand 137
    9. Schiedsverfahren 137
   10. Auftreten vor Behörden 138

Kapitel 8 – Studentische Rechtsberatung und anwaltliches Standesrecht 139

Kapitel 9 – Weitere Konzepte zur Verbesserung der praxisnahen Ausbildung im Jurastudium 141
    1. Moot Courts und Mock Trials 141
    2. Weitere Möglichkeiten praktischer Jurisprudenz 142

Kapitel 10 – Kritik an Studentischer Rechtsberatung 143
    1. Keine Verbesserung der juristischen Ausbildung
       durch Legal Clinics (Ad 1)? 144
    2. Überforderung der studentischen Rechtsberater (Ad 2)? 144
    3. Konkurrenz für die Anwaltschaft (Ad 3 & Ad 4)? 145
    4. Prozesskostenhilfe und sozialstaatliche Behelfe (Ad 5) 146
    5. Nur „hausinterne" Beratung? 147

Kapitel 11 – Mehrwert des Engagements in einer Legal Clinic 149
    1. Anreize für Studenten zur Mitarbeit in einer Legal Clinic .. 149
    2. Fähigkeiten, die durch Legal Clinics trainiert werden 151
    3. Anreize für Anwälte zur Mitarbeit in einer Legal Clinic 151

Kapitel 12 – Ausblick 153

Anhang 155

Über die Autoren

Jan-Gero Alexander Hannemann ist Student der Rechtswissenschaften an der National University of Singapore (vormals Genf, Oxford, Madrid und Göttingen) sowie Präsident des Bundes Studentischer Rechtsberater (BSRB).

Überdies hat er die Studentische Rechtsberatungsstelle Göttingen Pro Bono gegründet sowie im Juli 2015 die Refugee Law Clinic Göttingen. Er ist Herausgeber des „German Journal of Legal Education" (GJLE). Außerdem ist er Verfasser etlicher Buch- und Zeitschriftenbeiträge zum Thema Clinical Legal Education & Practical Jurisprudence.

Georg Dietlein ist Student der Rechtswissenschaften an der Universität zu Köln; zuvor hat er ebenda sein Studium der Betriebswirtschaftslehre (B.Sc.) abgeschlossen. Er engagiert sich seit 2012 im Bereich Clinical Legal Education, ist Gründer einer studentischen Rechtsberatungsstelle und Vorstandsmitglied des BSRB sowie Verfasser zahlreicher Veröffentlichungen mit Schwerpunkt studentische Rechtsberatung.

Abkürzungsverzeichnis

BRAO	Bundesrechtsanwaltsordnung
BSRB	Bund Studentischer Rechtsberater
CL	Client Interviewing
CLEA	Clinical Legal Education Association
FUPP	Dachverband der polnischen Clinics
GAJE	Global Alliance for Justice Education
GJLE	German Journal of Legal Education (Zeitschrift des BSRB)
GmbH	Gesellschaft mit beschränkter Haftung
GmbHG	GmbH Gesetz
HGB	Handelsgesetzbuch
InsO	Insolvenzordnung
LC	Legal Clinic
MC	Moot Court
RBerG	Rechtsberatungsgesetz
RDG	Rechtsdienstleistungsgesetz

Kapitel 1 – Einleitung

Seit Inkrafttreten des Rechtsdienstleistungsgesetzes (RDG) im Jahre 2008[1] ist eine rasante Entwicklung der studentischen Rechtsberatung in Deutschland zu beobachten. Law Clinics liegen im Trend der Zeit. Sie sind sowohl für den Beratenen als auch den Berater von Interesse. Ähnlich einem Medizinstudenten, der bereits während seiner Ausbildung Patienten behandeln wird, können Jurastudenten im Rahmen von Law Clinics ihre juristischen Kenntnisse erproben und bei der Lösung realer Rechtsfälle anwenden.[2]

Die studentische Rechtsberatung verbindet also soziales Engagement in Form von Pro Bono[3] Rechtsberatung mit wertvoller Praxiserfahrung[4]. Insofern sind Legal Clinics eine außerordentlich sinnvolle Bereicherung der juristischen Ausbildung[5], denn Führungs-, Veränderungs-, strategische, unternehmerische, soziale und interkulturelle Kompetenzen muss jeder individuell erwerben.[6] Das „Ob" der Legal Clinics ist in Deutschland auch nicht mehr umstritten.[7]

Vorbild für die studentische Rechtsberatung in Deutschland waren die Law Clinics in anderen Ländern, vor allem in den USA, wo sich dieses Angebot seit Jahrzehnten bewährt hat. An zahlreichen juristischen Fakultäten, aber auch unabhängig von Universitäten und teilweise städteübergreifend, gründeten sich in Deutschland studentische Rechtsberatungen oder Beratungsinitiativen mit Schwerpunkten in

---

[1] Vgl. BT-Drucks. 16/3655, 57.
[2] *Stephan*, AnwBl. 1998, 89 ff.
[3] Lateinisch *pro bono publico*: zum Nutzen der Öffentlichkeit. Darunter versteht man eine eigentlich kostenpflichtige Dienstleistung, die ohne Bezahlung erfolgt.
[4] *Bocksrocker*, azur 01/2014, S. 32.
[5] Vgl. *Tiedemann/Gieseking* (Hrsg.), Flüchtlingsrecht in Theorie und Praxis – 5 Jahre Refugee Law Clinic an der Justus Liebig Universität Gießen (Schriftenreihe zum Migrationsrecht 13), Baden-Baden 2014, S. 5.
[6] *Zenthöfer*, JuS 1999, 1143.
[7] *Dietlein/Hannemann*, NJW 2015, 1123 f.

unterschiedlichen Rechtsgebieten (beispielsweise im Asylrecht die Refugee Law Clinics).[8]

Studentische Rechtsberatung bietet hierbei sowohl den Beratenden als auch den Beratenen einen Mehrwert – ohne dabei der Anwaltschaft zur Konkurrenz zu werden. Rechtsberatung durch Nicht-Anwälte hat grundsätzlich unentgeltlich zu erfolgen (§ 6 RDG), während bei anwaltlicher Beratung sogar ein Verbot der Gebührenunterschreitung besteht (§ 49b BRAO), d. h. die Beratung muss grundsätzlich entgeltlich erfolgen. In diesem System stellt unentgeltliche Erstberatung durch Studenten eine sinnvolle Ergänzung des Beratungsmarktes und der Rechtspflege dar.[9] Im Übrigen werden Studenten, die sich in einer studentischen Rechtsberatung engagieren, an die spätere berufliche Praxis herangeführt. Diese sukzessive Implementierung berufspraktischer Elemente setzt neue Impulse für die universitäre Ausbildung.[10] Angehende Ärzte müssen sich mit realen Patienten auseinandersetzen und ihr Wissen direkt am Fall (unter Aufsicht) zur Anwendung bringen. Angehende Naturwissenschaftler sammeln ihre Erfahrungen im Zuge erster praktischer Experimente und Testreihen (ebenfalls unter Aufsicht). Diesen Praxisbezug wünscht man sich in der Jurisprudenz bereits seit über 100 Jahren. Jurastudenten haben in der universitären Ausbildung lediglich mit theoretischen Fällen und anonymen Personen zu tun. Die Arbeit am Gutachten hat sicherlich ihre Berechtigung, jedoch ist es etwas ganz anderes, wenn es sich um reale Fälle handelt, die zunächst einmal aufgearbeitet werden müssen und den Blick für die praktische Arbeit eines Juristen schärfen. Rechtswissenschaft besteht nicht aus langen verschachtelten Sätzen, sondern ist lebensnaher, als die Hundertschaft der zu bewältigenden Bücher im Laufe des Studiums vermuten lässt.

Seit Einführung des neuen Rechtsdienstleistungsgesetzes (RDG) ist dieser lang ersehnte Praxisbezug in Deutschland auch möglich geworden. Jurastudenten können sich im Zuge studentischer Rechtsberatung zum ersten Mal in ihrem Leben mit den Problemen realer Mandanten auseinandersetzen, Lösungen erarbeiten und entsprechend darstellen. Die studentische Rechtsberatung ist eine frühzeitige Synthese aus Theorie und Praxis.[11] Viele theoretische Kenntnisse lassen sich meist erst durch ihre praktische Anwendung ganzheitlich begreifen. Die Arbeit am realen Fall, die auf die spätere Beschäftigung vorbereitet, bleibt im Studium auf der Strecke.

Die meisten Jurastudenten werden später einmal als Rechtsanwalt tätig sein. Und doch wird die praktische Ausbildung lediglich von drei Monaten Pflichtpraktika in Verwaltung und Rechtsberatung, sowie dem sich an das Staatsexamen anschlie-

---

[8] Vgl den Bericht der FAZ: Law Clinics – Jurastudenten machen sich nützlich, FAZ vom 17.09.2014 (www.faz.net/aktuell/beruf-chance/campus/law-clinics-13148661.html), [Stand: 15.07.2015].

[9] Vgl. *Beisel*, Rechtsberatung von Jurastudenten: Nachwuchs-Anwälte der Armen, in: Süddeutsche Zeitung vom 2. April 2013.

[10] *Rüdiger*, Praktische Jurisprudenz: Clinical Legal Education und Anwaltsorientierung im Studium – Ein Tagungsbericht, in: JA 7/2011, S. VI f. Abrufbar unter: http://www.ja-aktuell.de/cms/website.php?id=/de/studium_referendariat/erfahrungsberichte/praktische-jurisprudenz.htm, [Stand: 15.07.2015]; vgl. auch ders., ZJS 2011, 583 – 586.

[11] Vgl. *Prümm*, Handbuch Studentische Rechtsberatung StuR an der HWR Berlin, Berlin 2011, S. 9.

ßende Referendariat abgedeckt. Die Praktika vor dem Ersten Staatsexamen sind je nach Einsatzort sehr speziell, zum Teil oberflächlich und vermitteln nur in Ansätzen die eigentliche Tätigkeit eines Rechtsanwaltes. Die wirklich praktische Ausbildung, das Referendariat, schließt sich erst nach dem Ersten Staatsexamen an.

Die positiven Aspekte der studentischen Rechtsberatung sind evident. Studentische Rechtsberatung kann zu einem weiteren Standbein der Rechtssicherheit und Gerechtigkeit unserer Gesellschaft werden und ist gleichzeitig eine ausgezeichnete Ausbildungsform. Legal Clinics bilden ein Lernumfeld, in dem Studenten Probleme analysieren, wissenschaftlich arbeiten und ihr Wissen an einem realen Fall – nicht nur theoretisch – anwenden können. Der Student kann den Fall im Ganzen und in seinen Details so lösen, wie er es im anwaltlichen Berufsalltag tun würde.[12]

Anders als bei Moot Courts oder Mock Trials, bei denen eine Gerichtsverhandlung simuliert wird[13], steht man realen, dynamischen Lebenssachverhalten gegenüber und trägt zu einem gewissen Grad auch eine Verantwortung für den Klienten, was den Erfolg oder Misserfolg des Falles faktisch und vor allem emotional greifbar macht.

Mit diesem Buch möchten die Autoren all denjenigen, die sich in einer studentischen Rechtsberatung engagieren wollen oder sogar eine solche gründen möchten, den Einstieg in die Thematik erleichtern und den Weg in das „Abenteuer Rechtsberatung" ebnen.

---

[12] *Grimmes*, The Theory And Practice Of Clinical Legal Education, in: *Webb/Maugham* (eds.), Teaching Lawyers´ Skills (1996), S. 138.
[13] Vgl. *Hannemann*, Praxisleitfaden Moot Courts – Tipps und Tricks zur erfolgreichen Teilnahme, Berlin/Wien/Zürich 2015, 11 ff.

Kapitel 2 – Clinical Legal Education in der deutschen Juristenausbildung

Die Juristenausbildung in Deutschland ist in ihrer Form weltweit einzigartig. Deutsche Juristen zeichnen sich dadurch aus, dass sie während ihres Studium darin geschult wurden, komplexe rechtliche Fragen richtig einzuordnen und sich schnell und effizient in neue Themengebiete einzuarbeiten. In besonderer Weise trägt dazu der sogenannte Gutachtenstil bei, der die angehenden Juristen sensibilisiert, komplexe Rechtsfragen aufzuschlüsseln und en détail aufzuarbeiten. Mit dieser Fähigkeit ist der deutsche Jurist auch in der Lage, neue Rechtsmaterien zu bearbeiten, die ihm noch nicht vertraut sind. Die deutsche Juristenausbildung zielt so auf die Ausbildung eines „Einheitsjuristen" ab, also einen mit der Befähigung zum Richteramt ausgestatteten Volljuristen, der mit allen Rechtsgebieten vertraut ist.[1] Hierin unterscheidet sie sich übrigens fundamental von der Juristenausbildung in den USA, die die Ausbildung zum Rechtsanwalt in den Mittelpunkt stellt, dafür allerdings im Gegensatz zu Deutschland kein Referendariat als praktische Ausbildung kennt. Ein Großteil der praktischen Juristenausbildung in den USA erfolgt bereits durch die Law Schools sowie durch Legal Clinics im Besonderen.

Problematisch am Gutachtenstil ist, dass er in erster Linie für die Arbeit des Richters sensibilisiert, der in den jeweils bei ihm anhängigen Verfahren die Rechtslage umfassend prüfen muss. Nicht oder zumindest selten zur Geltung kommen dabei rechtsberatende und rechtsgestaltende Elemente, die für den Beruf des Rechtsanwalts maßgeblich sind.

So ist die universitäre Juristenausbildung in Deutschland noch immer sehr theoretisch.[2] Im universitären Studium werden in erster Linie die großen Examensfächer (Zivilrecht, Öffentliches Recht, Strafrecht) in der Form von Rechtsgutachten vermittelt. *„Was würden Sie Ihrem Mandanten raten?"*, *„Wie könnte ein entsprechender Vertrag zwischen den Parteien aussehen?"* oder *„Was ist der sicherste Weg für Ihren Mandaten?"* finden sich als Examensfragen recht selten. Praktische Aspekte

---

[1] Vgl. *Robbers*, Einführung in das Deutsche Recht, 5. Aufl., Baden-Baden 2012, S. 30 Rn. 55.
[2] *Hannemann/Dietlein*, Ad Legendum 2014, 79 ff.

kommen also in der Juristenausbildung noch immer recht wenig zur Geltung[3], auch wenn das juristische Studium in erster Linie auf einen praktischen juristischen Beruf zielt. Die überwiegende Anzahl der Absolventen werden später in einem Beruf tätig sein, bei dem es um die praktische Anwendung erworbener Rechtskenntnisse geht, sei es als Rechtsanwalt, Unternehmensjurist, Richter, Notar oder in der öffentlichen Verwaltung.[4] Aber auch für Juristen, die später einmal in Wissenschaft und Forschung arbeiten, sind Einblicke in die Welt der praktischen Jurisprudenz unerlässlich. Schließlich sollen sie ihre Studenten im Rahmen der universitären Ausbildung auf die berufliche Praxis vorbereiten.

Der Ausbildung zum Anwalt müsste jedoch bei der universitären Juristenausbildung eine zentrale Bedeutung zukommen, denn der prozentual größte Teil aller Absolventen wird später in diesem Berufsfeld tätig sein. Von den ca. 240.000 Juristen in Deutschland sind insgesamt 163.539 Personen als Rechtsanwälte tätig[5], also etwa zwei Drittel. Hinzuzurechnen wären noch jene Personen, die nicht mehr als Rechtsanwalt zugelassen sind, aber weiter (unentgeltlich) beraten. Außerdem gibt es Rechtsberatung auch außerhalb der Anwaltschaft, etwa in Form von Unternehmensjuristen und in der Sonderform des Syndikusrechtsanwaltes. Umso befremdlicher ist daher, dass trotz dieser deutlichen Mehrheit der Anwaltschaft unter Juristen die rechtsberatende und rechtsgestaltende Komponente in der universitären Juristenausbildung nur marginal behandelt wird. Ziel einer Reform der Juristenausbildung müsste die Förderung von Rechtsberatung und Rechtsgestaltung im universitären Studium sein.[6]

Dieses Notwendigkeit hat der Gesetzgeber im Jahr 2002 erkannt und durch das Gesetz zur Reform der Juristenausbildung versucht, praktische Komponenten in der Juristenausbildung zu verankern. Nach § 5a Abs. 3 S. 1, § 5d Abs. 1 S. 1 DRiG soll das rechtswissenschaftliche Studium so auch die rechtsprechende, verwaltende und rechtsberatende Praxis einschließlich bestimmter Schlüsselqualifikationen berücksichtigen (Verhandlungsmanagement, Gesprächsführung, Rhetorik[7], Streitschlichtung, Mediation, Vernehmungslehre, Kommunikationsfähigkeit). Ob dies im Einzelfall gelingt und Studenten die Angebote ihrer Fakultäten auch wahrnehmen, ist eine andere Frage. Denn zahlreiche Angebote der praktischen Juristenausbildung sind im universitären Studium nicht verpflichtend. Mit Ausnahme einer „praktischen Studienzeit" (zwei Pflichtpraktika) von drei Monaten (§ 5a Abs. 3 S. 2 DRiG) sind Angebote wie Moot Courts, Mock Trials, Fallsimulationen und Legal Clinics

---

[3] Vgl. *Puppe*, ZIS 2008, 67.

[4] Vgl. *Groß*, Legal Clinics: praxisbezogenes Lernen im juristischen Studium, in: *Brockmann/Dietrich/Pilniok* (Hrsg.), Exzellente Lehre im juristischen Studium. Auf dem Weg zu einer rechtswissenschaftlichen Didaktik, Baden-Baden 2011, S. 127–133 (127).

[5] Stand: Januar 2015; Quelle: Bundesrechtsanwaltskammer (www.brak.de/w/files/04_fuer_journalisten/statistiken/2015/grmgstatisitik2015.pdf [Zuletzt aufgerufen: 02.07.2015]).

[6] *Raiser*, Reform der Juristenausbildung Förderung von Beratungs- und Gestaltungsaufgaben als Ziel der Juristenausbildung, ZRP 2001, S. 418 ff.; vgl. auch den Tagungsband *Hof/Götz von Olenhusen* (Hrsg.), Rechtsgestaltung – Rechtskritik – Konkurrenz von Rechtsordnungen… – Neue Akzente für die Juristenausbildung, Baden-Baden 2012.

[7] *Stobbe*, NJW 1991, 2042 sieht im Fehlen der Rhetorik in der Juristenausbildung einen beispielhaften Beweis ihrer Praxisferne.

rein fakultativ. Zwölf Wochen Praktikum, die auch noch auf verschiedene Stationen aufgeteilt werden müssen, sind jedoch nicht ausreichend, um dem Studenten einen lebensnahen Einblick in die Jurisprudenz zu geben. Dies gilt besonders vor dem Hintergrund, dass im Praktikum selten verantwortungsvolle Aufgaben übertragen werden und der Kontakt mit Mandanten eher ungewöhnlich ist. Auf jeden Fall wird der Praktikant keine Fälle von Anfang bis zum Ende selbstständig bearbeiten können.

Je nach Landesrecht haben Jurastudenten während ihrer universitären Ausbildung einen Fremdsprachennachweis und eine Schlüsselqualifikation zu erwerben, die allerdings auch in recht „unpraktischen" Fächern erbracht werden können. So müsste man sich eigentlich kritisch die Frage nach dem Praxisbezug stellen, wenn dem Fremdsprachennachweis ein Lateinkurs und der Schlüsselqualifikation ein Seminar in queerfeministischer Gender-Forschung zugrunde liegt. Bei der großen Anzahl an Jurastudenten sind auf Seiten der juristischen Fakultäten ohnehin nur Lehrangebote möglich, bei denen der individuell-praktische Erfahrungsgewinn für den einzelnen Jurastudenten denkbar gering ausfällt. Eine Ausnahme hiervon sind die Moot Courts, zu denen aber immer nur wenige Jurastudenten Zugang haben.

Angeregt durch solche Elemente der praktischen Juristenausbildung wurde auch in Deutschland immer wieder über eine Stärkung der Clinical Legal Education wie in den USA nachgedacht.[8] Auch aus den USA kommen Stimmen, die Deutschland zur Adaption von Legal Clinics ermutigen wollen.[9] Dabei stellt die studentische Rechtsberatung – streng genommen – nur ein einzelnes Element der Clinical Legal Education dar. Unter diesem Oberbegriff lassen sich insgesamt drei Grundtypen subsumieren[10]:

- Moot Courts, also simulierte Gerichtsverhandlungen,
- Praktika in einer Kanzlei oder einem Unternehmen, bei denen unter Umständen erste Rechtsfragen eigenständig bearbeitet werden
- und schließlich Legal Clinics (live client clinics), bei denen Studierende in der Rolle des Rechtsberaters reale Mandanten mit Fällen aus dem realen Leben beraten.

Die Möglichkeit der Clinical Legal Education wurde 2008 durch die Novellierung des Rechtes der Rechtsberatung (RDG) eröffnet. Studenten dürfen nun unter Anleitung eines Anwaltes rechtsberatend tätig werden und ihre erlangten Rechtskenntnisse an praktischen Fällen erproben.

---

[8] Vgl. *Stephan*, Bericht über den Moot-Court-Bundesentscheid beim BGH – zugleich eine Untersuchung zur Frage: Wären Clinical-Legal-Education-Programme in Deutschland möglich?, Jura 2000, S. 303 ff.; *Lynen/Warken*, Anwaltsorientierte Moot Courts an der Ruprecht-Karls-Universität Heidelberg – Lehrveranstaltung der Zukunft, JuS 2003, S. 1142 ff.

[9] *Bücker/Woodruff*, The Bologna Process and German Legal Education: Developing Professional Competence through Clinical Experiences, German Law Journal 2008, 575–617.

[10] *Groß*, Legal Clinics: praxisbezogenes Lernen im juristischen Studium, in: *Brockmann/Dietrich /Pilniok* (Hrsg.), Exzellente Lehre im juristischen Studium. Auf dem Weg zu einer rechtswissenschaftlichen Didaktik, Baden-Baden 2011, S. 127–133 (128).

1. Rechtsdidaktisches Konzept der Clinical Legal Education

In den vergangenen Jahrzehnten wird immer wieder die Forderung nach einer rechtswissenschaftlichen Fachdidaktik laut. Dies geht mit entsprechenden rechtswissenschaftlichen Tagungen (etwa der *Hans-Soldan-Stiftung*) und der Gründung von Lehrstühlen bzw. Zentren für rechtswissenschaftliche Fachdidaktik (etwa in Köln und Hamburg) einher. Die Forderung nach entsprechender Fachdidaktik wird oft mit dem Ruf nach einer Reform der Juristenausbildung verbunden, die auch trotz Änderung des DRiG im Jahr 2002 weiter diskutiert wird.[11] Entsprechende Beschlüsse zur Fortentwicklung der Juristenausbildung hat etwa der 68. Deutsche Juristentag 2010 in Berlin gefasst.

Auch der Deutsche Wissenschaftsrat, der die Bundesregierung und die Regierungen der Länder in Fragen der inhaltlichen und strukturellen Entwicklung der Hochschulen, der Wissenschaft und der Forschung berät, hat sich in seinem Papier „*Perspektiven der Rechtswissenschaft in Deutschland – Situation, Analysen, Empfehlungen*" ausdrücklich mit der Clinical Legal Education beschäftigt und Moot Courts sowie Legal Clinics (studentische Rechtsberatung) dabei positiv hervorgehoben.[12] Der Wissenschaftsrat betont mit Blick auf diese beiden Lehrmodelle: „Diese Angebote dienen nicht nur der Stärkung des Praxisbezugs im Studium, sondern auch der Einübung von Techniken wissenschaftlichen Arbeitens. Recherchefähigkeiten werden gestärkt; selbstständiges, kritisches Denken und mündliche wie schriftsprachliche Argumentationsfähigkeit werden gefördert. Der Wissenschaftsrat ist der Auffassung, dass diese Angebote nicht auf einige wenige Standorte beschränkt bleiben, sondern als Modell für die Lehre im rechtswissenschaftlichen Studium an allen Fakultäten dienen sollten."[13]

Ein wesentliches Petitum in der Debatte um die Juristenausbildung ist die Verbesserung des Praxisbezugs der universitären Ausbildung, insbesondere die Anwaltsorientierung des Studiums.[14] Moniert wird, dass entgegen dem ausdrücklichen Gesetzesziel (§ 5a Abs. 3 S. 1 DRiG[15]) das Studium bislang der rechtsberatenden Praxis zu wenig Raum gibt. Die rechtswissenschaftlichen Fakultäten sind inzwischen für diesen Missstand sensibilisiert und versuchen, diese Misere durch qualifizierte Veranstaltungen zum Erwerb einer Schlüsselqualifikation oder des Fremdsprachennachweises zu begegnen.[16] Optional können Studenten anwaltsspezifische

---

[11] Vgl. etwa *Wolf*, JA 2013, 113.

[12] Wissenschaftsrat, Perspektiven der Rechtswissenschaft in Deutschland. Situation, Analysen, Empfehlungen, Hamburg 2012 – online verfügbar unter: http://wissenschaftsrat.de/download/archiv/2558-12.pdf, [Stand: 15.07.2015].

[13] Ebd., S. 58.

[14] Vgl. etwa jüngst *Bernzen*, Schafft das Juraexamen ab!, in: ZEIT online, www.zeit.de/studium/studiengaenge/2015-06/staatsexamen-jura-abschaffen, [Stand: 15.07.2015].: „Das Examen bereitet nicht auf die Realität im Job vor. Das Ziel des deutschen Jurastudiums ist es, sogenannte Einheitsjuristen auszubilden."

[15] Vgl. etwa auch § 2 Abs. 2 S. 2, § 7 Abs. 2 S. 1, § 10 Abs. 2 S. 3, § 11 Abs. 3 JAG NRW.

[16] Einen Überblick bieten *Kilian/Bubrowski*, Anwaltsorientierung im rechtswissenschaftlichen Studium. Eine Bestandsaufnahme im Wintersemester 2006/2007, Bonn 2007.

Lehrveranstaltungen (Berufsrecht, Mediation, Verhandlungsmanagement etc.) besuchen. Auch die jeweiligen Schwerpunktbereiche setzen mehr oder wenig starke praktische Akzente.

Eine ernüchternde Bilanz zieht der Anwaltsrechtler *Prof. Dr. Matthias Kilian*: „Wenngleich die Ausbildungsgesetze und Studienordnungen die Berücksichtigung der rechtsberatenden Praxis zum Ausbildungsziel erklären, findet eine praktische Ausbildung der Studierenden an den Universitäten nicht statt."[17] Auch wenn sich seit 2008 immer mehr studentische Rechtsberatungen in Deutschland gründen, stoßen diese Aktivitäten an manchen Fakultäten auf Vorbehalte. An zahlreichen Orten haben sich Legal Clinics auf private Initiative gegründet. Eine An- oder Einbindung dieser Initiativen in Hochschule und Studium, etwa durch die Möglichkeit des Erwerbs einer Schlüsselqualifikation, eines Seminarscheins, eines Freisemesters oder anderer Studienleistungen (ECTS Punkte), erfolgt aber bislang noch recht selten. Anders als in der Vergangenheit initiieren inzwischen auch zunehmend Fakultäten oder Hochschulen studentische Rechtsberatungen. Elemente der Clinical Legal Education (Moot Courts, Legal Clinics) sind bislang in keinem Bundesland im Zuge der universitären Ausbildung verpflichtend. Damit koppelt sich Deutschland von einem internationalen Trend ab.[18]

2. Warum gerade Live Client Clinics?

Nun kann man sich die Frage stellen, warum denn gerade live client clinics, also studentische Rechtsberatungen mit direktem Mandantenbezug, erforderlich sein müssen, um eine funktionierende Legal Clinic aufzubauen. Eingewandt wird gegen solchen studentischen Rechtsberatungen, dass sie den Rechtsberatungsmarkt verzerren, Mandanten davon abbringen, einen Rechtsanwalt zu konsultieren (auch wenn dies erforderlich ist) und ihre Beratung von schlechterer Qualität ist, als die eines ausgebildeten Rechtsanwalts. Es geht in erster Linie also um Verbraucherschutzinteressen: Der Rechtsratsuchende soll davon ausgehen können, dass er einen sicheren und qualifizierten Rechtsrat bei dazu befähigten Personen erhält. In besonderer Weise muss dies für benachteiligte und minderbemittelte Rechtsratsuchende gelten, die keine anwaltliche Beratung in Anspruch nehmen und davon ausgehen, bei einer ehrenamtlichen Rechtsberatung eine ähnlich qualitativ hochwertige Beratung zu erfahren. Damit benachteiligte Personen nicht auch noch Nachteile in der Qualität der Rechtsberatung in Kauf nehmen müssen (Rechtswahrnehmungsgleichheit[19]), sind auch an unentgeltliche Rechtsberatung qualitätssichernde Ansprüche zu stellen.

---

[17] Vgl. ebd., S. 65.
[18] *Kilian*, Modelle der Juristenausbildung in Europa. Eine Standortbestimmung, Bonn 2010, S. 146.
[19] Das BVerfG leitet den Grundsatz der Rechtswahrnehmungsgleichheit aus dem allgemeinen Gleichheitssatz (Art. 3 I GG) in Verbindung mit dem Sozialstaatsprinzip (Art. 20 I GG) und dem

Diese Bedenken hat der Gesetzgeber bereits antizipiert[20]. Darum differenziert er zwischen unentgeltlicher Rechtsberatung im Freundes- und Bekanntenkreis (§ 6 Abs. 1 RDG) und unentgeltlicher Rechtsberatung außerhalb persönlicher Bekanntschaft (§ 6 Abs. 2 RDG). Während an die Beratung im Freundeskreis aufgrund der persönlichen Beziehung zwischen Rechtssuchendem und Rechtsberater geringere Ansprüche gestellt werden,, ist bei einer Beratung gegenüber unbekannten Dritten zum Schutz der Rechtssuchenden, die ihren Rechtsberater im Vorfeld nicht persönlich kennen und daher auch dessen fachlichen Qualifikationen nicht einschätzen können, die Anleitung durch einen Volljuristen erforderlich. Der Gesetzgeber stellt zugleich fest, dass das herrschende Anwaltsmonopol nicht ausreicht, um dem Rechtsschutzbedürfnis aller Rechtssuchenden, etwa von Obdachlosen, Asylbewerbern und Zuwanderern, gerecht zu werden.

Vielmehr besteht in diesen Bevölkerungsschichten sogar eine Lücke bei der Rechtsversorgung.[21] Gerade aufgrund von sprachlichen oder psychologischen Schranken benachteiligte Personen, aber auch weitere Gruppen besonders Benachteiligter (Überschuldete, Arbeitslose, Behinderte, chronisch Kranke, Sozialhilfeempfänger, Obdachlose, psychisch Kranke, Alkohol- und Drogensüchtige, Migranten und Folteropfer) nehmen selten Beratungshilfe in Anspruch und haben so nur sehr beschränkten Zugang zu Rechtsberatung und Vertretung.[22] In diesem Bereich ist unentgeltliche Rechtsberatung im Rahmen bürgerschaftlichen Engagements daher nicht nur sinnvoll, sondern aus Gründen der Rechts- und Sozialstaatlichkeit (Art. 20 I, III GG) sowie der Gleichheit (Art. 3 I GG) sogar erforderlich. Das BVerfG hat hierzu den Begriff der Rechtsschutz- und Rechtswahrnehmungsgleichheit entwickelt.[23] Der Gesetzgeber steht demnach in der Pflicht, den Zugang zur Rechtsversorgung gerade sprachlich oder psychisch benachteiligten Menschen durch alternative Konzepte zu ermöglichen bzw. zu vereinfachen, wenn dies aufgrund gewisser Barrieren durch das Angebot unentgeltlicher Beratungshilfe nicht möglich ist.

Live Client Clinics sind – im Gegensatz zu anderen Modellen der Clinical Legal Education (etwa Moot Courts und Praktika) – gerade deshalb so interessant, weil sie sich einerseits am realen Fall orientieren und andererseits Studenten die Möglichkeit des selbstständigen Arbeitens ermöglichen. Anders als bei Moot Courts werden bei Legal Clinics Fälle nicht nur simuliert, sondern aus dem praktischen Leben bearbeitet. Dies motiviert die Studierenden zusätzlich, da sie wissen, dass sie durch ihre Arbeit realen Menschen in Notlagen helfen können. Eine anderer wichtiger Aspekt der Live Client Clinics ist die Selbstständigkeit der Studenten bei

---

Rechtsstaatsprinzip (Art. 20 III GG) her (BVerfG, Beschluss vom 11.05.2009 – 1 BvR 1517/08, NJW 2009, 3417).

[20] Vgl. BT-Drs. 16/3655, S. 39 f.

[21] BT-Drs. 16/3655, S. 39.

[22] *Rottleuthner/Klose*, Das Rechtsberatungsgesetz – rechtstatsächlich betrachtet (Gutachten zum 35. DJT), 2004.

[23] BVerfG, Beschluss vom 14.10.2008 – 1 BvR 2310/06, NJW 2009, 209; BVerfG, Beschluss vom 11.05.2009 – 1 BvR 1517/08, NJW 2009, 3417.

der Mandatsbearbeitung. Im Gegensatz zu einem Praktikum betreuen die Studierenden nicht nur kleinere, unbedeutende Rechtsfragen, sondern – unter Anleitung eines Volljuristen – den gesamten Rechtsfall. Natürlich können nur solche Fälle bearbeitet werden, die sich für einen Jurastudenten im fortgeschrittenen Semester eignen. Die Arbeit am eigenen Fall führt dazu, dass sich Studenten selbstständig mit Tatsachen-, Rechts- und Verfahrensfragen auseinandersetzen und unmittelbares Feedback erhalten – sowohl durch den betreuenden Rechtsanwalt, als auch durch die betroffenen Mandanten bzw. den Erfolg in der Sache. Ein solches unmittelbares Eingebundensein führt zu verstärkten Lerneffekten und zu einem Motivationsschub für das eigene Studium.[24] Das Ganze wird lebendig.

---

[24] *Groß*, Legal Clinics: praxisbezogenes Lernen im juristischen Studium, in: *Brockmann/Dietrich/Pilniok* (Hrsg.), Exzellente Lehre im juristischen Studium. Auf dem Weg zu einer rechtswissenschaftlichen Didaktik, Baden-Baden 2011, S. 127–133 (132).

Kapitel 3 – Geschichte und Gegenwart studentischer Rechtsberatung in Deutschland

Studentische Rechtsberatung in Deutschland geht zurück auf die Clinical Legal Education der US-amerikanischen Law Schools, die sich dort in Form von Legal Clinics bereits Ende des 19. Jahrhunderts entwickelten.[1] Die erste formelle Legal Clinic wurde 1931 an der Duke University eingerichtet. 1950 boten bereits 25 der insgesamt 115 durch die American Bar Association akkreditierten Law Schools die Ausbildungsmöglichkeit im Rahmen einer Legal Clinic an.[2] In den 1960er-Jahren kam es in den USA dank finanzieller Unterstützung der Ford Foundation, die auch in anderen Ländern Hilfe beim Aufbau der Clinical legal Education leistete, zu zahlreichen Neugründungen.[3] Im Jahr 1973 gab es bereits an 125 der 147 US-amerikanischen Law Schools mindestens eine Legal Clinic.[4] In den 1980er-Jahren stieg der Anteil der Law Schools mit eigener Legal Clinic auf fast 90%.[5] Etwa 40% aller Studenten nutzten Ende der 1990er-Jahre im Laufe ihres Studiums die Ausbildungsangebote einer „Legal Clinic".[6] Eine Umfrage des „Center for the Study of Applied Legal Education" aus dem Jahr 2007/2008 ergab, dass 131 US-amerikanische Law Schools insgesamt 809 Legal Clinics betreiben, also durchschnittlich sechs Legal Clinics pro Hochschule,[7] die sich in der Regel jeweils auf bestimmte Rechtsbereiche spezialisiert haben. Seit August 1996 gehört das Bemühen einer Law School,

---

[1] Vgl. den viel beachteten Aufsatz von *Frank*, Why not a Clinical Lawyer-School?, University of Pennsylvania Law Review 81 (1933) 907 ff.; vgl. auch ausführlich *Wreesmann*, Clinical Legal Education – Unentgeltliche Rechtsberatung durch Studenten in den USA und Deutschland, Hamburg 2010.

[2] *Dux*, Die pro bono-Tätigkeit des Anwalts und der Zugang zum Recht. Übertragbarkeit eines US-amerikanischen Modells auf Deutschland?, Bonn 2011, S. 98.

[3] *Wortham*, Clinical Law Review 2006, Vol. 12, 617 ff.

[4] *Zander*, Clinical Legal Education, New Law Journal 123 (1973), 181; *Lewis*, Clinical Legal Education Revisited, in: www.law.cf.ac.uk/research/pubs/repository/212.pdf. [Stand: 15.07.2015].

[5] *Bücker/Woodruff*, JZ 2008, 1068.

[6] *Klein*, AnwBl. 1998, 92.

[7] Vgl. dazu die Umfrage des CSALE: www.csale.org/files/CSALE.07-08.Survey.Report.pdf. [Stand: 20.06.2015].

ihre Studenten zur Mitarbeit an universitären pro bono Programmen zu bewegen, sogar zu den Akkreditierungsvoraussetzungen einer Law School durch die American Bar Association.[8]

Auch in Deutschland gab es frühe Ansätze, Legal Clinics an Hochschulen zu etablieren. Bereits 1900 plädierte der deutsche Rechtswissenschaftler *Georg Frommhold* dafür, „zur Ergänzung des akademischen Rechtsunterrichts" an Universitäten „juristische Kliniken" zu etablieren.[9] Für ihn spielten die Elemente „Praxisbezug" und „soziale Fürsorge" eine wesentliche Rolle: „Dort Vorstellung, Fiktion, hier Wirklichkeit, Leben. Das Leben aber ist der beste Lehrmeister, lasse man es so früh als möglich walten!"[10] „Juristische Kliniken" würden, so *Frommhold*, sowohl Rechtsstudenten als auch mittellose Bürger voranbringen („Hülfsmittel in der Reform der Armenrechtspflege"). Einige Jahre zuvor (1862) hatte sich der Rechtswissenschaftler *Rudolf von Gneist* mit einem ähnlichen Wortbeitrag auf dem Deutschen Juristentag in Wien zu Wort gemeldet.[11] Bereits 1847 hatte der zuletzt in Göttingen lehrende Rechtswissenschaftler *Rudolf von Jhering*[12] in Rostock einen ersten Vorläufer der Legal Clinics (sog. Pandekten-Praktikum)[13] eingerichtet, bei dem zivilrechtliche Fälle aus dem realen Leben gemeinsam mit Studenten praktisch aufgearbeitet wurden. Dieses sog. Pandekten-Praktikum erfreute sich großer Beliebtheit bei den Studenten.[14] Auch im benachbarten Polen gab es schon 1936 ähnliche Ausbildungskonzepte, die lebhaft diskutiert wurden.[15] Die Diskussion über eine praktische Juristenausbildung in Deutschland wurde ab den 1960er-Jahren zunehmend auch von den Vorbildern aus den USA geprägt. Die Vorschläge, Elemente der Clinical Legal Education aus den USA in Deutschland zu adaptieren, waren dabei aber

---

[8] Vgl. American Bar Association Standards for approval of Law Schools, Standard 302 (a) (4) und 405 (c) von August 1996; heute: Standard 303 (b) von August 2014: „A law school shall provide substantial opportunities to students for: law clinics or field placement(s); and student participation in pro bono legal services, including law-related public service activities" sowie Standard 405 (c) von August 2014: „A law school shall afford to full-time clinical faculty members a form of security of position reasonably similar to tenure, and non-compensatory perquisites reasonably similar to those provided other full-time faculty members. A law school may require these faculty members to meet standards and obligations reasonably similar to those required of other full-time faculty members. However, this Standard does not preclude a limited number of fixed, short-term appointments in a clinical program predominantly staffed by full-time faculty members, or in an experimental program of limited duration."

[9] *Frommhold*, Juristische Kliniken, in: Deutsche Juristen-Zeitung, Jg. 5, 1900, S. 448–450.

[10] Ebd., S. 449.

[11] *von Gneist*, in: Verhandlungen des Vierten Deutschen Juristentages 1862 in Wien, Berlin 1863, Bd. 2, S. 180.

[12] *Ermacora*, Rudolf von Jhering – Der Kampf um's Recht – Zum hundertsten Todesjahr des Autors, Frankfurt a. M./Berlin 1992, S. 9.

[13] Vgl. auch später *Pagenstecher*, Pandekten-Praktikum zu Puchta's Pandekten und Girtanner's Rechtsfällen, Heidelberg 1860/Leipzig 1970, S. 5 ff.

[14] Vgl. *Helfer*, Rudolf von Jhering über das Rechtsstudium, JZ 1966, 506.

[15] Vgl. *Znamierowski*, Studencka Poradnia Prawa. Idea, organizacja, metodologia, S. 13 ff.

letztlich sehr verhalten.[16] Kaum jemand konnte sich in Deutschland vorstellen, dass Jurastudenten ihr erlerntes Wissen bereits an realen Fällen praktizieren. So kam es weder in den 1960er-Jahren noch später zu einer ernstzunehmenden Diskussion über studentische Rechtsberatung und Clinical Legal Education wie in den USA.

Heutzutage sind die Bezeichnungen studentische Rechtsberatung bzw. in Fachkreisen Clinical Legal Education gebräuchlicher. Studentische Rechtsberatung ist natürlich ein mehrdeutiger Begriff: So wird fast jeder Jurastudent vom ersten Semester an zum studentischen Rechtsberater, wenn Angehörige, Freunde und Bekannte ihn bei juristischen Fragestellungen in Anspruch nehmen. Das meint die Bezeichnung natürlich nicht. Und sie steht auch nicht – anders als manchmal missverstanden – für eine Rechtsberatung für Studenten. Die Bezeichnungen „studentische Rechtsberatung" bzw. „Clinical Legal Education" im engeren Sinne haben zwei Bedeutungen: Sie bezeichnen zum einen die eigentliche rechtsberatende Tätigkeit von studentischen Rechtsberatern und zum anderen stehen sie für deren studentische Organisation bzw. Beratungsstelle als solcher.

Im Unterschied zum studentischen „Einzelberater" gehören einer studentischen Rechtsberatung mehrere Studenten an, die sich gemeinsam organisieren und nach außen unter einer strukturellen Identität auftreten. Es werden nicht nur Fälle aus dem persönlichen und familiären Umfeld, sondern vor allem Fälle Dritter bearbeitet. Die studentischen Rechtsberater stehen ihren Mandanten unbürokratisch (und meist auch schnell) mit einer ersten rechtlichen Einschätzung bis hin zu einer detaillierten Falllösung zur Seite und haben selbst einen Gewinn durch ihr Engagement, weil sie die jeweiligen Fragestellungen und Probleme analysieren, im Spiegel der Gesetzeslage und Jurisdiktion bewerten und nach gerichtsfesten Lösungsmöglichkeiten suchen müssen und dabei anwaltlich denken lernen.

In Europa steckt die Entwicklung der studentischen Rechtsberatung im Vergleich zu den Common Law Systemen noch in den Kinderschuhen. Und selbst in Großbritannien, das zum anglo-amerikanischen Rechtskreis gehört und von dem man annehmen würde, dass dort deshalb studentische Rechtsberatungen etabliert sein müssten, boten Mitte der 90er Jahre gerade einmal 13 % der Universitäten entsprechende Programme an.[17]

Erstaunlich ist aber auch, dass im osteuropäischen Raum seit dem Zusammenbruch der UDSSR verhältnismäßig viele Legal Clinic Programme aus der Taufe gehoben wurden. So zählte man allein in Russland im Jahr 2009 bereits 160 Law Clinics. Bekannt ist aber auch, dass russische Studenten von Rudolf von Jhering im 19. Jahrhundert nach seinem Vorbild Rechtsberatungsstellen in Osteuropa und insbesondere in Russland gründeten; Rudolf von Jhering wurde dafür als Vater der

---

[16] Selbst *Westdickenberg*, „Clinical Legal Education" – Praktische Juristenausbildung in den USA – Möglichkeiten einer Nutzanwendung in Deutschland, Münster, Univ., Diss. 1974 ist in seinen Vorschlägen sehr vorsichtig und plädiert in erster Linie für simulierte Gerichtsverhandlungen und simulierte Mandantengespräche.

[17] *Grimes*, „Legal Skills And Clinical Legal Education" (1995) 2 Web Journal of Current Legal Issues and (1996) 30 Law Teacher 45; *Lewis*, Clinical Legal Education Revisited, aufrufbar unter: www.law.cf.ac.uk/research/pubs/repository/212.pdf [Stand: 15.07.2015].

Idee mit dem russischen Commandeurkreuz zweiter Klasse des St. Annen-Ordens ausgezeichnet.[18]

Eine allgemeine Studentische Rechtsberatung für Dritte ist in Deutschland erst seit Verabschiedung des Rechtsdienstleistungsgesetzes (RDG) im Jahre 2008 erlaubt.[19] Vor Inkrafttreten des RDG zum 1. Juli 2008[20] galt seit 1935 das Rechtsberatungsgesetz (bis 1964: „Gesetz zur Verhütung von Missbräuchen auf dem Gebiete der Rechtsberatung"), das eine Rechtsberatung außerhalb des Anwaltsberufs ausdrücklich verbot. Dieses Gesetz stammte noch aus der Zeit der Nationalsozialisten und sollte u. a. jüdische Juristen, denen man die Berufserlaubnis entzogen hatte, daran hindern, rechtsberatend tätig zu werden. Das Gesetz hatte mehr als 70 Jahre lang Bestand, sicherlich nicht zuletzt deswegen, weil die Anwaltschaft um ihr Beratungsmonopol fürchtete.

Mit der Novellierung des Rechtes der Rechtsberatung sind die oben erwähnten Einschränkungen weggefallen – dies freilich nicht ohne Kritik durch die Anwaltschaft. Im Zuge des Gesetzgebungsverfahrens setzte sich die Bundesrechtsanwaltskammer ein, dass eine unentgeltliche Rechtsberatung außerhalb persönlicher Beziehungen (§ 6 Abs. 2 RDG) nur durch Personen mit der Befähigung zum Richteramt bzw. Rechtsanwälte stattfinden dürfe. So hieß es in einer Stellungnahme der BRAK vom Juni 2005: „Abzulehnen ist jedoch § 6 Abs. 2 RDG-E. Die Vorschrift ist dahingehend zu ändern, dass unentgeltliche Rechtsdienstleistungen außerhalb familiärer, nachbarschaftlicher oder ähnlich enger persönlicher Beziehungen nur gemeinnützigen, karitativen oder sozialen Einrichtungen im Rahmen ihrer entsprechenden Tätigkeit erlaubt ist, sofern sie durch Personen mit Befähigung zum Richteramt oder durch Mitglieder einer Rechtsanwaltskammer erbracht werden, und die Einrichtung über eine angemessene Vermögensschadenhaftpflichtversicherung verfügt."[21]

Schließlich haben die Bedenken der BRAK und des Deutschen Juristentages aber nicht Einzug in das neue RDG gehalten. So ist nach § 6 Abs. 2 RDG Rechtsberatung gegenüber Dritten auch dann möglich, wenn sie nicht unmittelbar durch einen Volljuristen erbracht wird.

Aus dem RDG ergibt sich en détail, welche Personen in welchem Umfang Rechtsdienstleistungen erbringen dürfen.[22] Die Vertretung von Mandanten vor Gericht bleibt nach wie vor den Anwälten vorbehalten. Anders verhält es sich mit der außergerichtlichen Rechtsberatung. Das bis 2008 existierende Anwaltsmonopol wird durch das RDG partiell aufgebrochen, denn das durch das RBerG erlassene

---

[18] *Ermacora*, Rudolf von Jhering – Der Kampf um's Recht – Zum hundertsten Todesjahr des Autors, Frankfurt a. M./Berlin 1992, S. 28 ff.

[19] *Hannemann/Dietlein*, Ad Legendum 2014, 79; *Horn*, JA 2013, 644.

[20] Gesetz über außergerichtliche Rechtsdienstleistungen vom 12.12.2007, BGBl. I 2007, 2840.

[21] Stellungnahme der Bundesrechtsanwaltskammer (BRAK) zum Referentenentwurf des BMJ eines Gesetzes zur Neuregelung des Rechtsberatungsrechts (Rechtsdienstleistungsgesetz – RDG), Juni 2005 (BRAK-Stellungnahme-Nr. 16/2005), verfügbar unter: www.brak.de/w/files/stellungnahmen/Stn16-2005.pdf.

[22] Vgl. *Prümm*, Handbuch Studentische Rechtsberatung StuR an der HWR Berlin, 2011, S. 11.

Verbot nichtanwaltlicher Rechtsberatung war nicht mehr zu rechtfertigen, da es Verbraucherschutzinteressen zuwider lief.

Von 1935 bis 2008 galt das RBerG, das für sich in Anspruch nehmen konnte, zum ersten Mal umfassend die Erbringung von Rechtsdienstleistungen zu regeln, und das von den Nationalsozialisten als Werkzeug zur Beschränkung der freien Advokatur auf „arische" Juristen genutzt wurde[23]. Nach dem RBerG war die Erteilung von Rechtsrat an eine besondere Erlaubnis gebunden. Unter Strafandrohung bei Zuwiderhandlung durften nur Rechtsanwälte, Patentanwälte, Steuerberater, Notare und weitere Personen mit besonderer Erlaubnis Rechtsberatung anbieten. Diese Regelung galt „ohne Unterschied zwischen haupt- und nebenberuflicher oder entgeltlicher oder unentgeltlicher Tätigkeit" (Art. 1 § 1 RBerG). Sie bezog sich also auch auf die Erbringung unentgeltlicher Rechtsdienstleistungen durch Studenten der Rechtswissenschaft und sogar durch Volljuristen ohne Anwaltszulassung. Seit 1980 konnte eine „besondere Erlaubnis" – also abseits der Zulassung als Rechtsanwalt – nur noch Rentenberatern, Versicherungsberatern, Frachtprüfern, vereidigten Versteigerern, Inkassounternehmern und – bei Erfüllung strenger Voraussetzungen – Rechtskundigen in einem ausländischen Recht erteilt werden. Volljuristen, die sich nicht als Rechtsanwalt zulassen wollten oder konnten, etwa Richter, Beamte oder Professoren, durften mithin gar keine Rechtsberatung leisten – auch nicht unentgeltlich im Kreise der Familie. Unklar ließ das RBerG allerdings, was im Einzelnen unter den damals gesetzlich nicht definierten Begriff „Rechtsberatung" fiel.

Die rigide Beschränkung der Rechtsberatung auf Rechtsanwälte und wenige andere Berufsgruppen durch ein grundsätzliches Verbot mit Erlaubnisvorbehalt brachte dem deutschen Gesetzgeber scharfe Kritik ein. Eine Gesetzesänderung im Jahre 1980[24], durch die die Erlaubnis zur Besorgung fremder Rechtsangelegenheiten für bestimmte Personengruppen (Renten-/Versicherungsberater, Inkassobüros etc.) zusätzlich auf bestimmte Sachbereiche eingeschränkt wurde, ließ die Kritik noch einmal lauter werden. Umfassend rechtsberatend tätig werden konnte fortan nur noch der Rechtsanwalt. Der Beruf des nicht-anwaltlichen Voll-Rechtsbeistandes, den es vor 1980 noch gab, war damit endgültig abgeschafft.

Unter dem Verweis auf massive und unverhältnismäßige Eingriffe in die allgemeine Handlungsfreiheit (Art. 2 Abs. 1 GG), gerade mit Blick auf die Erbringung unentgeltlicher Rechtsberatung im Familien- und Freundeskreis durch Volljuristen, wurde das Rechtsberatungsgesetz 2004 und 2006 in zwei Entscheidungen des Bundesverfassungsgerichts als verfassungswidrig eingestuft.[25] Auch die starke histo-

---

[23] Vgl. dazu *Rücker*, Rechtsberatung – Das Rechtsberatungswesen von 1919–1945 und die Entstehung des Rechtsberatungsmissbrauchsgesetzes von 1935, Tübingen 2007.

[24] Fünftes Gesetz zur Änderung der Bundesgebührenordnung für Rechtsanwälte vom 18. August 1980 (BGBl. I. S. 1503).

[25] BVerfG, Beschluss v. 29.07.2004–1 BvR 737/00, NJW 2004, 2662 (unentgeltliche Rechtsberatung I/Kramer I); BVerfG, Beschluss v. 16.02.2006–2 BvR 951/04, NJW 2006, 1502 (unentgeltliche Rechtsberatung II/Kramer II); vgl. *Piekenbrock*, in: *Gaier/Göcken/Wolf* (Hrsg.), Anwaltliches Berufsrecht, 2. Aufl. (2014), § 6 RDG Rn. 1 ff. m.w.N.

rische Belastung des Gesetzes als Instrument nationalsozialistischer Repressionsmaßnahmen bewog den Gesetzgeber 2007 dazu, ein vollständig novelliertes Gesetz (RDG) zu schaffen, das zum 1. Juli 2008 in Kraft trat.[26]

Seit 2008 ist ein rasantes Wachstum studentischer Rechtsberatungen in Deutschland festzustellen. Nach einer zögerlichen Anlaufphase kann man spätestens seit 2011 eine Gründungswelle beobachten. So verdoppelte sich die Anzahl der Rechtsberatungsstellen alleine von Herbst 2012 bis Herbst 2013 von 14 auf 28. Dass der Bund Studentischer Rechtsberater im Jahr 2013 nur 18 akkreditierungsfähige Gründungsprojekte zählte, ist darauf zurückzuführen, dass sich viele studentische Rechtsberatungen noch in der Aufbauphase befanden, und entweder noch keinen festen Mandantenstamm hatten, ihre Beratungstätigkeit noch nicht aufgenommen hatten oder die Vorgaben des RDG noch nicht abschließend erfüllen konnten, zum Beispiel weil sie noch keine Volljuristen oder Rechtsanwälte als Supervisoren gewonnen hatten.

Ein Jahr später sah die Landschaft schon ganz anders aus: Von Herbst 2013 bis Sommer 2015 stieg die Anzahl der Rechtsberatungsstellen auf weit über 70, von denen der BSRB offiziell schon 43 als hinreichend etabliert einstuft. Diese Zahlen sprechen für sich. An manchen Orten gibt es sogar mehrere Beratungsprojekte, die kooperativ nebeneinander und miteinander existieren.

In den ersten Jahren nach Inkrafttreten des RDG ging die Initiative zur Gründung studentischer Rechtsberatungsstellen im Allgemeinen von den Studenten selbst aus. Ungefähr 70% der Gründungen wurden von Studenten initiiert und koordiniert. Die Universitäten hielten sich zurück. Nur wenige studentische Rechtsberatungen wurden von einer Universität oder in enger Kooperation mit einer Universität aufgebaut. Inzwischen erkennen die Universitäten zusehends die neuen gesetzlichen Gestaltungsmöglichkeiten. Die Gründung studentischer Rechtsberatungsstellen wird zusehends direkt von den Universitäten angeregt, gefördert und begleitet; bestehende Beratungsstellen suchen von sich aus die Nähe zur Universität und werden sogar häufig von den Universitäten übernommen (eine ähnliche Entwicklung konnte man beispielsweise auch in Polen beobachten). Vorteil einer engen Anbindung an die Universität ist die Mitnutzung ihrer Infrastruktur und Ressourcen (Räumlichkeiten, anleitende Juristen, EDV) und das Ineinandergreifen von Studium, Lehre und praktischer Ausbildung.

1. Studentische Rechtsberatungen in Deutschland

a) Verteilung der unterschiedlichen Legal Clinic Trends in Deutschland

In Deutschland bestehen zur Zeit weit über 70 Legal Clinic Projekte. Nicht alle davon können als etabliert und nachhaltig eingestuft werden. Die Zahl der nachhaltigen Projekte lässt sich auf ca. 57 herunterbrechen. Davon sind 35 Projekte nor-

---

[26] Gesetz über außergerichtliche Rechtsdienstleistungen vom 12.12.2007, BGBl. I 2007, 2840.

male Legal Clinics, die keinen speziellen Schwerpunkt haben, sondern allgemein rechtliche und vor allem breit aufgestellt beraten, etwa im Mietrecht, allgemeinen Vertragsrecht und anderen Verbraucherschutzfällen.

Weitere 17 Legal Clinics gehören zu den so genannten Refugee Law Clinics, die sich der Flüchtlingsberatung verschrieben haben.

Außerdem kann man inzwischen fünf Start-up Clinics identifizieren, die Jungunternehmern bei ersten Gründungsschritten helfen. Diese Gruppe ist auch eng mit der Gruppe der Internet Legal Clinics verbunden. Drei der vier Internetclinics sind gleichzeitig auch Start-up Clinics. Deswegen werden diese beiden Gruppen in der nachstehenden Grafik zusammen aufgeführt.

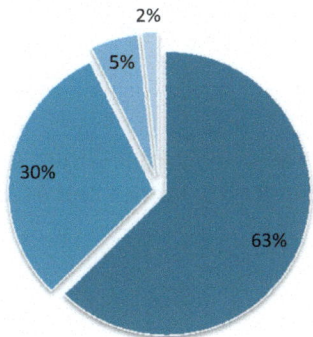

Verteilung der unterschiedlichen Legal Clinic Trends in Deutschland

- Legal Clinics (35)
- Refugee Law Clinics (17)
- Start-up Legal Clinics (4)
- (reine) Internet Legal Clinics (1)

Das Jahr 2011 könnte man als das Jahr des „Durchbruchs" der studentischen Rechtsberatung in Deutschland bezeichnen, da die Anzahl der bestehenden Projekte hier schlagartig zunahm.[27] Von den ca. 70 bis 80 Legal Clinic Projekten im Jahr 2015 sind ungefähr 50–60 als nachhaltig einzustufen.[28] Unter nachhaltig verstehen die Autoren, dass man auch noch in fünf Jahren davon ausgehen kann, dass die Projekte fortbestehen, was aber natürlich niemand so genau absehen kann. Herausstechend

---

[27] Vgl. *Hannemann*, GJLE 2015, 132.
[28] Ebd.

war dabei sicherlich der *Verein für Rechtshilfe im Justizvollzug des Landes Bremen e. V.*, der als älteste Rechtsberatungsstelle in Deutschland seit 1979 aktiv ist.[29]

Die folgenden Abbildungen zeigen die Entwicklung der Legal Clinics von 1979 bis 2015 – von 2011 an lässt sich ein starker Anstieg an Legal Clinic Projekten erkennen.

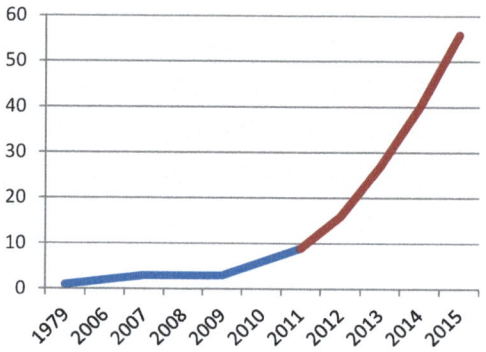

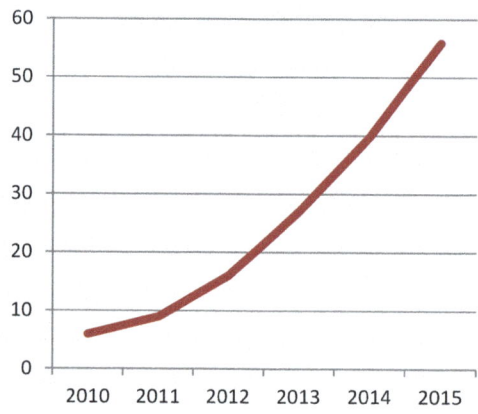

---

[29] Vgl. *Bammann*, Studentische Rechtsberatung im Strafvollzug. Der Bremer „Verein für Rechtshilfe" als ein Beispiel praxisorientierter JuristInnenausbildung, in: Forum Recht online 2000, 62 ff. (verfügbar unter: www.forum-recht-online.de/2000/200/200bammann.htm).

1. Studentische Rechtsberatungen in Deutschland

Auch kann man – wie nachstehend aus der Grafik ersichtlich – deutlich erkennen, dass jedes Jahr mehr Legal Clinics als im Jahr zuvor gegründet werden.

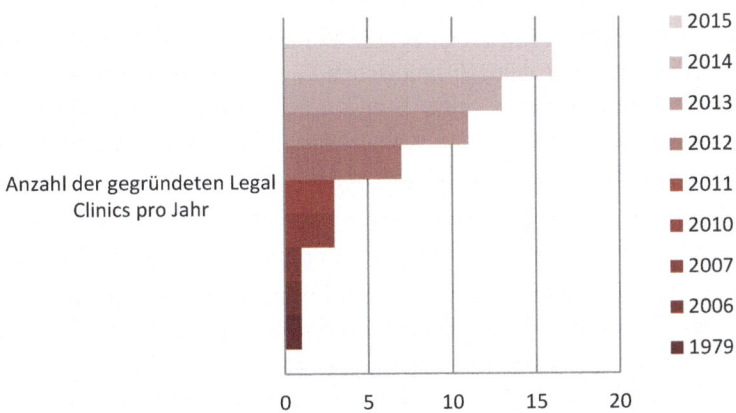

Die Grafik stellt die Anzahl der in Duetschland pro Jahr gegründeten Legal Clinics seit 1979 dar.

b) Allgemeine Rechtsberatungsstellen

Man könnte die studentischen Rechtsberatung in universitätsinterne auf der einen Seite und selbstständige, von Studenten organisierte Rechtsberatungsstellen auf der anderen Seite einteilen.[30] Diese Unterteilung wird inzwischen jedoch der komplexen Wirklichkeit nicht mehr gerecht. Zwar wurden die meisten studentischen Rechtsberatungsstellen der ersten Jahre von Studenten in Eigenregie ohne Anbindung an die Universitäten aufgebaut. Inzwischen sind die Universitäten auf diesem Gebiet jedoch auch engagiert und bemühen sich darum, Legal Clinic Projekte ins Leben zu rufen. Entstanden sind enge Kooperationen. Zahlreiche ehemals rein studentisch organisierte Rechtsberatungsstellen haben ihren Platz unter dem Dach ihrer Alma Mater gefunden – zum Vorteil für beide Seiten. Gerade für rein studentisch organisierte Projekte ist es schwierig, Kontinuität sicher zu stellen. Das Projekt gerät schnell ins Schlingern, besonders wenn engagierte Mitstreiter in ihre Examensvorbereitung einsteigen müssen, die Universität wechseln oder das Studium abgeschlossen haben.

Andererseits stellt die Einteilung nach der Trägerschaft nur einen einzigen Aspekt in den Vordergrund. Dabei ist die Wirklichkeit vielschichtiger. Allen Rechtsberatungen gemeinsam ist, dass sie überwiegend in zivilrechtlichen Angelegenheiten beratend tätig werden. Aber bei genauerem Hinsehen zeigt sich, dass es Schwer-

---

[30] So auch *Vogler* in: GJLE 2014, 14.

punktbildungen und Spezialisierungen gibt. So gibt es Rechtsberatungsstellen, die nur ein bestimmtes Rechtsgebiet vertreten oder sich nur an einen spezifischen Adressatenkreis richten (z. B. Gefangenenberatung o. ä.).

Die Vielfalt und Kreativität der studentischen Rechtsberatung in Deutschland zeigt ein Blick auf einige der etablierten studentischen Rechtsberatungsstellen:

Nicht auf deutschem Grund errichtet, aber auch Deutschen zugänglich

- Studencka Poradnia Prawa Collegium Polonicum (seit 2003). Studentische Rechtsberatung an der deutsch-polnischen Grenze in Słubice und Frankfurt an der Oder.[31] Es werden zwei Sprechstunden pro Woche auf polnischer Seite angeboten. Inzwischen hat man sich aber auch mit deutschen Recht hinreichend vertraut gemacht. 2011/2012 wurden 415 Fälle von 30 Studenten beraten.[32]

Seit 1979

- Rechtsberatung für Strafgefangene der Universität Bremen in Kooperation mit dem Verein für Rechtshilfe im Justizvollzug des Landes Bremen e. V. (seit 1977, Gründung des Vereines 1979, damit erste Rechtsberatungsstelle in Deutschland).[33] Zunächst von Studenten organisiert, dann an die Universität angebunden. Nach einer Einführung in die Rahmenbedingungen des Strafvollzugs begleiten die Studierenden erfahrene Berater in die Bremer Haftanstalten (u. a. Strafvollzug, Jugendvollzug, U-Haft, Abschiebungshaft und forensische Psychiatrie) und wirken an der Rechtsberatung mit. Außerdem besteht die Möglichkeit, an der schriftlichen Rechtsberatung des Strafvollzugsarchivs mitzuarbeiten, die sich an Gefangene in Haftanstalten außerhalb Bremens richtet. Es werden sämtliche Rechtsfrage der Gefangenen bearbeitet. Dies ist in Polen schon seit Jahren postalisch möglich, in Deutschland aber nach wie vor eine Besonderheit. Der Erwerb von 3 ECTS Punkten ist bei 2 SWS möglich. Außerdem können Schlüsselqualifikation und Seminarschein (Grundlagenschein i. S. d. § 31 II Ziff. 1 PO; Wahlpflichtschein für den Schwerpunkt Strafrecht i. S. d. § 31 II Ziff. 4 PO) erworben werden. Für die Seminararbeit wird dabei auf ein Thema aus der vorangegangenen Beratung oder dem Praktikum zurückgegriffen. Deswegen sollte während der Semesterferien ein Praktikum bei einem Anwalt mit entsprechender Schwerpunktkompetenz abgeleistet werden. Das Programm wird durch einen

---

[31] Vertiefend: *Hannemann/Lampe/Bartos*, GJLE 2014, 98 ff.; *Bartos*, GJLE 2014, 82 ff.
[32] *Bartos*, GJLE 2014, 92.
[33] Vgl. *Bammann*, Studentische Rechtsberatung im Strafvollzug. Der Bremer „Verein für Rechtshilfe" als ein Beispiel praxisorientierter JuristInnenausbildung, in: Forum Recht online 2000, 62 ff. In Bremen war nicht-gewerbsmäßige Rechtsberatung aufgrund einer landesrechtlichen Sonderregelung bereits vor Inkrafttreten des RDG im Jahr 2008 möglich.

Lehrauftrag seitens der Universität Bremen finanziell gestützt. Teilnahme wird ab dem 4. Fachsemester empfohlen.[34]

Seit 2006

- Studentische Rechtsberatung an der HWR Berlin „*StUR*" (seit 2006, damals noch an der FHVR Berlin als eine der beiden Vorgängerinnen der HWR[35]). Die studentische Rechtsberatung „StuR" an der HWR Berlin begann bereits vor Inkrafttreten des RDG und schöpfte dabei den rechtlichen Rahmen des RBerG aus, nach dem Körperschaften des öffentlichen Rechts im Rahmen ihrer Zuständigkeit Rechtsberatung erbringen dürfen (§ 3 Nr. 1 RBerG i.V.m. §§ 4 Abs. 6 S. 3, 18 Abs. 2 S. 2 Nr. 1 Berliner Hochschulgesetz). Folglich durfte die Beratung unter Geltung des RBerG ausschließlich gegenüber Studenten der Hochschule zur Wahrung ihrer sozialen Belange erfolgen. Diese Fokussierung auf die eigenen Studenten wurde lange so fortgeführt. Mittlerweile hat sich die „StuR" geöffnet und berät auch externe Mandanten, was unter Geltung des RDG mittlerweile möglich geworden ist.[36] Die Gründung der „StuR" wurde inspiriert durch einen Besuch an der Walter Mondale Law School in Minneapolis (USA) im Jahr 2006. Mittlerweile unternehmen Vertreter der „StuR" regelmäßig Auslandsreisen, um die studentische Rechtsberatung in anderen Ländern kennen zu lernen. So gab es bereits Reisen nach Budapest (2007), Athen (2008), Stockholm (2010), Istanbul (2012) und St. Petersburg (2012). Besonders der einwöchige Aufenthalt am North-West Institute RANEPA in St. Petersburg hat die „StuR" geprägt.[37]

Jedes Semester nehmen zwischen 10 und 50 Studenten als Berater an der „StuR" teil.[38] Die Rechtsberatung ist in das Studium insofern integriert, als dass sie eines der zwei bis drei Wahlprojekte darstellt, von denen jeder Student mindestens eines ableisten muss. Die Beratung ist Bestandteil des Lehrplans und wird mit ECTS Punkten „belohnt".

Seit 2010

- Legal Clinic an der Universität Hannover (seit 2010, damals unter *Prof. Dr. Bernd Oppermann*. Kurzweilig ausgesetzt und im April 2012 unter *Prof. Dr. Carsten Momsen* als Projektleiter wieder fortgeführt). Die Arbeit in der Legal

---

[34] *Graebsch*, Rechtsberatung für Gefangene in Bremen: Clinical Legal Education seit mehr als 30 Jahren; in: *Barton/Hähnchen/Jost* (Hrsg.), Praktische Jurisprudenz, Hamburg 2011, S. 147 ff.
[35] Vgl. *Prümm*, GJLE 2014, 63 m.w.N.
[36] Vgl. *Prümm* (Hrsg.), StuR – und die Öffnung nach außen, Berlin 2013.
[37] Ebd., S. 5–7.
[38] Vgl. *Prümm*, Integration von Legal Aid und Legal Clinic in deutschen Hochschulen: Studierende beraten Studierende, apf 2007, S. 243 ff.; *Prümm* (Hrsg.), Handbuch Studentische Rechtsberatung – StuR an der HWR Berlin, 3. Aufl., Berlin 2013, abrufbar unter: http://www.hwr-berlin.de/fileadmin/downloads_internet/publikationen/Beitraege_FB3/FB_3_Heft_18.pdf [Stand: 15.07.2015].

Clinic kann sowohl als Schlüsselqualifikation als auch im Schwerpunktbereich angerechnet werden. Außerdem besteht die Möglichkeit, ECTS Punkte für die geleistete Arbeit und zum Semesterende ein Zertifikat über die Beratungstätigkeit zu erwerben. Der Arbeitsaufwand beträgt ca. 2 SWS. Die Haftungssumme wird auf 750 € pro Fall festgesetzt. Die Anwälte werden als Lehrbeauftragte an die Universität angebunden. Die studentischen Rechtsberater werden als studentische Hilfskraft angestellt. Beraten werden nur Kommilitonen. Dadurch begrenzt die Universität mögliche Haftungsansprüche. Es wird in sämtlichen Rechtsgebieten außer Strafrecht, BAföG-, Sozial- und Urheberrecht beraten.[39]
- Humboldt Law Clinic an der HU Berlin (Dachprojekt mehrerer Clinics, seit 2010). Die Berlin – Humboldt Law Clinic Grund- und Menschenrechte war das erste Projekt de HU Law Clinics. Gearbeitet wird projektbasiert: Kooperationspartner (z. B. NGOs) werden um große Fälle gebeten, die man dann über 1 bis 2 Semester bearbeitet werden und zu denen man z. B. einen generell gültigen Leitfaden bzw. ein Gutachten erstellt, das bei künftig auftretenden ähnlich gelagerten Fällen herangezogen werden kann. Der Schwerpunkt liegt auf der wissenschaftlichen Erörterung und Klärung bestimmter Grundsatzfragen. Es werden nationale aber auch internationale Mandate angenommen. Ab dem 2./3. Semester möglich. Auch Studenten anderer Fachrichtungen (z. B. Gender Studies) werden zugelassen. Die Rechtsberatung setzt voraus, dass die Rechtsberater die angebotene Ausbildung und ein Praktikum absolvieren. Thematische Schwerpunkte sind Grund- und Menschenrechte, Antidiskriminierung und Inklusionspolitik.
- Studentische Rechtsberatung an der Heinrich-Heine-Universität Düsseldorf (seit 2010). Streitwert bis max. 700 €. Es wird ein Beratungsvertrag mit dem Klienten i. S. d. § 662 BGB abgeschlossen. Die erstmalige Kontaktaufnahme und die Verwaltung der Fälle erfolgen ausschließlich online.

Seit 2011

- Studentische Rechtsberatungsstelle Göttingen in Kooperation mit der Tafel e. V. und der Universität Göttingen (seit 2011, Anrechnung als Schlüsselqualifikation ist seit Ende 2012 möglich).Aufklärung über staatlich gewährte Rechtshilfen wie Prozesskostenhilfe/PKH, Beratungsscheine u. a. Ab dem 4. Fachsemester ist eine Mitarbeit möglich. Allerdings können Mandanten jeweils nur ein einziges Mal in Form einer Erstberatung beraten werden, da nur eine begrenzte Zahl an Beratern zur Verfügung steht. Einmal pro Woche wird eine zweistündige Sprechstunde angeboten. Seit Gründung der Rechtsberatungsstelle wurden ca. 350 Beratungen durchgeführt. 2014 wurden 37 persönliche Beratungstermine wahrgenommen und 110 Fälle beraten[40]. Beraten werden Fälle im Bereich des Miet- (ca. 35 %), Sozial- (ca. 35 %)-, Vertragsrechts (ca. 20 %) und sonstige Fälle (ca. 10 %,u. a. Urheberrecht, Erbrecht, Schadensersatzrecht, Familienrecht). Die beratenen

---

[39] *Klass/Savic/Lenk*, Strukturen der Legal Education am Beispiel der Legal Clinic der Leibniz Universität Hannover, GJLE 2014, 130 ff.
[40] Vgl. *Pachelbel/Steinhof*, GJLE 2015, 72.

1. Studentische Rechtsberatungen in Deutschland

Anwälte haben von der Universität einen Lehrauftrag [seit 2015 bezahlt], so dass sie eine Schlüsselqualifikation als Leistungsnachweis vergeben können. Interessierte Studenten müssen zuerst die Info-Veranstaltung besuchen, bekommen dann einen Beratungstag zugewiesen und müssen anschließend einen Aktenvortrag und eine schriftliche Zusammenfassung über den konkreten Fall anfertigen. Im April 2014 hatten bereits ca. 120 Studenten ihre Schlüsselqualifikation über das Beratungsprojekt abgeleistet. Das Projekt wurde für den „Service Learning Award 2014" der Georg-August-Universität Göttingen nominiert. Es wird prinzipiell nicht fernmündlich beraten. Bei den Beratungsgesprächen ist immer ein Anwalt anwesend.
- Studentische Pro Bono Rechtsberatungsstelle Göttingen (seit 2011). Die Beratungsstelle berät in zivilrechtlichen Angelegenheiten und stellt ihren Mitarbeiten ein Zeugnis aus.
- Law & Legal Studentische Rechtsberatung Tübingen e. V. (seit Ende 2011, inzwischen in mehreren Städten vertreten: Tübingen, Heidelberg, Bayreuth. Zwischenzeitig auch in Stuttgart, Berlin und Frankfurt am Main). Die Legal Clinic wird von Studenten organisiert. 2013 wurden 15 Beratungen durchgeführt. Teilnehmen kann jeder Student ab dem 2. Fachsemester mit überdurchschnittlichen Studienleistungen. Streitwert bis max. 1000 €. Auch Schlichtungsgespräche.[41]

Seit 2012

- Studentische Rechtsberatung der Philipps-Universität Marburg (seit 2012). Die erfolgreiche Teilnahme an den Einführungsvorlesungen ermöglicht den Erwerb der Schlüsselqualifikation. Streitwert nicht größer als 600 €. Es wird im gesamten Zivilrecht, öffentlichen Recht sowie dem Straßenverkehrs- und Ordnungswidrigkeitenrecht beraten. Strafrecht und Steuerrecht werden explizit ausgeschlossen.
- PARA legal Jena e. V. (seit Oktober 2011, offizieller Start allerdings erst 2012). Studenten können sich ab dem 3. Semester bewerben. Sämtliche Rechtsbereiche außer Steuer- und Strafrecht werden beraten. 2013 wurden 100 Fälle abgeschlossen. Kooperation mit Baker & McKenzie, die fachliche Workshops anbieten. Mitglieder müssen allerdings einen Mitgliedsbeitrag zahlen. Die Rechtsberatung kooperiert zwar eng mit der Universität, ist aber trotzdem selbstständig.)
- Law Clinic der Bucerius Law School in Kooperation mit der Diakonie Hamburg[42] und finanziell gefördert durch die Hartog-Stiftung (seit Oktober 2012. Sozial-, Familien-, Arbeits- Aufenthalts- und Asylrecht. Im Einzelfall erfolgt auch eine anwaltliche Vertretung der Mandanten vor Gericht. Dieses Konzept ist bisher einzigartig und nur möglich, da die Anwälte mit den Studenten einen Praktikumsvertrag schließen und dann die Fälle übernehmen. Auf dieser Grundlage können die Studenten bei der Betreuung des Mandanten vom Erstkontakt bis

---

[41] www.tagblatt.de/Home/nachrichten/hochschule_artikel,-Jurastudenten-gruendeten-kostenlose-Rechtsberatung-_arid,192363.html [Stand: 15.07.2015].

[42] www.lto.de/recht/studium-referendariat/s/law-clinic-Jurastudenten-praxiserfahrung-rechtsberatung/ [Stand: 15.07.2015].

zum Prozess mitarbeiten.[43] Vorbereitende und begleitende Lehrveranstaltungen, über 60 studentische Teilnehmer pro Semester, 22 Anwälte, Kooperation mit 17 verschiedenen Sozialberatungsstellen der Diakonie in Hamburg. Ab dem 2. Studienjahr kann man sich für die Mitarbeit in der Law Clinic bewerben. Es sollen ganz bewusst neue Möglichkeiten der rechtlichen Beratung und Betreuung erprobt und aufgezeigt werden. Bevor man allerdings beratend tätig werden kann, muss man ein Ausbildungsprogramm der juristischen Fakultät mit mehreren Workshops (u. a. Gesprächsführung, Mandantenbetreuung und Konfliktmanagement) abgeleistet haben. Seit 2012 wurden ca. 225 Erstberatungen durchgeführt und 115 Mandate übernommen. Mehr als die Hälfte der Beratungen fand dabei in einer Fremdsprache statt. Eine hauptamtliche Mitarbeiterin sowie 8 Studenten bilden das Organisationsteam der Legal Clinic.

- Studentische Rechtsberatung Bielefeld (Einführungslehrgang seit Wintersemester 2011/2012. Offizielle Beratung seit April 2012). Es wird nicht in Straf- und Steuerrechtssachen und nicht gegen die Universität Bielefeld beraten. Streitwert bis max. 750 €. Rechtsratsuchende müssen entweder an der Universität oder an der Hochschule Bielefeld eingeschrieben sein. Zunächst wird der Fall von der anleitenden Anwältin auf Geeignetheit für die studentische Rechtsberatungsstelle geprüft. Eignet sich der Fall nicht, wird er abgelehnt.[44] Die Rechtsberatung ist an den zivilrechtlichen Lehrstuhl von *Prof. Dr. Susanne Hähnchen* angebunden und wird vom *Institut für Anwalts- und Notarrecht* der Universität Bielefeld unterstützt. Eine Teilnahme ist ab dem 3. Fachsemester möglich und wird als Schlüsselqualifikation angerechnet. Über die erfolgreiche Teilnahme und die erworbenen Fähigkeiten wird ein Zertifikat ausgestellt. Die Teilnehmerzahl ist auf ca. 50 Studierende pro Semester begrenzt. Bis jetzt haben ca. 140 Studenten als Berater in der Rechtsberatungsstelle mitgewirkt.[45]
- Berlin – Humboldt Law Clinic Internetrecht, HLCI (seit 2012). Hierbei handelt es sich ebenfalls um eines der Projekte der Humboldt Law Clinic an der HU Berlin (Dachprojekt mehrerer Clinics, seit 2010). Der Schwerpunkt liegt im Internet- und Social-Media-Recht. Das Projekt ist eng mit dem Lehrplan der Fakultät verknüpft.[46] Die Studenten müssen zusätzlich ein studienbegleitendes Praktikum absolvieren, das auch als Pflichtpraktikum in Berlin anerkannt wird [§ 2 JAO]. Nach einem halben Jahr Mitarbeit in der Legal Clinic muss ein Vertiefungsseminar besucht werden, das im Zuge der Schwerpunktpflichtfachprüfung (Studienarbeit und mündliche Prüfung) seit dem WS 2012/2013 angerechnet werden kann.[47]
- Consumer Law Clinic der Humboldt-Universität Berlin, HCLC (seit 2012). Hierbei handelt es sich um ein weiteres der Projekte der Humboldt Law Clinic an der HU Berlin (Dachprojekt mehrerer Clinics, seit 2010). Klar umgrenzter Schwerpunkt auf Verbraucherrecht. So werden unter anderem Streitigkeiten mit Fluggesellschaften, Strom- und Telefonanbietern beraten.

---

[43] Vgl. auch *Bocksrocker*, azur 01/2014, S. 37.
[44] *Schöneberg*, GJLE 2015, 121 ff.
[45] *Schöneberg*, GJLE 2015, 119.
[46] Vgl. *Asmussen*, GJLE 2015, 80.
[47] ebd., S. 80.

Seit 2013

- Studentische Rechtsberatung der Fakultät für Wirtschaftswissenschaften (Wirtschaftsrecht) an der Hochschule Wismar (seit Frühjahr 2013, beratend tätig ab dem Wintersemester 2013/14). Die Mitarbeit wird auf das Studium angerechnet: Die Hochschule Wismar hat die Rechtsberatung als Wahlfach im Studiengang Wirtschaftsrecht ab dem 4. Semester anerkannt und vergibt für die Mitarbeit 5 ECTS-Punkte.[48] Einmal pro Woche findet eine dreistündige Begleitvorlesung statt, in deren Rahmen auch neu entstandene Fragen geklärt werden. Es werden sämtliche Fälle mit einem Gegenstandswert bis 1000 € angenommen – außer Steuer- und Strafsachen sowie Mandate, die sich gegen die Hochschule Wismar richten. Studenten können ab dem 3. Semester Wirtschaftsrecht mitarbeiten. Es werden Teams aus jeweils zwei Studenten gebildet. Nur bei besonders anspruchsvollen Fällen wird das Team vergrößert.[49]
- Law Clinic Kiel (seit Dezember 2013)
- LSPB – Law Students Pro Bono e. V., Heidelberg (seit Ende 2013). Rechtsgebiete: Kauf-, Miet-, Arbeits-, Handels-, Gesellschafts-, Erb-, Familien-, Schul- und Prüfungsrecht. Außerdem Vertragsgestaltung und Konfliktlösung.
- SRB FF(O) – Studentische Rechtsberatung Frankfurt an der Oder (seit 2013). Zivilrecht, Privatversicherungsrecht und öffentliches Recht. Anrechnung einer Schlüsselqualifikation bei 2 SWS möglich.
- Rechtsberatung Stuttgart (seit 2013)
- LAW & LAKE gUG (haftungsbeschränkt) Konstanz, (seit 2013). Streitwert auf 1000 € begrenzt.[50] Es wird in nahezu allen Rechtsgebiete beraten außer im Strafrecht. Fälle mit Fristen werden nicht angenommen. Es wird immer zu zweit beraten. Der Mandant (jedermann, nicht nur Studenten) muss sich mit der Mandantenvereinbarung einverstanden erklären. Es wird auch über Beratungs- und Prozesskostenhilfe informiert. Die Anleitung erfolgt durch Professoren der Universität, sowie lokalen Anwälten.

Seit 2014

- Student-Law – unentgeltliche, studentische (Online-) Rechtsberatung aus Berlin (beratend aktiv seit Juni 2014, eingetragen bereits im März 2014 und Gründungsphase seit August 2013). Die beratenden Studenten rekrutieren sich auch aus anderen Fachrichtungen und sind über das ganze Bundesgebiet verteilt. In der Rechtsberatungsstelle engagieren sich viele bereits examinierte Mitarbeiter, teilweise auch mit Vollexamen. Die Beratung erfolgt nur online oder telefonisch. Auch die interne Kommunikation erfolgt über ein online-Forum. Es werden nur Fälle aus dem Zivilrecht angenommen. Streitwert bei max. 750 €, allerdings werden unter bestimmten Voraussetzungen auch Ausnahmen gemacht. Außerdem

---

[48] Vgl. m.w.N. *Fuchs*, GJLE 2015, 61.
[49] *Rieck/Sonnenberger*, GJLE 2015, 66.
[50] Vgl. *Stei*, Konstanzer Anzeiger vom 07.01.2015, S. 12.

hat man eine Vermögensschadensversicherung abgeschlossen und versucht, über Mandantenvereinbarungen und Haftungsbeschränkungen durch die Rechtsform die Berater abzusichern. Es gibt eine Kooperation mit der Wirtschaftskanzlei Linklaters. Ein bemerkenswert übersichtliches FAQ auf der Internetseite, das Fragen potentieller Mandanten schon im Vorfeld klärt.
- Law Clinic der Freien Universität Berlin „*Praxis der Strafverteidigung*" (seit 2014, auf ein Jahr angelegt. Strafverfahrensrecht, Strafverteidigung. In Kooperation mit dem Verein Berliner Strafverteidiger e. V.).
- Rechtsberatungsstelle Mannheim (seit Oktober 2014). Zivilrecht und Asylrecht.
- LegalGuidance – Rechtsberatung von Studierenden für Studierende der Universität Würzburg (seit 2013, erste Beratungen ab Mai 2014). Berät nur Studierende der Universität Würzburg, eine Kooperation mit der Fachhochschule Würzburg ist geplant. Die Streitwertgrenze liegt bei 750 €. Es werden nur Fälle aus dem Zivilrecht beraten. Außerdem wird nicht gegen die Universität beraten. Zwar wird keine gerichtliche Vertretung übernommen, bei Bedarf jedoch der außergerichtliche Schriftwechsel der Mandanten. Voraussetzung für Mitarbeit ist die Zwischenprüfung. An jeder Beratung nehmen zwei studentische Berater in Begleitung eines Volljuristen teil. Es werden regelmäßige Schulungen angeboten. Für das Engagement wird ein Zertifikat ausgestellt und bei Bearbeitung von mindestens zwei Fällen und dem Besuch der Vorlesungsreihe „*Jura in der Praxis*" ein Pflichtpraktikum anerkannt.[51]
- ProBono Studentische Rechtsberatung Freiburg e. V. [52] (seit September 2013 in Planung, offizielle Vereinsgründung am 31. März 2014. Beratend tätig seit Juni 2014). Ca. 80 Rechtsberater, die von 15 Volljuristen betreut werden.[53] Das Projekt ist in ein ausbildendes Clinic- Programm der Universität Freiburg („Freiburg Legal Clinics")[54] und einen beratenden Verein[55] gegliedert. Die Beratung erfolgt in mehreren Unterkliniken (Mietrecht, Verbraucherschutz, Internetrecht, Existenzgründung, Asylrecht, Arbeitsrecht). Nur wer in einer Art Abschlussprüfung nach dem Ausbildungsprogramm die nötige Anzahl an Punkten erreicht, darf auch in der Legal Clinic beratend tätig werden. Hohe Examensrelevanz der Arbeit. Zertifizierte Ausbildung im Umfang von mind. 14 SWS. Der maximale Streitwert ist auf 750 € festgelegt. Es werden keine Fälle mit Fristen angenommen. Den Beratern wird ein Ausbildungsprogramm angeboten. Die Haftung der

---

[51] www.wuerzburgerleben.de/2014/11/13/legalguidance-rechtsberatung-von-studierenden-fuer-studierende/ [Stand: 15.07.2015].

[52] Vgl. *Schubert*, Legal Clinics – Juristische Ausbildung mit Praxisbezug am Beispiel der Freiburg Legal Clinics und Pro Bono Studentische Rechtsberatung Freiburg, in: Ordnung der Wissenschaft 4 (2014) 241–246; www.br.de/fernsehen/ard-alpha/sendungen/campusmagazin/studentische-rechtsberatung-102.html; fudder.de/artikel/2014/08/28/jurastudierende-bieten-kostenlose-rechtsberatung-an/ [Stand: 15.07.2015].

[53] *Berkle*, GJLE 2015, 86.

[54] www.legalclinics.uni-freiburg.de/ [Stand: 15.07.2015].

[55] probono-freiburg.de/ [Stand: 15.07.2015].

1. Studentische Rechtsberatungen in Deutschland

Rechtsberatung wird über die AGB, den Streitwert und die Vereinsvermögens- bzw. Haftpflichtversicherung begrenzt.
- Studentische Rechtsberatung der Universität Passau e. V. (bereits Ende 2011 in Planung. Offiziell existent seit 2013, eingetragen und beratend seit April 2014). In Form eines eingetragenen Vereins organisiert und als Hochschulgruppe an die Fakultät gebunden. Es werden nur Studenten der Universität Passau beraten. Damit auch Austauschstudenten aus anderen Ländern beraten werden können, geben die studentischen Mitarbeiter ihre Sprachfertigkeiten an. Fälle, die sich gegen die Universität richten, werden nicht angenommen, um Konflikten vorzubeugen. Die Rechtsberatungsstelle hat sich überdies gegen mögliche Fehlberatung versichert. Das Haftungsvolumen der Rechtsberatungsstelle liegt seitens der Versicherung (Allianz) bei 5000 €, jedoch möchte man von den Anwälten nicht als Konkurrenz wahrgenommen werden, weswegen man nur bis zu einem Haftungsvolumen von 3000 € pro Fall berät. Im Bundesvergleich ist das trotzdem außergewöhnlich hoch. Versichert sind die Rechtsberater sowie wissenschaftliche Mitarbeiter. Voraussetzung ist lediglich die Mitgliedschaft im Verein, der wiederum Vertragspartner der Versicherung ist. Eine Bewerbung erfolgt mittels Lebenslauf, Motivationsschreiben, Notenauszug und ist erst nach bestandener Zwischenprüfung möglich. Außerdem muss die Schlüsselqualifikation abgeleistet worden sein. Durch Mitarbeit in der Studentischen Rechtsberatung kann eine Schlüsselqualifikation erworben werden. Die Rechtsberatung wird derart gut angenommen, dass eine Warteliste für die Fälle notwendig wurde. Pro Semester werden ca. 25 bis 30 Fälle abgeschlossen. Die Rechtsberatungsstelle finanziert sich aus Mitgliedsbeiträgen sowie durch Sponsoren.
- Law Clinic Frankfurt am Main e. V. (seit Oktober 2014). Es werden nur wirtschaftlich Bedürftige mit Nachweis beraten.

Seit 2015

- Studentische Rechtshilfe für Senioren (SRSK) e. V. in Köln (seit 2015). Ziel der Rechtsberatungsstelle ist es, alten Menschen, bei rechtlichen Fragen Unterstützung zu leisten. Es wird auch aufgezeigt, wie man Prozesskostenhilfe beantragen kann. Diese Rechtsberatungsstelle ist als Antwort auf den demographischen Wandel zu verstehen und will über die Beratertätigkeit Schwachstellen des Rechtsystems in Bezug auf ältere Menschen identifizieren, wissenschaftlich auswerten und grundsätzliche Lösungsansätze erarbeiten. Die Studenten zahlen einen Mitgliedsbeitrag (10 €), können dann an den regelmäßig stattfindenden Treffen teilnehmen, sich einer Arbeitsgruppe anschließen und rechtsberatend tätig werden.
- Bonn Law Clinic[56] (seit April 2015, der offizielle Start ist für Sommer 2015 angesetzt). Die Rechtsberatungsstelle berät zu allen Themen des Alltags, wobei die Beratung von Steuerangelegenheiten und die Vertretung vor Gerichten explizit ausgeschlossen wird. Außerdem werden Fälle nur bis zu einem Haftungsvolu-

---

[56] lawclinic.de [Stand: 15.07.2015].

men von 700 € übernommen, um nicht von Anwälten als Konkurrenz wahrgenommen zu werden und um das Haftungsrisiko zu begrenzen. Inzwischen ist die studentische Rechtsberatungsstelle an die Fakultät angeschlossen. Sie wurde zunächst jedoch allein von Studenten initiiert. Über die Mitarbeit wird den studentischen Rechtsberatern ein Zertifikat ausgestellt.

- Rechtsberatungsstelle des Studentenrates der Universität Leipzig (seit 2015)[57] Die Beratung erfolgt durch einen einzelnen Rechtsreferendar unter anwaltlicher Anleitung. Die Beratung umfasst zivilrechtliche (u. a. Mietrecht, Arbeitsrecht, familienrechtliche Probleme etc.), strafrechtliche oder auch verwaltungsrechtliche (v. a. Prüfungsanfechtungen, Widerspruchsverfahren) Problemstellungen.
- Legal Clinic des AStA der Universität des Saarlandes (seit 2015)
- SLC – Student Legal Consulting – Studentische Rechtsberatung an der Carl von Ossietzky Universität Oldenburg (seit Juni 2015). Es handelt sich bei der studentischen Rechtsberatung um eine Initiative unterschiedlicher BWL-Studenten, die Hilfsbedürftigen und einkommensschwachen Menschen helfen wollen ihre Rechte durchzusetzen. Es besteht eine Kooperation mit der Universität Oldenburg. Die Legal Clinic ist am Lehrstuhl von Prof. Dr. Dr. Boehme-Neßler organisiert. Man berät in nahezu allen Rechtsbereichen. Der Schwerpunkt liegt jedoch zum einen im Arbeits-, Handels- und Gesellschaftsrecht sowie zum anderen im öffentlichen Recht und Datenschutzrecht. Die studentische Rechtsberatung bietet außerdem Fachvorträge zu speziellen Themen an. Diese Vorträge richten sich etwa an Unternehmen (Arbeitsrecht für Führungspersonal) oder Kommunen.
- Studentische Rechtsberatung Osnabrück („Rechtsberatung für Bedürftige". 2014 mit der Gründungsplanung begonnnen, ab Juli 2015 die ersten Beratungen durchgeführt.) Inspiriert von der Rechtsberatungsstelle Göttingen. Kooperation mit der Tafel Osnabrück, der Arbeitslosenhilfe Osnabrück, des Fachbereiches Rechtswissenschaften und der Diakonie. Volljuristen begleiten Sprechstunden persönlich. Die studentische Rechtsberater können ab dem vierten Semester Jura (Bachelor oder Staatsexamen) zwei Mal im Monat im Umfang von jeweils 2 h rechtlich beraten.[58] Dabei sind keine weiteren Bewerbungsunterlagen erforderlich. Man kann sich einen Beratungstermin aussuchen, oder wird einem zugewiesen. Die Beratung erfolgt eigenständig, aber unter Aufsicht eines Anwaltes, der das Beratungsgespräch verfolgt und dem Berater im Anschluss an die Beratung ein umfangreiches Feedback gibt. Die Beratungsstelle informiert über Beratungs- und Prozesskostenhilfe, verteilt entsprechende Anträge und füllt diese, wenn erwünscht, gemeinsam mit dem Mandanten aus. Die Studenten sind – bei Fehlberatung – über die Haftpflichtversicherung des Anwaltes mit abgesichert. Andere Schäden (Personen- oder Eigentumsbeschädigungen) werden von der Versicherung der Diakonie Osnabrück, in deren Räumlichkeiten die Beratung stattfindet, übernommen. Zur Akquirierung von Mandanten und Mitstreitern hat man ein umfangreiches Marketing Programm aufgesetzt (u. a. Zeitungsartikel,

---

[57] stura.uni-leipzig.de/rechtsberatung [Stand: 15.07.2015].
[58] www.noz.de/lokales/osnabrueck/artikel/584042/osnabrucker-jurastudenten-bieten-rechtsberatung-an.

Plakate, Flyer). Die Rechtsberatung kann jeder, der nach den Vorschriften der Zivilprozessordnung Prozesskostenhilfe erhalten würde, in Anspruch nehmen (Bedürftigkeit). Auch Personen, die nicht die deutsche Staatsbürgerschaft besitzen, werden beraten. Es werden alle Rechtsgebiete beraten. Es wird aber nur dann beraten, wenn andere Möglichkeiten, Rechtshilfe zu erlangen, erschöpft sind oder nicht weiter bestehen (zum Beispiel scheidet eine Beratung aus, wenn der Mandant auch genauso gut von einer Gewerkschaft oder einem Mieterverband, dem er angehört, beraten werden könnte).
- studentische Rechtsberatung Bayreuth (seit 2015)

Die zahlreichen Initiativen und Aktivitäten der studentischen Rechtsberatung stoßen auf großes mediales Interesse.

c) Refugee Law Clinics

In den letzten Jahren haben sich in Deutschland zahlreiche studentische Rechtsberatungen etabliert, die sich ausschließlich mit Ausländer- und Asylrecht beschäftigen (Refugee Law Clinics).[59]

Als erste Vorstufe der Flüchtlings-Rechtsberatungsstellen sind sicherlich Studentengruppen an den Hochschulen zu sehen, die in Eigenregie Unterstützung für Flüchtlinge organisieren (z. B. Deutschunterricht für Flüchtlinge, Hilfe bei der Wohnraumsuche oder Kinderbetreuung).

Die Fälle der Refugee Law Clinics haben eine ganz andere Dimension und Bedeutung, da es hier um Rechtshilfe für in der Existenz bedrohte Menschen (häufig Kinder und Jugendliche) geht und nicht um die Frage, ob und wie man einen zivilrechtlichen Fall mit geringem Haftungsumfang und niedrigem Streitwert zu lösen vermag.[60] In der Regel leisten die Refugee Law Clinics Unterstützung bei Behördengängen und bei Anhörungen.[61] Anhörungen werden in der Regel zuvor mit den Flüchtlingen gemeinsam durchgespielt und durchgesprochen, um Fallstricke zu identifizieren. Das ausführliche Feedback hilft den Flüchtlingen, sich mit Ablauf und Inhalt der Anhörung vertraut zu machen. Auch Verfahrensschritte im Asylverfahren können durch die Unterstützung einer Refugee Law Clinic beschleunigt und erleichtert werden; Flüchtlinge werden zwar in der Regel vom Bundesamt für Migration und Flüchtlinge (BAMF) mit einer schriftliche Belehrung in ihrer Landessprache über den Ablauf des Verfahrens informiert, aber diese Informationen

---

[59] Dazu sehr ausführlich: *Tiedemann/Gieseking* (Hrsg.), Flüchtlingsrecht in Theorie und Praxis – 5 Jahre Refugee Law Clinic an der Justus Liebig Universität Gießen (Schriftenreihe zum Migrationsrecht 13), Baden-Baden 2014.

[60] *Enns/Hilb*, in: *Tiedemann/Gieseking* (Hrsg.), Flüchtlingsrecht in Theorie und Praxis – 5 Jahre Refugee Law Clinic an der Justus Liebig Universität Gießen (Schriftenreihe zum Migrationsrecht 13), Baden-Baden 2014, S. 48 ff.

[61] Vgl. *Oehl*, BRJ 02/2013, 152.

lassen häufig Fragen offen, die erläutert werden müssen. Das inzwischen komplexe Geflecht internationaler, europäischer und nationaler Regelungen zum Asylrecht ist ja selbst für Juristen nur schwer zu durchschauen. Die meisten Refugee Law Clinics bieten regelmäßige Informationsveranstaltungen für Flüchtlinge an. Hier wird das Eis gebrochen und der erste Kontakt hergestellt. Ein Rechtsberater bzw. eine fachgerechte, spezifische Betreuung kann den Flüchtlingen nur in besonderen Ausnahmefällen zur Seite gestellt werden, weil die Zahl der Verfahren inzwischen kaum noch zu bewältigen ist.

Mitarbeit in einer Refugee Law Clinic erfordert großes Engagement und ist für Studierende eine Herausforderung, da das Flüchtlingsrecht komplex und nicht Gegenstand des Jurastudiums ist. Rechtsnormen aus dem Völker-, dem Europa- und nationalem Recht finden Anwendung und müssen bekannt sein. Außerdem sind verwaltungsrechtliche und verwaltungsprozessuale Kenntnisse erforderlich.[62] Wer Flüchtlinge beraten möchte, muss sich daher in diesem zunächst fremden Rechtsgebiet ausreichende Kenntnisse aneignen. Leicht ist das nicht, denn es gibt nur wenig Literatur zu dieser Thematik, die für Studenten didaktisch aufbereitet ist. Auf einem gemeinsamen Vernetzungstreffen beschlossen einige Refugee Law Clinics eine Internetseite (Wiki) mit gesammelten Informationen zum Flüchtlingsrechts zu erarbeiten. Neben Informationen und dem Austausch über praktische Erfahrungen im Umgang mit dem Flüchtlingsrecht sollen auch Dokumente wie etwa Antragsvorlagen oder Rechtsmittelschriftsätze gesammelt werden. Auch das Bundesamt für Migration und Flüchtlinge organisiert in regelmäßigen Abständen Netzwerktreffen für Flüchtlingsorganisationen aller Art aus ganz Deutschland. In der Regel sind auf diesen Treffen insbesondere Helferkreise vertreten. Man kann ferner auch über eine Kooperation mit der jeweiligen Amnesty international Hochschulgruppe nachdenken. Zwar verfügt nicht jede Universität über eine solche, jedoch lassen sich Schnittmengen mit den Refugee Law Clinics herauskristallisieren. Trotz dem ist es unumgänglich, dass der anwaltliche Beirat die Studenten gründlich schult.

Zusammenfassend lässt sich feststellen, dass die Arbeit in einer Refugee Law Clinic mehr Einsatz fordert als die Arbeit in einer normalen Legal Clinic. Nicht zu vergessen der psychologische Aspekt: Die Mandanten sind häufig schwer traumatisiert, was an den beratenden Studenten nicht spurlos vorbeigeht.

Der Beratungsbedarf ist groß und nicht hinreichend durch das Rechtssystem gedeckt. Daher werden studentische Beratungen in großem Umfange in Anspruch genommen. 2013 waren weltweit ca. 51,2 Mio. Menschen auf der Flucht. Deutschland nahm 187.600 Flüchtlinge auf[63], und es wurden 109.580 Asyl-Erstanträge gestellt.[64] Die Anzahl der Asylanträge nahm von 2012 auf 2013 um 69,8% zu. 24,8% der

---

[62] *Tiedemann/Gieseking* (Hrsg.), Flüchtlingsrecht in Theorie und Praxis – 5 Jahre Refugee Law Clinic an der Justus Liebig Universität Gießen (Schriftenreihe zum Migrationsrecht 13), Baden-Baden 2014, S. 5 ff.

[63] Vgl. UNHCR Global Trends 2013, S. 13– abrufbar unter: www.unhcr.de/service/zahlen-und-statistiken.html [Stand: 15.07.2015].

[64] Vgl. Statistisches Bundesamt, Statistisches Jahrbuch 2014– Deutschland und Internationales, S. 42.

Anträge wurden positiv beschieden, 38,5 % wurden abgelehnt und 36,7 % durch formelle Entscheidung erledigt. Es ist davon auszugehen, dass die Zahl der Asylanträge in Deutschland in den nächsten Jahren weiter rasant steigen wird. Allein im ersten Halbjahr des Jahres 2015 wurden bereits mehr als 100.000 Asylanträge in Deutschland gestellt. Weltweit sind mehr als die Hälfte aller Flüchtlinge Kinder unter 18 Jahren. Bis zum Jahr 2010 galten Kinder ab 16 Jahren in Deutschland i. S. d. §§ 12 I AsylVfG, 80 I AufenthG als „asylmündig" und mussten ihr Asylverfahren alleine betreiben.[65]

Unterschiedliche Beratungsstellen nehmen sich der Flüchtlinge an, sind jedoch häufig überlaufen und können dem hohen Beratungsaufkommen nicht gerecht werden. Sich selbst überlassen oder unzureichend beraten, sind Flüchtlinge und Asylbewerber häufig mit den zu klärenden juristischen und administrativen Fragestellungen überfordert.[66] Ein Beratungsangebot in den Gemeinschaftsunterkünften ist selten vorhanden, eine externe Beratung ist kostenintensiv und für Flüchtlinge unerschwinglich. Teilweise fehlt es sogar an fremd- und fachsprachlich geschulten Sozialarbeitern. Die Folgen fehlender Beratung sind oft gravierend. Die Asylbewerber selbst sind nicht in der Lage, asylrechtliche Verfahrensfehler zu erkennen.

Die Refugee Law Clinics versuchen, die Defizite staatlicher Beratungshilfen zu einem gewissen Grad auszugleichen und den Flüchtlingen zu helfen, ihre Rechte wahrzunehmen, was zu mehr Gerechtigkeit und Transparenz im Asylverfahren führt. Um diese anspruchsvolle Beratungsarbeit sach- und fachgerecht leisten zu können, bauen die Law Clinics im allgemeinen enge Kontakte zu Übersetzern auf, mit denen sie zusammenarbeiten.

Flüchtlings- und Asylrecht sind im allgemeinen nicht Bestandteil der juristischen Ausbildung in Deutschland. Die Studenten in der Law Clinic werden daher über einen längeren Zeitraum (teilweise bis zu einem Jahr) besonders geschult, bis sie aktiv an Rechtsberatungsgesprächen mitwirken können.[67] Meist geschieht dies durch eine spezielle Vorlesung zum Asyl- und Flüchtlingsrecht. Bei manchen Rechtsberatungsstellen wird außerdem noch ein Praktikum bei einem Anwalt oder einer NGO absolviert, um hinreichenden Einblick in die Materie zu gewinnen. Die Ausbildung, die letztlich der Qualitätssicherung dient, variiert von Law Clinic zu Law Clinic. In der Regel dauert sie mehrere Monate.[68] Allerdings reicht es nicht aus, Schicksal, ethnischen und kulturellen Hintergrund der Flüchtlinge zu verstehen; die studentischen Berater müssen sich auch mit der Sprache ihrer Mandanten auseinandersetzen. Die Arbeit in einer Refugee Law Clinic fördert daher neben

---

[65] *Enns/Hilb*, in: *Tiedemann/Gieseking* (Hrsg.), Flüchtlingsrecht in Theorie und Praxis – 5 Jahre Refugee Law Clinic an der Justus Liebig Universität Gießen (Schriftenreihe zum Migrationsrecht 13), Baden-Baden 2014, S. 48.
[66] Jahresbericht der Refugee Law Clinic Munich, S. 11, abrufbar unter: www.lawclinicmunich.de/about/jahresbericht [Stand: 15.07.2015].
[67] *Hilb*, GJLE 2014, 123 m.w.N.
[68] Vgl. auch *Tiedemann/Gieseking*, Clinical Legal Education an der Universität Gießen – Die Refugee Law Clinic am Fachbereich Rechtswissenschaft, in: *Barton/Hähnchen/Jost* (Hrsg.), Praktische Jurisprudenz. Clinical Legal Education und Anwaltsorientierung im Studium, Hamburg 2011, S. 121–132.

der Fähigkeit zur Empathie auch den Ausbau von Fremdsprachenkenntnissen. Sie schärft das Bewusstsein für die schwierige Lage der Flüchtlinge, für Missstände in der Rechtsanwendung durch die Behörden und schafft im „Kleinen" Abhilfe.

Themen von Flüchtlingskliniken sind beispielsweise:

- Anhörung vor dem Bundesamt für Migration und Flüchtlinge
- Kirchenasyl
- strafrechtliche Aspekte der Flüchtlingshilfe
- Dublin Verfahren
- Umverteilungsantrag
- Arbeitsmarktzugang für Geduldete sowie Asylsuchende
- Akteneinsicht beim Bundesamt für Migration und Flüchtlinge
- Zugang von Flüchtlingen zu Gesundheitsleistungen
- Recht auf Wiederkehr (§ 37 Aufenthaltsgesetz)
- Familiennachzug nach Deutschland (§ 28 Aufenthaltsgesetz).

Nicht selten sind zu behandelnde Fälle in Refugee Law Clinics solche, bei denen die Flüchtlinge in ihrem Heimatland mit dem Tode bedroht sind und in Deutschland auf Gedeih und Verderb auf Gewährung von Asyl angewiesen sind.

Dass die Refugee Law Clinics inzwischen wichtiges und anerkanntes Glied in der Betreuung von Flüchtlingen sind, bekundete Bundespräsident Joachim Gauck mit seinem jüngsten Besuch des Gießener Projekts im Sommer 2015. Aber auch im Ausland gibt es vergleichbare Projekte, wie zum Beispiel die seit 2001 in Österreich aktive *Grazer Refugee Law Clinic*, die seit 2006/2007 in das Lehrprogramm der Universität Graz eingebunden ist.[69]

2015 gab es neben dem bereits viermal ausgerichteten Symposium für studentische Rechtsberater (Bund studentischer Rechtsberater, BSRB) auch gleich zwei Vernetzungstreffen der Refugee Law Clinics (Refugee Law Clinic Network). Man vernetzt sich, tauscht sich aus, teilt Informationen und versucht gemeinsam einen *Code of Conduct* für die Beratungstätigkeit der Refugee Law Clinics zu erarbeiten.

Im Folgenden werden exemplarisch einige Projekte der studentischen Flüchtlingsberatung aufgeführt:

Seit 2007

- Gießener Refugee Law Clinic[70] (seit 2007, 2010 mit dem Hessischen Hochschulpreis für Exzellenz in der Lehre ausgezeichnet[71]). Die älteste Refugee Law Clinic

---

[69] *Weritsch*, Die Grazer „Refugee Law Clinic". In: juridikum 2003, S. 153 ff.

[70] *Tiedemann/Gieseking*, Die Refugee Law Clinic an der Universität Gießen, LKRZ 2010, S. 236–239; *Gieseking*, Clinical Legal Education. Die Refugee Law Clinic an der Justus-Liebig-Universität Gießen, ZDRW 1 (2014) 245–250; http://www.spiegel.de/unispiegel/studium/uni-giessen-jurastudenten-bieten-rechtsberatung-fuer-asylbewerber-a-924155.html [Stand: 15.07.2015].

[71] *Rüdiger*, Praktische Jurisprudenz: Clinical Legal Education und Anwaltsorientierung im Studium – Ein Tagungsbericht, in: JA 7/2011, S. VI f. Abrufbar unter: http://www.ja-aktuell.de/cms/website.php?id=/de/studium_referendariat/erfahrungsberichte/praktische-jurisprudenz.htm[Stand: 15.07.2015]; vgl. auch ders., ZJS 2011, 583–586.

in Deutschland und beratend unterstützend bei der Gründung zahlreicher anderer Refugee Law Clinics in Deutschland. Für die Schulungsvorlesungen reisen Zuhörer teilweise sogar von weit her an, um sich an dieser Law Clinic zu orientieren. Die Law Clinic ist an den Lehrstuhl für öffentliches Recht angebunden. Sie wird von zwei Professoren, einem Lehrbeauftragten, zwei wissenschaftliche Mitarbeiterinnen und zwei studentischen Hilfskräften betreut. Es findet ein wöchentliches Training an Asyl-Fällen (teilweise direkt aus den Kanzleien der betreuenden Anwälte) statt. 15 Studenten werden jedes Semester als neue Mitarbeiter ausgebildet. Das Ausbildungsprogramm beginnt jeweils zum Wintersemester. Zunächst muss im Wintersemester eine Theorievorlesung besucht, in den Ferien ein Praktikum (z. B. in einer Kanzlei, in einer Behörde oder einer Nichtregierungsorganisation mit migrationsrechtlichen Schwerpunkt) absolviert werden und abschließend im Sommer noch eine praktische Übung belegt werden.[72] Alle Veranstaltungen sind auf das Studium anrechenbar. Einmal im Monat muss an einer verpflichtenden Supervision teilgenommen werden. Die wöchentliche Beratungen selbst finden in der hessischen Erstaufnahmeeinrichtung HEAE statt.[73] Die Rechtsklinik bietet überdies regelmäßig öffentliche Veranstaltungen und Tagungen an. Ein weiterer Schwerpunkt der Beratungsstelle liegt auf der Beratung von unbegleiteten minderjährigen Flüchtlingen.

Seit 2013

- Refugee Law Clinic Cologne – RLCC (seit Februar 2013 in Kooperation mit Caritas, Diakonie und der Kölner Flüchtlingshilfe). Zweimal wöchentlich finden Sprechstunden statt. Die Refugee Law Clinic ist ein studentischer Verein an der Universität Köln und an das Institut für Völkerrecht und ausländisches öffentliches Recht angebunden. Seit 2014 werden auch Lehrveranstaltungen zum Asyl- und Ausländerrecht angeboten.[74]
- Praxisprojekt Migrationsrecht der Universität Halle-Wittenberg (seit 2013). Das Konzept des Projekts konnte auch den Stifterverband für die Deutsche Wissenschaft überzeugen und wurde zur „*Hochschulperle des Monats Februar 2014*" gekürt. Es besteht eine Kooperation mit der *FH Merseburg* sowie der *Migrantenberatung des Paritätischen Sachsen-Anhalt*.
- Refugee Law Clinic Munich (Seit November 2013). In der Law Clinic engagieren sich auch Studenten anderer Fachrichtungen. Insbesondere Sprachkenntnisse sind von Vorteil, um ggf. auch als Übersetzer die Arbeit zu unterstützen. Eine

---

[72] Vgl. *Beisel*, Rechtsberatung von Jurastudenten: Nachwuchs-Anwälte der Armen in: Süddeutsche, vom 2. April 2013.

[73] *Tiedemann/Gieseking*, Die Refugee Law Clinc an der Universität Gießen – Eine neue Ausbildungsmethode, LKRZ 2010, 236–239; mit vertiefenden Ausführungen zur Supervision: *Enns/Hilb*, in: *Tiedemann/Gieseking* (Hrsg.), Flüchtlingsrecht in Theorie und Praxis – 5 Jahre Refugee Law Clinic an der Justus Liebig Universität Gießen (Schriftenreihe zum Migrationsrecht 13), Baden-Baden 2014, S. 52 ff.

[74] Vgl. *Oehl*, BRJ 02/2013, 152 f.

wöchentlich angebotene juristische Supervision soll die Studenten bei der Fallbearbeitung unterstützen. Preisträger des yooweedoo 2014 Preises. Bis Oktober 2014 wurden ca. 25 Mandanten betreut. 9 Rechtsanwälte engagieren sich im betreuenden Beirat. Die organisatorischen Vor- und Nacharbeiten schlugen mit 13.350 h zu Buche, die eigentliche Beratungstätigkeit mit 300 h.[75] 2014 wurden insgesamt 40 Personen rechtlich beraten.[76] Der Verein hat eine sehr gute Finanzstruktur. So konnte er 2014 ca. 7400 € Spenden aquirieren.[77] Monatlich lädt die studentische Rechtsberatung zu einem Stammtisch, der auch für externe Besucher geöffnet ist. Es finden wöchentliche Treffen zur Organisation des Vereins statt, bei denen evaluiert wird, wie Ressourcen besser eingesetzt, Leistungen verbessert und die Effizienz optimiert werden können.[78] Dank einer Kooperation mit einer Wirtschaftskanzlei kann die Law Clinic auf Räumlichkeiten zurückgreifen. Außerdem hat man eine Versicherung bei der Allianz mit Jahreskosten von ca. 600 € abschließen können. Innerhalb eines Jahres wuchs die Legal Clinic von 20 auf über 250 Vereinsmitglieder an. Der Übersetzer-Pool umfasst derzeit circa 25 Personen, die die Sprachen Farsi, Türkisch, Englisch, Arabisch, Französisch, Italienisch, Kurdisch, Äthiopisch und Tigrinya abdecken. Im Juli 2015 wurde das erste nationale Treffen der Refugee Law Clinics in München ausgerichtet. Vergleichbare Treffen gab es auch schon zuvor von der Refugee Law Clinic Gießen.)

Seit 2014

- Refugee Law Clinic Leipzig – RLCL[79] (seit April 2013, offizielle Gründung als e. V. am 15. April 2014, Beratung im April 2015 aufgenommen[80]). Die Rechtsberatung wird zwar von Studenten organisiert, arbeitet jedoch eng mit dem Lehrstuhl für Öffentliches Recht, Staats- und Verfassungslehre zusammen. Kooperationen bestehen mit der Uni Leipzig sowie Halle-Wittenberg. Inzwischen engagieren sich 60 Studenten in dem Verein. Das einjährige Ausbildungsprogramm umfasst eine wöchentliche Vorlesung. Es wird alle zwei Wochen beraten. Man kooperiert auch mit anderen Verbänden, die sich um Flüchtlinge kümmern.
- Refugee Law Clinic Bremen „Migration & Recht" (seit 2013, gegründet 2014). Die Mitarbeit ist nach bestandener Zwischenprüfung möglich und auf 25 Mitarbeiter beschränkt. Außerdem muss man der Bewerbung ein Motivationsschreiben beilegen. Das Projekt erstreckt sich über zwei Semester. Neben Einführungskursen ist in den Semesterferien außerdem ein Praktikum zu absolvieren. Im ersten Semester wird man auf die Praxis vorbereitet, im zweiten Semester kann

---

[75] Jahresbericht der Refugee Law Clinic Munich, S. 18, abrufbar unter: www.lawclinicmunich.de/about/jahresbericht. [Stand: 15.07.2015].
[76] Ebd., S. 20.
[77] Ebd., S. 33.
[78] Ebd., S. 26.
[79] Vgl. www.mdr.de/mdr-info/refugee-law-clinic100.html [Stand: 15.07.2015].
[80] *Born*, GJLE 2015, 102 ff.

man dann bei der Beratung mitwirken. Man kann seine Schlüsselqualifikation über die Mitarbeit erwerben und 3 ECTS Punkte erhalten.
- Pro Bono Heidelberg Studentische Rechtsberatung e. V. (seit Juli 2014 offiziell eingetragener Verein; allerdings bereits im Oktober 2013 Aufnahme der Arbeit). Besonderheit dieser Rechtsberatungsstelle ist, dass sie sowohl flüchtlingsrechtliche als auch zivilrechtliche Rechtsberatung anbietet. Die Streitwertbegrenzung liegt bei 700 €. Die Rechtsberatungsstelle ist innerhalb kurzer Zeit mit über 100 Mitgliedern und fast ebenso vielen Rechtsberatern zu einer der größten in Deutschland angewachsen. Es gibt einen 20-köpfigen juristischen Beirat. Es finden regelmäßige Schulungen im Ausländerrecht statt, und es besteht die Möglichkeit, über die Law Clinic eine Schlüsselqualifikation zu erlangen. Die Rechtsberatung wurde mit dem *Engagementpreis des Ehemaligenvereins der Friedrich-Ebert-Stiftung* sowie dem zweiten Platz *der Freunde der Universität Heidelberg* ausgezeichnet.[81]
- Refugee Law Clinic Trier e.V.[82] (seit Dezember 2014). Der Verein erfährt Unterstützung vom rechtswissenschaftlichen Fachbereich der Universität Trier, vom Bundesamt für Migration und Flüchtlinge in Trier, von der Stadt Trier, des Bischofs von Trier, dem Multikulturellen Zentrum Trier, der Stiftung Mitarbeit, dem Diakonischen Werk der Ev. Kirchenkreise Trier sowie der Katholischen Erwachsenenbildung Bistum Trier.

Seit 2015

- Refugee Law Clinic Hannover e. V. (seit Oktober 2014. Gründung im März 2015). Das Projekt wird von der Fachschaft Jura Hannover getragen.
- Refugee Law Clinic Augsburg (seit 2014, erste Beratung in 2015). Es werden Weiterbildungen im Flüchtlingsrecht im Gesamtumfang von 24 h von einem Privatdozenten angeboten sowie weitere Workshops. Außerdem wird der Ausbildungsstand der Studenten vorher in einem dreistufigen Verfahrensprozess geprüft, um sicher zu gehen, dass nicht falsch beraten wird.[83]
- Refugee Law Clinic Saarbrücken e. V. (Seit 2015, gegründet am 19. Mai 2015.)
- Refugee Law Clinic Hamburg – RLC HH (seit 2015, Initiative bereits im Oktober 2014 von Studenten an der Universität Hamburg gestartet.).
- Refugee Law Clinic Regensburg (seit Mai 2015). Die Refugee Law Clinic wurde am Lehrstuhl für Öffentliches Recht und Politik aufgrund des hohen Flüchtlingsaufkommens in Regensburg gegründet. Sie steht Studenten aller Fachrichtungen offen. Fachliche Grundlagen werden in begleitenden Vorlesungen erarbeitet. Die Rechtsberatungsstelle leistet nicht nur Rechtsberatung sondern klärt auch Fragen zur Krankenvorsorge oder Arbeitsgenehmigung. Die Studenten arbeiten in Teams und versuchen den Flüchtlingen ihre Rechtslage zu erklären. Außerdem

---

[81] Vgl. *Prügel*, GJLE 2015, 77 ff.
[82] rlc-trier.de; www.trier-reporter.de/refugee-law-clinic-trier-startet-ausbildungsangebot/; www.trier-reporter.de/wir-wollen-ehrlich-beraten/ [Stand: 15.07.2015].
[83] Vgl. *Thomson*, GJLE 2015, 109 ff.

unterstützen sie bei der Kommunikation mit den zuständigen Behörden und stellen Kontakt zu Rechtsanwälten her, sofern der Fall ohne anwaltliche Unterstützung nicht weiter verfolgt werden kann.
- Refugee Law Clinic Erlangen-Nürnberg e. V. (seit 2015). Die Flüchtlingsklinik wurde von der Flüchtlingsklinik in Köln inspiriert. Es arbeiten zwei wissenschaftliche Mitarbeiter an dem Projekt mit. Bevor man in die Beratungsstunden einsteigt, versucht man den Beratungsablauf mit Rollenspielen zu simulieren. Ab Sommersemester 2016 wird es eine praxisbezogene Vorlesung zum Migrationsrecht geben. Hier werden die Studenten rechtlich ausgebildet. Hinzu kommt ein Praktikum, das bei einem auf Asylrecht spezialisierten Anwalt zu absolvieren ist. Die studentische Rechtsberatung verfolgt zwei Ziele: zum einen wird den Asylbewerbern der Ablauf des Asylverfahrens dargelegt, zum anderen werden sie gezielt auf die Erstanhörung beim Bundesamt für Migration und Flüchtlinge vorbereitet. Ziel ist es, dass die Flüchtlinge die Anhörung meistern und mögliche Stolpersteine im Vorfeld identifiziert werden. Die Sprechstunde wird einmal pro Woche in der Asylbewerberunterkunft in Erlangen angeboten. Mitarbeiten können nicht nur Jurastudenten, sondern auch Studenten anderer Fachrichtungen (z. B. Soziologen, Islamwissenschaftler, Politikstudenten und Psychologiestudenten). Die als Verein strukturierte Flüchtlingsklinik finanziert sich durch einen Mitgliedschaftsbeitrag in Höhe von 15 € pro Jahr. Dafür können die Vereinsmitglieder die intern angebotenen Fortbildungen besuchen. Außerdem richtet man einmal im Monat einen Vereinsstammtisch aus, um sich über die Entwicklung, Erfahrungen usw. auszutauschen.
- Flüchtlingsberatung Kiel (für 2015 geplant).[84]
- Refugee Law Clinic Berlin e. V. – RLC Berlin (im Januar 2014 gegründet, ab Sommer 2015 startet die Beratung). Eine Initiative von Studenten verschiedener Fachrichtungen der Humboldt Universität Berlin. Man ist rechtlich und inhaltlich unabhängig vom universitären Betrieb.[85] Es wird ein Ausbildungsprogramm, das sich über zwei Semester erstreckt, angeboten. ‚u. a. in Form eines asylrechtlichen Praktikums, eines Vertiefungsseminars und eigener selbst organisierter Vorlesungen seit dem Wintersemester 2014/2015 (z. B. einer „Einführung in das deutsche und europäische Asylrecht"). Ziel ist es, Kenntnisse über das Asyl- und Aufenthaltsrecht zu vermitteln und außerdem den Flüchtlingen in Berlin und Brandenburg mit Rechtsrat zur Seite zu stehen. Die studentische Rechtsberatung finanziert sich primär aus den jährlichen Mitgliedsbeiträgen sowie aus Spenden.
- Refugee Law Clinic Göttingen e. V. (gegründet am 10. Juli 2015). Vollumfängliche Beratungen werden ab dem ersten Ausbildungsdurchgang im Sommersemester 2016 durchgeführt. Es wird wöchentlich eine Sprechstunde angeboten. Die Berater arbeiten in Zweierteams. Es werden sowohl Erst- als auch Folgeberatungen angeboten. Außerdem wird auch eine allgemeine, nicht flüchtlingsspezifische Rechtsberatung angeboten, sofern sie von den Flüchtlingen erwünscht

---

[84] www.kn-online.de/Lokales/Kiel/Kieler-Studenten-waeren-Fluechtlinge-willkommen [Stand: 15.07.2015].
[85] *Uzuner*, GJLE 2015, 114.

wird. Flüchtlinge werden also auch in anderen Bereichen (etwa Zivilrecht) beraten. Außerdem wird ein Beirat aus Anwälten aufgestellt, um den Anforderungen des RDG gerecht zu werden sowie ein Beirat von Psychologen und Sozialarbeitern, die dann auch bei Superversionen – die in regelmäßigen Abständen stattfinden sollen – aushelfen. Hinzu kommt ein Pool an Dolmetschern. Ab dem Wintersemester 2015 wird die erste Ausbildungsrunde stattfinden. Nur wer im Flüchtlingsrecht und in der Rechtsberatung geschult ist, darf als Berater tätig werden. Wer seine Ausbildung anders nachweisen kann, kann nach Ermessen des Vorstandes ebenfalls beratend tätig werden. Der AStA der Universität Göttingen stellt der Rechtsberatungsstelle Räumlichkeiten zur Verfügung. Es wird ein Mitgliedsbeitrag in Höhe von drei Euro pro Jahr erhoben, um die Kosten für eine Versicherung – die zur Absicherung der Rechtsberater abgeschlossen werden soll – zu decken. Nicht alle Vereinsmitglieder müssen aktiv an der Beratung teilnehmen. Es besteht eine Kooperation mit anderen Flüchtlingsorganisationen, wie zum Beispiel der medizinischen Flüchtlingshilfe Göttingen.

Außerdem seien an dieser Stelle noch folgende relativ jungen Projekte erwähnt: Refugee Law Clinic Bochum (seit 2015); Refugee Law Clinic Passau (seit 2015); Refugee Law Clinic Bonn (seit 2015).

d) Start-Up Rechtsberatungen bzw. Business Law Clinics

Eine ganz besondere Art von Legal Clinic sind solche, die sich darauf spezialisiert haben, junge Unternehmer und Start-Ups zu beraten. In diesen Rechtsberatungsstellen wird beispielsweise informiert, wie man Ideen schützen kann, welche Rechtsformen zur Gründung eines Unternehmens möglich sind und welche administrativen Maßnahmen zu ergreifen sind (z. B. die Gewerbeanmeldung). Dabei werden nicht nur juristische Fragen geklärt, sondern auch betriebswirtschaftliche Themen angegangen (Erstellung eines Businessplans, Erstellung und Lesen von Bilanzen usw.). Daher rekrutieren sich die Mitarbeiter einer Start-Up-Rechtsberatung häufig auch aus Studenten der Wirtschaftswissenschaften.

In Marburg beispielsweise arbeiten Jurastudenten eng mit BWL-Studenten eng zusammen. In Freiburg untergliedert sich die Legal Clinic in verschiedene Fachkliniken. Eine davon beschäftigt sich ausschließlich mit Existenzgründungen. Erfolgreiche Gründer im Ausland wie zum Beispiel der Facebook-Gründer *Mark Zuckerberg* haben sich in ihren Ländern solcher studentischer Angebote bedient, als sie ganz am Anfang mit ihren Unternehmen standen. Gerade an diesem Beispiel zeigt sich, dass die Arbeit solcher Legal Clinics gesellschaftliche und wirtschaftliche Relevanz hat. Gelingt die Gründung eines Unternehmens dank der Unterstützung einer studentischen Rechtsberatung, entstehen neben neuen Produkten oder Dienstleistungen Arbeitsplätze und kommunale Steuereinnahmen.

In den USA geht dieser Trend sogar so weit, dass Business Law Clinics (etwa in Standford) – wie studentische Unternehmensberatungen – nicht mehr nur Start-Ups beraten, sondern auch große etablierte Firmen. Start-Up Rechtsberatungen bzw. Business Law Clinics liegen im Trend.

In Deutschland entstehen immer mehr Start-Up-Rechtsberatungen und bieten Hilfestellungen für Jungunternehmer an. Meist wird eng mit den örtlichen Gründernetzwerken kooperiert. Nachstehend werden diejenigen Rechtsberatungsstellen aufgeführt, die ihren Schwerpunkt auf Existenzgründungsberatung gelegt haben:

Seit 2013

- „Law Clinic der SRH Hochschule Heidelberg *SRH Campus Business & Law e. V*" (seit März 2013). Spezialisiert auf die Beratung von Existenzgründern. In Kooperation mit dem Gründer-Institut der SRH Hochschule Heidelberg erhalten Studierende und Absolventen, die eine Selbstständigkeit planen oder bereits selbstständig sind, neben einer rechtlichen Beratung auch eine betriebswirtschaftliche Beratung.
- *Cyber Law Clinic Hamburg* (seit 2013). Der Schwerpunkt liegt auf dem Internetrecht. Es werden Selbstständige und Gründer – insbesondere Start-Ups, aber auch Stiftungen, Künstler und Privatpersonen – in Kooperation mit der *Hamburg Kreativ Gesellschaft* dreimal im Semester rechtlich beraten. Der Rechtsrat wird nur denjenigen erteilt, die ihn sich sonst nicht leisten könnten. Außerdem werden regelmäßig im Semester Vorträge organisiert sowie Informationsmaterialien (z. B. ein FAQ zum Thema Internetrecht) erarbeitet und öffentlich bereitgestellt. Es besteht eine Kooperation mit dem *Mediennetz Hamburg*. Es können auch Austauschstudenten bei der studentischen Rechtsberatung mitarbeiten.

Seit 2014

- *Business & Law Clinic* an der Philipps-Universität Marburg (seit 2014, Studierende der Rechts- und Wirtschaftswissenschaften). Es können eigene Geschäftsideen diskutiert und entwickelt werden. Außerdem kann man in der Legal Clinic eine Leistung erbringen, die auf den universitären Schwerpunktbereich angerechnet wird.
- *Law Clinic der Universität Passau in Medien- und Informationsrecht* (seit Oktober 2014). Die Rechtsberatungsstelle ist an den Lehrstuhl für Öffentliches Recht, Medien- und Informationsrecht angebunden, der einen wissenschaftlichen Mitarbeiter zur Anleitung der Studenten abgestellt hat.[86] Start-Ups und Unternehmen werden im Informations- und Medienrecht beraten. Das Beratungsspektrum reicht von Fragen der Gestaltung der eigenen Webseite über das Datenschutzrecht bis hin zum Presse- und Rundfunkrecht. Die Law Clinic der Universität Passau ist eine der ersten Rechtsberatungsstellen, bei der eine komplette Anrech-

---

[86] *Lewinski/Hoffmann*, GJLE 2015, 91; siehe auch: www.azur-online.de/2014/07/29/passau-law-clinic-zum-informations-und-medienrecht-startet-im-herbst/ [Stand: 15.07.2015].

nung des Engagements in der Law Clinic auf den universitären Schwerpunktbereich möglich ist. Der Benotungsdurchschnitt der dort erbrachten Schwerpunktarbeiten lag im ersten Durchgang bei 9,8 Punkten.[87] Zukünftig werden die studentischen Rechtsberater als „Law Angels" – in Anlehnung an den Begriff des „Business Angel" – Jungunternehmen und Start-Ups rechtlich beraten.[88]

Seit 2015

- Corporate Law Clinic e. V. (Seit Februar 2015). Die Legal Clinic ist an die Universität Köln angebunden. Man wendet sich sich insbesondere an Start-ups und junge Unternehmen. Außerdem wird eine ergänzende Vorlesungsreihen, Workshops und Seminare angeboten, um die Studenten auszubilden.

e) Internet Law Clinics

Sehr spannend sind auch die sogenannten Internet Law Clinics. Hierbei handelt es sich um studentische Rechtsberatungsstellen, die ihren Schwerpunkt auf das Internetrecht setzen. Diese Thematik ist erfrischend anders und wird erstaunlich gut angenommen. Internet Law Clinics haben viele Schnittmengen mit anderen studentischen Rechtsberatungsstellen und doch lässt sich sagen, dass es sich um eine eigene Gattung von Law Clinics handelt.

Nachstehend werden die ersten Projekte, die sich dieser Gruppe zurechnen lassen aufgeführt. Einige dieser Projekte wurden bereits oben dargestellt. Wieder andere studentische Rechtsberatungsstellen bieten auch Internet und Media Law Beratung an, jedoch als einen Teilbereich von mehreren (zum Beispiel ProBono Studentische Rechtsberatung Freiburg e. V., die mehrere Unterkliniken führt, von denen auch eine dem Internetrecht gewidmet ist). Die nachstehend aufgeführten Projekte haben ihren kompletten Schwerpunkt auf das Internetrecht bzw. New Media Law gelegt:

- Media Law Clinic an der Universität Hamburg (seit Oktober 2012). Die Rechtsberatung findet in den Spezialgebieten Medienrecht und Social-Media-Recht statt. Die Legal Clinic berät kleine Unternehmen, Stiftungen und karitative Verbände, aber auch Privatpersonen.)
- Humboldt Law Clinic Internetrecht, HLCI in Berlin (seit 2012, s. o.).
- Cyber Law Clinic Hamburg (seit 2013, s. o.)
- Law Clinic der Universität Passau in Medien- und Informationsrecht (seit Oktober 2014, s. o.).

---

[87] *Lewinski/Hoffmann*, GJLE 2015, 96.
[88] *Lewinski/Hoffmann*, GJLE 2015, 98.

f) Weitere interessante Ansätze in der studentischen Rechtsberatung

Neben den klassischen Rechtsberatungsstellen, den Refugee Law Clinics, Start-Up-Rechtsberatungen und den Internet Law Clinics haben sich auch noch weitere interessante Modelle herausgebildet. Alle en détail darzustellen würde zum einen den Rahmen sprengen und zum anderen zu Überschneidungen und Mehrfachnennungen führen. Trotzdem gilt es, spannende Projekte und Ideen hervorzuheben. So wird immer häufiger darüber diskutiert, Rechtsberatung auch im Bereich des Strafrechts anzubieten. Auch Streitschlichtung rückt immer weiter in den Fokus. Außerdem wird immer intensiver darüber nachgedacht, ob man als Student auch vor Gericht auftreten könnte. Die *Law Clinic der Bucerius Law School* hat damit bereits Erfahrungen gesammelt.

g) Sonstige unentgeltlich rechtsberatende Institutionen

Weitere Institutionen, die unentgeltlich Rechtsrat anbieten und bei denen über eine Kooperationen mit einer studentischen Rechtsberatung nachgedacht werden könnte, sind zum Beispiel kirchliche Einrichtungen (Caritas, Diakonie), Wohlfahrtverbände in freier Trägerschaft, Rechtsberatungsstellen für Studenten an Hochschulen (Studentenwerk/AStA), Gewerkschaften[89] oder Betroffenen-Initiativen. Ferner könnte man auch an Berufsverbände[90] Verbrauchereinrichtungen[91], Mietervereine[92] und sonstige Vereine[93] denken, die ebenfalls nicht-kommerzielle Rechtsberatung anbieten. Im Übrigen können Jurastudenten auch an Justizvollzugsanstalten ehrenamtliche Rechtsberatung für Häftlinge anbieten (z. B. durch die Legal Clinic der Universität Bremen) oder sich im Strafvollzug als ehrenamtlicher Vollzugshelfer/in engagieren (z. B. an der JVA Rohrbach: Einzel- und Gruppenbetreuung von Gefangenen, die dazu dient den Inhaftierten bei der Regelung ihrer persönlichen Angelegenheiten wie z. B. die Arbeitsplatzbeschaffung, Erledigung von Behördenformalitäten zu unterstützen und gemeinsam nach Lösungswegen für bestehende Probleme zu suchen).

---

[89] *Lindemann*, NJW 1981, 1638, 1640.
[90] OLG Köln, NJW-RR 1988, 679, 679.
[91] *Spreizer*, VuR 2008, 412, 415.
[92] *Römermann*, NJW 2008, 1249, 1252.
[93] *Brenner*, NJW 2004, 1504, 1504 f.

h) Der Bund Studentischer Rechtsberater e. V. (BSRB) als Dachverband der Legal Clinics

Die studentischen Rechtsberatungen in Deutschland sind im *Bund Studentischer Rechtsberater* e. V. (BSRB) organisiert.[94] Dieser Bund ist mit der Clinical Legal Education Association (CLEA) aus den USA vergleichbar[95], wenngleich sich in der CLEA nur Lehrkräfte, im BSRB dagegen sowohl Studenten als auch Dozenten engagieren, da die studentische Rechtsberatung in Deutschland anfangs überwiegend studentisch organisiert war.[96] Als direktes Vorbild für die Entwicklung in Deutschland kann die Entwicklung in Polen gesehen werden. Die erste polnische Law Clinic wurde 1997 an der *Jagiellonen Universität* in Krakau gegründet. Inzwischen gibt es in Polen an nahezu jeder juristischen Fakultät eine Legal Clinic und insgesamt 25 Rechtsberatungen in ca. 16 Städten.[97] Jährlich werden ca. 13.000 Fälle bearbeitet.[98] In Polen sind die Legal Clinics ein Aushängeschild der Universitäten und untereinander sogar ein entscheidender Wettbewerbsfaktor, um Studenten zu akquirieren. Sowohl in Polen als auch in Deutschland publiziert der jeweilige Dachverband ein Law Journal, das sich mit studentischer Rechtsberatung beschäftigt, wie man es auch aus den USA kennt.[99] Die Entwicklung in Polen war auch für viele andere Ländern ein Vorbild (z. B. für die Ukraine und Georgien) und orientierte sich selbst wiederum an der Entwicklung in den USA.

Die Gründung des Bundes Studentischer Rechtsberater begann ganz unspektakulär. Nachdem sich in Deutschland die ersten studentischen Rechtsberatungen formiert hatten, traten einzelne Rechtsberatungen mit anderen in einen konstruktiven Austausch und organisierten informelle Treffen. Um den Austausch zu institutionalisieren, wurde ein jährliches Symposium ins Leben gerufen, das 2012 zum ersten Mal stattfand.[100] Das Symposium des BSRB bot allen Interessierten die Möglichkeit, sich mit dem Thema „Studentische Rechtsberatung" auseinander zu setzen.[101] Außerdem bestand die Notwendigkeit, sich auch künftig über verschiedenste Fragen und Probleme (z. B. die Haftungsfrage, die Frage nach der richtigen Rechtsform usw.) auszutauschen und Lösungsansätze zu entwickeln. Die organisa-

---

[94] Vgl. *Hannemann/Mertes*, GJLE 2014, 165 ff.; *Hannemann/Lampe*, Justament 09/2012, 16; www.b-s-r-b.de.

[95] *Hannemann/Dietlein*, Studentische Rechtsberatung, Ad Legendum 2014, 79 ff. Vgl. ferner die Internetpräsenz der CLEA: www.cleaweb.org [Stand: 15.07.2015].

[96] *Bücker/Woodruff*, JZ 2008, 1068.

[97] *FUPP*, Summary of the legal clinics activity in the academic year 2012/2013.

[98] Vgl. Webseite des polnischen Dachverbandes der polnischen Legal Clinics FUPP (www.fupp.org.pl); Hannemann/Bartos/Lampe, Entwicklung einer grenzüberschreitenden Kooperation der clinical legal education zwischen Deutschland und Polen, GJLE 2014, 98 ff.

[99] Wortham, 12 Clinical L. Rev. 615 2005–2006; Seite 626 ff.; Hannemann/Bartos/Lampe, Entwicklung einer grenzüberschreitenden Kooperation der clinical legal education zwischen Deutschland und Polen, GJLE 2014, 98 ff.

[100] *Hannemann/Lessinger*, Wege der studentischen Rechtsberatung in Vergangenheit, Gegenwart und Zukunft, JURA 12/2013, IV – VIII.

[101] Ebd., IV.

torischen Probleme und Fragen, mit denen sich die einzelnen studentischen Rechtsberatungen in der Gründungsphase auseinandersetzen mussten, waren vielschichtig und arbeitsaufwendig.. Gründung und Eintragung der gewählten Rechtsform (meist als Verein), nicht enden wollende Gespräche mit den örtlichen Anwaltskammern, Begehrlichkeiten der Finanzämter und Aufbau einer Öffentlichkeitsarbeit waren im Alleingang kaum zu bewältigen und führten dazu, dass der Ruf nach Bündelung der Aktivitäten immer lauter wurde. Um dem Ganzen eine feste Struktur zu geben, wurde in Anlehnung an Vorbilder im Ausland am 27. Mai 2012 der *Bund Studentischer Rechtsberater* e. V. (BSRB) gegründet[102], der auch der Öffentlichkeit als gemeinsamer Ansprechpartner dient.

Mit dem BSRB ist ein bundesweites Netzwerk von Rechtsberatungen, Studenten, Universitäten und praktizierenden Rechtsanwendern entstanden, das den Erfahrungsaustausch untereinander vertieft und als Ansprechpartner für Rechtsanwaltskammern, Kanzleien, Unternehmen, Universitäten und studentischen Rechtsberatungen in Gründung dient. Der Verband hat sich die Aufgabe gestellt, die studentische Rechtsberatung in der Öffentlichkeit bekannt zu machen und in die Juristenausbildung zu integrieren.

Während an der Gründung des BSRB nur vier studentische Rechtsberatungen beteiligt waren, ist die Anzahl mittlerweile auf weit über 70 angewachsen (Stand Juni 2015). Mit der zunehmenden Anerkennung durch die juristischen Fakultäten wurde ein Kuratorium aus Rechtswissenschaftlern eingerichtet, in dem zur Zeit 25 Professoren und andere Persönlichkeiten aus den Rechtswissenschaften mitarbeiten.

Der BSRB versteht sich als Zusammenschluss von studentischen Rechtsberatungen und studentischen Rechtsberatern. Er vertritt also nicht automatisch jede studentische Rechtsberatung. Bei Aufnahme von studentischen Rechtsberatungen wird deren Konzept sorgfältig geprüft. Qualitätssicherung ist dem BSRB ein wichtiges Anliegen.

Rechtsberatungen, die die Bestimmungen des RDG erfüllen, können sich vom BSRB zertifizieren lassen. Dieses Gütesiegel soll Seriosität und Nachhaltigkeit der Rechtsberatungen ausweisen. In Polen, Südafrika oder den USA sind solche Zertifizierungen/Akkreditierungen bereits seit vielen Jahren etabliert.

Inzwischen ist der BSRB auch weltweit mit seinen Schwesterverbänden vernetzt. Man trifft sich auf internationalen Symposien, tauscht sich aus und entwickelt das Konzept der Clinical Legal Education gemeinsam weiter. Gerade dieser länderübergreifende Austausch hat sich für alle Beteiligten fruchtbar ausgewirkt.[103] Mittlerweile gibt es internationale Verbände, die den Austausch über Landesgrenzen hinweg auf regelmäßigen Symposien und Fachkongressen sicherstellen.[104]

Mitglied im BSRB kann jede studentische Rechtsberatung werden, wenn sie die Vorgaben des RDG erfüllt und sich dem Pro Bono Gedanken verpflichtet fühlt. Jedes

---

[102] *Hannemann/Bartos/Lampe*, Entwicklung einer grenzüberschreitenden Kooperation der clinical legal education zwischen Deutschland und Polen, GJLE 2014, 98 ff.
[103] So auch *Wortham*, 12 Clinical L. Rev. 2005–2006, 677 ff.
[104] Der wohl aktivste Verband ist die Global Alliance for Justice Education (GAJE), die 1999 gegründet wurde und sich über die enge Kooperationen verschiedener Dachverbände unterschiedlicher Länder ergeben hat (www.gaje.org).

Mitglied des BSRB behält seine Eigenständigkeit, kann also die Arbeitsmaterialien, Leitlinien und Empfehlungen (wie beispielsweise Satzungen, Beratungsprotokolle und Beratungsdokumente) des BSRB nutzen oder aber ganz eigene Wege gehen. Im BSRB selbst engagieren sich vor allem Studenten aus Rechtsberatungsstellen, die sich dem BSRB angeschlossen haben, oder Studenten, die sich mit der Absicht tragen, eine eigene Rechtsberatungsstelle aufzubauen und durch Mitarbeit beim BSRB einen ersten Einblick in die Tätigkeit der Legal Clinics gewinnen möchten.

Der BSRB unterhält verschiedene Arbeitskreise zu bestimmten Aufgabenfeldern. Der Arbeitskreis Qualitätssicherung ist beispielsweise für die Erarbeitung von Qualitätsstandards für den Beratungsablauf zuständig. Der Arbeitskreis Symposium organisiert den jährlichen Kongress, der immer an einer anderen Universität stattfindet und verantwortet das German Journal of Legal Education als vom BSRB herausgegebenes fachwissenschaftliches Jahrbuch.[105]

Seit 2014 führt der BSRB jährlich eine statistische Erhebung zur Situation der studentischen Rechtsberatung in Deutschland durch. Diese Erhebung wird jedes Jahr im German Journal of Legal Education (GJLE) und zusätzlich auf der Internetseite des BSRB veröffentlicht und dient der Dokumentation des Status quo und der Entwicklung der studentischen Rechtsberatung in Deutschland. Wichtige Kategorien der Erehebung sind Aufbau, Struktur, Engagement und Finanzierung der Legal Clinic in Deutschland.

Um den Kontakt zu den einzelnen Rechtsberatungen zu halten, benennt jede Rechtsberatung einen Ansprechpartner für den BSRB. Dieser Vertreter ist kraft Amtes Mitglied im Beirat des BSRB, so dass sich der Beirat aus Vertretern unterschiedlich strukturierter Rechtsberatungen zusammensetzt und so die individuellen Anliegen der einzelnen Rechtsberatungen im BSRB Gehör finden. Das Kuratorium des BSRB setzt sich aus Vertretern von Wissenschaft und Praxis zusammen, meist Rechtsanwälte, Dozenten, Richter oder gesellschaftliche Repräsentanten.

Zuletzt sei an dieser Stelle noch auf den 2010 gegründeten Verein Pro Bono Deutschland e. V.[106] hingewiesen. In dieser Interessengemeinschaft haben sich 35 der führenden deutschen Wirtschaftskanzleien zusammengeschlossen, um der Pro-Bono-Rechtsberatung nachhaltig zu einer größeren Akzeptanz und Verbreitung in der Anwaltschaft zu verhelfen. Er bezweckt hierzu u. a. die Verbesserung der gesetzlichen und standesrechtlichen Rahmenbedingungen, sowie die Förderung des Engagements im Bereich der Pro-Bono-Rechtsberatung. Der Verein ist eine reine Interessengemeinschaft und selbst – im Gegensatz zu den 35 Mitgliedskanzleien – nicht pro bono rechtsberatend tätig. Er findet seinen Ursprung im 2007 gegründeten „Frankfurter Pro Bono Round Table", wo sich Frankfurter Rechtsanwälte aus überwiegend angelsächsischen Großkanzleien regelmäßig trafen, um sich Fragen anwaltlicher pro bono Tätigkeit in Deutschland zu widmen. Aus diesem Kreis entstand 2010 der Verein Pro Bono Deutschland e. V.

---

[105] German Journal of Legal Education, 2014 ff. (Holtzbrinck Verlagsgesellschaft). Der erste Jahrgang der fortan regelmäßig erscheinenden Zeitschrift ist auch kostenlos über die Internetseite des BSRB zu beziehen: http://b-s-r-b.de/german-journal-of-legal-education/ [Stand: 15.07.2015].
[106] www.pro-bono-deutschland.org [Stand: 15.07.2015].

2. Exkurs: Studentische Rechtsberatung und Legal Clinical Education in den USA

Die studentische Rechtsberatung kann in den USA auf eine lange Geschichte zurückblicken.[107] Obwohl die Entwicklung in den USA die studentische Rechtsberatung in Deutschland und in zahlreichen anderen Ländern sehr inspiriert hat, unterscheiden sich studentische Rechtsberatung und Clinical Legal Education in Deutschland und in den USA doch in zahlreichen Punkten. Ein wesentlicher Unterschied ist bereits in der unterschiedlichen Juristenausbildung begründet: Während die deutsche Juristenausbildung nach einer recht theoretischen universitären Ausbildung noch eine praktische Ausbildungsphase, nämlich das Referendariat, kennt (dualistisches Ausbildungssystem), erfolgt die praktische Ausbildung in den USA bereits während des Studiums an der Law School (monistisches Ausbildungssystem). Entsprechend haben Law Clinics ihren festen Platz in der amerikanischen Juristenausbildung.

Die gesetzliche Grundlage für das ehrenamtliche Engagement US-amerikanischer Jurastudenten in der Rechtsberatung sind die „Student Practice Rules".[108] Diese Regeln über die Rechtsberatung durch Studenten unterscheiden sich von Bundesstaat zu Bundesstaat. Parallel dazu haben die einzelnen Bundesbezirksgerichte (US Disctrict Courts) ihre „Student Practice Rules" entwickelt. Im Unterschied zu Deutschland ist die studentische Rechtsberatung in den USA also nicht in einem Gesetz über unentgeltliche Rechtsberatung im Allgemeinen (vgl. § 6 RDG) geregelt. Vielmehr stellt die Rechtsberatung durch Studenten eine eigene Rechtsmaterie dar. Während das deutsche Rechtssystem davon ausgeht, dass prinzipiell jedermann (also auch Nicht-Jurastudenten) unter den Voraussetzungen des § 6 RDG unentgeltlich rechtsberatend tätig werden darf, fokussiert sich das amerikanische Rechtssystem auf die Rechtsberatung durch Jura-Studenten. Dies trägt der jahrzehntelangen Tradition der studentischen Rechtsberatung in den USA Rechnung.

Da sich die „Student Practice Rules" von Bundesstaat zu Bundesstaat unterscheiden, soll im Folgenden ein „Querschnitt" der US-amerikanischen „Student Practice Rules" dargestellt werden. Die „Student Practice Rules" der einzelnen Staaten entsprechen aber im Wesentlichen dem Modellvorschlag der American Bar Association (ABA) aus dem Jahr 1969, weshalb der folgende Querschnitt einen recht guten Überblick gibt.[109]

Die Zielrichtung der studentischen Rechtsberatung in den USA macht bereits die Präambel der „Student Practice Rules" deutlich: „Richter- und Anwaltschaft haben verantwortlich dafür Vorsorge zu treffen, dass allen Personen, einschließlich derer, die nicht über die erforderlichen Mittel verfügen, fachkundige Rechtsberatung zur

---

[107] Vgl. als Einführung: *Henssler/Schlosser* (Hrsg.), Clinical Legal Education in den USA, Bonn 1999.
[108] Eine Auflistung sämtlicher Student Practice Rules findet sich unter: www.law.georgetown.edu/library/research/guides/studentpractice.cfm.
[109] Vgl. *Westdickenberg*, „Clinical Legal Education" – Praktische Juristenausbildung in den USA – Möglichkeiten einer Nutzanwendung in Deutschland, Münster, Univ., Diss. 1974, S. 47.

2. Exkurs: Studentische Rechtsberatung und Legal Clinical Education in den USA

Seite steht. Als eine von mehreren Möglichkeiten, eine solche Beratung auch Mittellosen zukommen zu lassen, und als Ermutigung der law schools, klinische Ausbildung in den verschiedenen Arten der gerichtlichen Vertretung einzuführen, wird dieses Modell vorgeschlagen."[110] Die Präambel lässt bereits erkennen, dass in den USA der Aspekt der sozialen Gerechtigkeit eine große Rolle spielt. Studentische Rechtsberatung soll gerade die Lücke im System der Rechtsversorgung füllen, die dadurch entsteht, dass sich Mittellose keine Rechtsberatung leisten können. Dieser Gedanke schlägt sich etwa auch darin nieder, dass zahlreiche Staaten studentische Rechtsberatung nur in den Fällen zulässt, in denen die Mandanten bedürftig sind.[111]

Im Gegensatz zu Deutschland hat die studentische Rechtsberatung in den USA einen starken prozessualen Bezug. Entsprechend tief verankert sind die „Student Practice Rules" im Prozessrecht. Als Student ist es grundsätzlich möglich, Mandanten vor Gericht – sowohl in Zivil- als auch Strafsachen – zu vertreten. Der Mandant hat hierzu ein „Law Student Practice Form" auszufüllen, welches zugleich vom anleitenden Rechtsanwalt, vom Studenten selbst sowie von einem Vertreter der Law School, an welcher der Student eingeschrieben ist, zu unterschreiben ist. Der anleitende Rechtsanwalt („supervising lawyer") verpflichtet sich dabei, den „praktizierenden" Studenten anzuleiten und bei Gerichtsterminen zu begleiten. Diese Anleitung betrifft auch sämtliche Dokumente und Schriftsätze, die in den Prozess eingeführt werden. Der anleitende Jurist hat diese zu lesen, zu überprüfen und zu unterzeichnen. Im Einzelfall kann das Gericht die Vertretung durch einen Studenten untersagen.

Um vor Gericht tätig werden zu können, muss ein Jurastudent bestimmte Anforderungen erfüllen. Die Zertifizierung des Studenten für gerichtliche Tätigkeiten erfolgt über die Gerichte. Diese erfolgt entweder einmalig oder für jeden Fall erneut:

- Der Student muss an einer von der American Bar Association (ABA) anerkannten Law School eingeschrieben sein, mindestens drei/vier Semester Rechtswissenschaften studiert haben und beim Clinical Programm der Law School angemeldet sein, welches das entsprechende Gericht zertifiziert haben muss.
- Darüber hinaus muss er Kenntnisse im Zivil- und Strafprozessrecht (Civil and Criminal Procedure, Evidence) sowie im Standesrecht (Code of Professional Responsibility) haben, um überhaupt den fachlichen Anforderungen eines Gerichtsprozesses genügen zu können.
- Der Student muss bestätigen, dass er die „Student Practice Rules", die anwaltlichen Berufsregeln sowie das geltende Recht beachten wird.
- Der Student muss eine Bestätigung seines Dekans bzw. eines von diesem Beauftragten vorlegen, dass er einen einwandfreien Charakter aufweist (dieses Kriterium ist etwa auch bei der Zulassung zur Anwaltschaft erforderlich), über genügend Rechtskenntnisse verfügt und die Verpflichtungen im Umgang mit Mandanten erfüllen kann.

---

[110] Ebd., S. 179.
[111] Vgl. *Dux*, Die pro bono-Tätigkeit des Anwalts und der Zugang zum Recht. Übertragbarkeit eines US-amerikanischen Modells auf Deutschland?, Bonn 2011, S. 99.

- Der Student darf niemals bei Gerichtsterminen alleine auftreten, sondern muss sich stets von einem Rechtsanwalt begleiten und überwachen lassen. Dieser hat im Bedarfsfall die Ausführungen des Studenten zu ergänzen, um eine angemessene Vertretung des Mandanten zu gewährleisten. Einzelne Staaten haben in diesem Punkt liberalere „Student Practice Rules" und lassen es genügen, wenn der Student allgemein von seinem juristischen Begleiter angeleitet oder überwacht wird.
- Der Student muss sich auch bei der Anfertigung von Schriftsätzen und gerichtlichen Dokumenten von einem Anwalt anleiten lassen. Dieser hat die entsprechenden Dokumente gegenzulesen, zu überprüfen und zu unterschreiben.
- Der Student darf für seine Beratung und Vertretung keine Gebühren oder eine andere Form von Bezahlung/Entlohnung verlangen oder erbeten.
- Der Student bzw. betreuende Rechtsanwalt hat das Gericht frühzeitig darüber zu informieren, dass der Student den entsprechenden Rechtsfall betreuen und vor Gericht vertreten möchte.
- Schließlich muss das zuständige Gericht darüber befinden, ob der Student entsprechend den „Student Practice Rules" tätig sein wird. Ist dies der Fall, zertifiziert ihn das zuständige Gericht.

In der amerikanischen Rechtssprache wird ein studentischer Rechtsberater, der vor Gericht tätig wird, zum Teil als Rechtspraktikant („legal intern") bezeichnet – und nicht etwa als „student counsellor", „student attorney" oder „student litigator".

Die meisten Jurastudenten werden von Rechtsanwälten beaufsichtigt, die zugleich Mitglied ihrer Fakultät (Law School) sind. Durchschnittlich betreut ein solcher attorney sechs bis zehn Studierende. Er hat sowohl die Richtigkeit des rechtlichen Rates als auch die Einhaltung des geltenden Berufsrechts zu überwachen.

Die Unterhaltung einer Legal Clinic ist in der Regel mit hohen Kosten verbunden, so dass nur etwa 10% der Studenten einen Platz in einer Legal Clinic bekommen. Die Mitarbeit in den Legal Clinics wird regelmäßig benotet.[112] An zwölf Law Schools ist die Teilnahme an einer Legal Clinic sogar Voraussetzung für die Erlangung des Studienabschlusses.[113] Dadurch soll die Bereitschaft gestärkt werden, später als Anwalt pro bono Leistungen zu erbringen.

3. Exkurs: Internationaler Überblick

Mittlerweile kann man in nahezu allen Ländern, die über eine akademische Juristenausbildung verfügen, die Bestrebung beobachten, Legal Clinics im Rahmen der Juristenausbildung zu etablieren. Prägend waren dabei die US-amerikanischen Vorbilder seit den 1960er-Jahren. Bevor die Idee der studentischen Rechtsberatung

---

[112] Vgl. *Monk*, in: *Henssler/Schlosser* (Hrsg.), Clinical Legal Education in den USA, Bonn 1999, S. 35 (41 ff.).

[113] *Dux*, Die pro bono-Tätigkeit des Anwalts und der Zugang zum Recht. Übertragbarkeit eines US-amerikanischen Modells auf Deutschland?, Bonn 2011, S. 99.

3. Exkurs: Internationaler Überblick

bzw. der Clinical Legal Education aus den USA in andere Länder „übergeschwappt" war, gingen allerdings einige Jahrzehnte ins Land. Dabei darf man Deutschland aufgrund der restriktiven Rechtslage durch das RBerG (bis 2008) als „Spätzünder" bezeichnen. Ein striktes Anwaltsmonopol wie im deutschen Rechtssystem ist den meisten anderen Ländern eher fremd. So fiel die Idee der studentischen Rechtsberatung dort auf fruchtbaren Boden.

Mittlerweile haben sich im europäischen Rechtskreis an zahlreichen Universitäten Legal Clinics etabliert. Im Vereinigten Königreich existierten 1994 an immerhin 13 % der Universitäten Legal Clinics. Die erste Legal Clinic etablierte sich an der Law School der University of Cardiff.

In Frankreich bestehen Legal Clinics (cliniques juridiques) an 12 Universitäten (mehrere in Paris, Barreau, PSL-Dauphine, Saint-Denis, Tours, Caen, Bordeaux, Strasbourg).[114] In Spanien bestehen auch bereits viele Law Clinics. Exemplarisch wären Madrid, La Rioja, Segovia und Tarragona anzuführen. Auch in den Niederlanden hat sich die Idee der Clinical Legal Education verbreitet.[115]

Auch in Polen ist die Entwicklung der Clinical Legal Education – inspiriert durch die Bewegung der Legal Clinics in den USA und Südafrika[116] – sehr weit fortgeschritten. Die erste Legal Clinic wurde 1997 an der *Jagiellonen-Universität* in Krakau gegründet.[117] Mittlerweile bestehen etwa 26 Rechtsberatungsstellen in 15 polnischen Städten (Bialystok, Gdańsk, Gdynia, Katowice, Krakau, Lublin, Łódź, Olsztyn, Opole, Poznan, Rzeszów, Slubice, Szczecin, Torun, Warschau, Wroclaw), in denen sich über 1200 Studenten und ca. 180 Dozenten engagieren. Die studentischen Rechtsberater schlossen sich 2002 in einem eigenen Dachverband (Fundacja Uniwersyteckich Poradni Prawa, FUPP).) zusammen.[118]

Ähnlich wie in Deutschland lief die studentische Rechtsberatung in Österreich eher schleppend an. Seit 2014 besteht an der rechtswissenschaftlichen Fakultät der Universität Wien die erste Legal Clinic in Österreich (Vienna Law Clinics). Die Legal Clinic ist als Verein organisiert.

---

[114] *Millard*, Sur un argument d'analogie entre l'activité universitaire des juristes et des médecins, in: Mélanges D. Lochak, 2007, S. 343–352.

[115] Amsterdam International Law Clinic (ailc.uva.nl); University of Utrecht School of Law Clinical Programme on Conflict, Human Rights and International Justice: *Olàsolo*, Legal Clinics in Continental Western Europe. The Approach of the Utrecht Legal Clinic on Conflict, Human Rights, and International Justice, in: Proceedings of the Annual Meeting (American Society of International Law), Vol. 104 (24. – 27. März 2010), S. 98–101; *Wilson*, Clinical Legal Education in Dutch Legal Culture – Clashes of Tradition, Tolerance, and Progress in Global Law's Capital, verfügbar unter: www.jura.uni-bremen.de/uploads/ZERP/Wilson2010_Clinical_L._Education_in_Dutch_Legal_Culture.pdf.

[116] *Łomowski/Bojarski-Czernicki*, 238; *Olechnowicz*, Klinika Nr. 5 (9) 2008, S. 18, 19 ff.

[117] *Olechnowicz*, Historia klinik prawa, in: Klinika 2008, Nr. 5 (9), S. 20.; *Rekosh*, in: Studencka poradnia prawa. Idea. Organizacja. Metodologia, S. 28; *Szewczyk*, Idea Uniwersyteckich Poradni Prawa, in: Klinika 1999, Nr. 1 S. 15.

[118] Vgl. ausführlicher zur Entwicklung des polnischen Dachverbandes und dessen Einfluss auf die Entwicklung des Deutschen Dachverbandes: *Hannemann/Czernicki*, Eine rechtsvergleichende Analyse der „Clinical Legal Education" – studentische Rechtsberatung in Polen und Deutschland, GJLE 2015, 27 ff.

In Russland etablierten sich studentische Rechtsberatungsstellen, wie wir sie heute kennen nach dem Zusammenbruch der UdSSR Mitte der 1990er-Jahre. Mittlerweile gibt es über 160 Legal Clinics in Russland.

Die Legal Clinics in Russland sind jedoch nicht ganz neu. Der russische Hochschullehrer Dmitrij Mejer (1819–1855) richtete ebenfalls seinerzeits eine erste juristische Klinik ein, um den Universitätsunterricht mit dem Leben zu verknüpfen.[119] Nach dem Vorbild römischer Juristen bearbeitete er in Anwesenheit der Studenten praktische Fälle und erteilte Rechtsauskünfte.[120]

Nach der Wiedereröffnung der Rechtswissenschaftlichen Fakultät von Olmütz (Olomouc) im Jahr 1991 begann auch in Tschechien die Debatte über Clinical Legal Education. 1996 öffnete die Legal Clinic an der Universität Olmütz und damit die erste studentische Rechtsberatung in Mitteleuropa. Bislang ist die Universität Olmütz die einzige juristische Fakultät in Tschechien mit einer Legal Clinics. Weitere Legal Clinics an anderen Fakultäten sind angedacht.

In Weißrussland nahm im Jahr 2000 die erste studentische Rechtsberatung ihre Tätigkeit auf. Seitdem konnte diese über 1000 bedürftige Menschen beraten. In der Slowakei eröffnete die erste Legal Clinic im Jahr 2001 an der Universität Trnava. In Slowenien besteht eine Refugee Law Clinic an der Juristischen Fakultät in Ljubljana (Ljubljana Legal Clinic for Refugees and Foreigners). Im Oktober 2010 wurde eine Legal Clinic an der Universität Zagreb mit der Unterstützung des kroatischen Justizministeriums eröffnet. In Sofia, Bulgarien besteht eine Refugee Law Clinic.

Im November 2002 wurde die erste Legal Clinic in Somali an der Universität Hargeyské eröffnet. Technische und finanzielle Unterstützung stellten die UN zur Verfügung.

In den skandinavischen Ländern bestehen bereits einige Legal Clinics: 2012 wurde eine Legal Clinic an der Åbo Academy University (Finnland) gegründet. In Dänemark besteht mit der Gellerupparkens Retshjælp eine studentische Rechtsberatung, organisiert vor allem durch Studenten und anwaltliche Betreuer. Auch in Norwegen organisieren sich studentische Rechtsberatungen vor allem selbständig durch Studenten, freilich in Kooperation mit Universitäten.

In Australien ist die Entwicklung der studentischen Rechtsberatung bereits weit fortgeschritten.[121] Es besteht ein eigener studentischer Dachverband (Pro Bono Students Australia) sowie ein eigenes Pro Bono Centre. Die Entwicklung in Australien wurde vorangetrieben durch Legal Clinics in Kanada, die sich bereits in den 1970er-Jahren etablierten. Auch in Kanada besteht bereits ein eigener studentischer Dachverband (Pro Bono Students Canada).[122]

---

[119] Vgl. *Kotyrba*, GJLE 2014, 33; *Torke*, FoG 1967, 7, 157 ff.
[120] Vgl. *Kotyrba*, GJLE 2014, 33 mwN.
[121] *Corker*, How does Pro Bono Students Australia (PBSA) fit with clinical legal education in Australia?, www.nationalprobono.org.au/ssl/CMS/files_cms/HowdoesPBSAfitwithCLEinAustralia.pdf; Booth, Student Pro Bono – Developing a public service ethos in the contemporary Australian law school', AltLJ Vol. 29 (06.12.2004), 280–284; National Pro Bono Resource Centre, Clinical Legal Education and pro bono programs in Australian law schools (August 2004), verfügbar unter: www.nationalprobono.org.au/publications/documents/PUBLISHEDVERSION_000.doc.
[122] www.probonostudents.ca.

Auch Afrika, vor allem Südafrika wurde vom Vorbild der Legal Clinics aus den USA geprägt.[123] Die erste Legal Clinic wurde 1972 in Kapstadt eröffnet. Auch hatte man entscheidenden Einfluss auf die Entwicklung in Polen.[124] Relativ früh wurde auch in Indien über Clinical Legal Education diskutiert.[125] Mittlerweile haben sich dort zahlreiche Legal Clinics etabliert.[126] Gleiches gilt für Bangladesh[127], Iran[128], Israel, Chile[129] sowie inzwischen auch in Mexiko.[130]

Ganz besonders interessant ist außerdem die Entwicklung der Clinical Legal Education in Taiwan[131] und China.[132]

---

[123] *Mcquid-Mason/Ojukwu/Mukundi Wachira*, Clinical Legal Education in Africa – Legal Education and Community Service, The Global Clinical Movement.

[124] *Łomowski/Bojarski-Czernicki*, 238; *Olechnowicz*, KLINIKA Nr 5 (9) 2008, S. 18, 19 f.

[125] *Bloch/Ishar*, Legal Aid, Public Service and Clinical Legal Education – Future Directions From India and the United States, 12 MICH. J. INT'L L. (1990) 96.

[126] *Archana*, Practicability of Clinical Legal Education in India – An Overview, Journal of Education and Practice 2013, Vol. 4, No. 26, 157–162.

[127] *Hasan/Rahaman/Khan*, Clinical Legal Education – How Long We Need to Wait to Include It in Legal Curriculum of Bangladesh?, Bangladesh Res. Pub. J. 2013, 8 (1) 56–61, verfügbar unter: www.bdresearchpublications.com/admin/journal/upload/1308113/1308113.pdf; *Rahman*, Clinical Legal Education in Bangladesh – Establishing a new Philosophy?, Chittagong University Studies Law, Vol. 1 (1996), 1–11.

[128] www.law-clinic.ir.

[129] *Wilson*, Three Law School Clinics in Chile, 1970–2000 – Innovation, Resistance and Conformity in the Global South. Clinical Law Review 2001, 8, 515–582.

[130] articles.latimes.com/2011/jun/14/world/la-fg-mexico-legal-clinic-20110614.

[131] *Martinez*, Law Clinics in Taiwan – Can Clinical Legal Education Succeed in This Civil Law Jurisdiction Education System, 7 National Taiwan University Law Review 343 (2012), verfügbar unter: scholarlycommons.law.hofstra.edu/faculty_scholarship/287; *Chen*, The Role of Practice in Legal Education – National Report for Taiwan (2012), verfügbar unter: ssrn.com/abstract=1984374.

[132] Adopting and Adapting: Clinical Legal Education and Access to Justice in China, Harvard Law Review, Vol. 120 (2007), 2134–2155; *Phan*, Clinical Legal Education in China – In Pursuit of a Culture of Law and a Mission of Social Justice, Yale Human Rights & Development Law Journal 118, Vol. 8, 117–152; Comm. of Chinese Clinical Legal Educators, Clinical Legal Education 20 (2003); *Caplow*, Clinical Legal Education in Hong Kong – A Time to Move Forward, 36 Hong Kong Law Journal 229 (2006); *Zhenmin*, Legal Education in Contemporary China, The International Lawyer 36 (2002) 1210–1211; *Ling*, Clinical Legal Education and the Reform of Higher Legal Education in China, Fordham International Law Journal 30 (2007) 6–7.

Kapitel 4 – Rechtsfragen der studentischen Rechtsberatung in Deutschland

1. Studentische Rechtsberatung mit Anbindung an eine Hochschule

Bevor man sich konkrete Gedanken zur Rechtsform einer studentischen Rechtsberatungsstelle macht, sollte man sich überlegen, ob man die studentische Rechtsberatung über eine Hochschule organisiert, sie an einen Lehrstuhl anbindet oder sie als selbstständiges, von der Hochschule unabhängiges Projekt betreibt. Die direkte Anbindung an eine Hochschule hat sicher einige Vorteile, weil man auf Ressourcen der Hochschule wie zum Räumlichkeiten, EDV-Ausstattung und fachliche Begleitung durch qualifiziertes Personal (beispielsweise durch vorbereitende Vorlesungen oder Seminare oder Vorlesungen zu speziellen Rechtsgebieten wie Asylrecht usw.) zurückgreifen kann. Außerdem bestehen gute Aussichten, eine Anrechenbarkeit des Engagements in der Legal Clinic als Leistungsnachweis zu erreichen.

Andererseits spricht aber nichts dagegen, eine studentische Rechtsberatung auch unabhängig von der Universität aufzubauen. Es gibt zahlreiche Beispiele dafür in Deutschland. Im Ausland sieht das freilich anders aus: Insbesondere in den wohlhabenden Industrienationen sind die studentischen Rechtsberatungsstellen ganz überwiegend an Fakultäten angebunden. Dieser Trend zeichnet sich inzwischen in Deutschland ab, was sicher auch dadurch begründet ist, dass die studentische Rechtsberatung bei Anbindung an die Universität problemlos an die nächste Studentengeneration weitergegeben werden kann.

2. Studentische Rechtsberatung ohne Anbindung an eine Hochschule

Selbstverständlich kann man studentische Rechtsberatung auch unabhängig von einer Hochschule organisieren. Es gibt einige studentische Rechtsberatungen, die als eingetragene Vereine selbstständig von Studenten und ohne direkte Anbindung an eine Hochschule gegründet wurden. Sofern das Gesamtkonzept einschließlich der Nachwuchsakquise stimmig ist, können sie auch Generationswechsel in den Reihen der Berater meistern, die regelmäßig alle zwei bis vier Jahre anstehen. Gleichwohl zeichnet sich ab, dass auch die selbstständig organisierten studentischen Rechtsberatungen immer häufiger die Nähe zur Universität suchen. Viele von ihnen docken früher oder später an einen Lehrstuhl an, der sie vielleicht auch so schon betreut hat. Wieder andere verschwinden nach einiger Zeit, da aufgrund hoher Fluktuationsraten und der Belastungen in der Vorbereitung des Staatsexamens, die das Engagement im Umfang beschränken und außerdem geeigneter Nachwuchs ausbleibt.[1]

3. Vertragsnatur des Beratungsverhältnisses

Auch wenn studentische Rechtsberatung unentgeltlich, freiwillig und aus bloßer Gefälligkeit geschieht, ist damit nicht automatisch ausgeschlossen, dass es sich hier um ein bloßes Gefälligkeitsverhältnis handelt. Bei organisierter studentischer Rechtsberatung ist vielmehr davon auszugehen, dass das Verhältnis zwischen Berater und Beratenem darüber hinausgeht. Vielfach wird dieses Verhältnis sogar vertraglich ausgestaltet (Mandantenvereinbarung) und wird dadurch vertraglicher Natur. Unabhängig davon kann auch ein Beratungsverhältnis ohne vertragliche Regelung quasivertraglicher Natur sein. In der Regel handelt es sich hier um ein Gefälligkeitsschuldverhältnis i. S. d. § 311 Abs. 2 Nr. 3 BGB[2], aus dem insbesondere für den Rechtsberater die Nebenpflicht folgt, das Vermögen und die Interessen des Beratenen zu schützen (§ 241 Abs. 2 BGB). Das Rechtsverhältnis zwischen Beratenem und dem Berater geht also regelmäßig über eine bloße Gefälligkeit hinaus, zumal dann, wenn der Berater Rechtsberatung gegenüber einem unbestimmten Personenkreis öffentlich anbietet.[3]

Etwas anderes kann sich bei einer „privaten" Gelegenheitsberatung im Familien- und Bekanntenkreis ergeben. Aufgrund der persönlichen Nähebeziehung wird man hier meist von einem reinen Gefälligkeitsverhältnis – im Gegensatz zum Gefälligkeitsschuldverhältnis (§ 311 II Nr. 3 BGB) – ausgehen können. Die beratende Person hat keinen Rechtsbindungswillen und möchte auch nicht quasivertraglich nach § 280 BGB haften.[4] Im Einzelfall ist die Abgrenzung zwischen einem bloßen Gefälligkeitsverhältnis und einem Gefälligkeitsschuldverhältnis nach folgenden Kriterien vorzunehmen: Beziehung der Beteiligten untereinander (Verwandtschaft, Freundschaft, Bekanntschaft, unbekannter Dritter), Umfang der Gefälligkeit (Umfang des Mandates und der sich daraus ergebenden Arbeit), wirtschaftliche und rechtliche Bedeutung der Beratung für den Beratenen (Bedeutung des Rechtsrates

---

[1] *Hesse*, AnwlBl 2000, 325 (328 f.).
[2] *Henssler/Deckenbrock*, DB 2008, 41 (44); *Emmerich*, in: MüKo BGB, § 311 Rn. 74 ff.; *Krebs*, in: *Dauner-Lieb/Heidel/Ring*, BGB, 2. Aufl., § 311 Rn. 92 ff.
[3] *Dux*, in: *Deckenbrock/Henssler*, RDG, 4. Aufl. (2015), § 6 RDG Rn. 48.
[4] *Dreyer/Geißler*, in: *Dreyer/Lamm/Müller*, RDG (2008), § 6 Rn. 48; *Dux*, in: *Deckenbrock/Henssler*, RDG, 4. Aufl. (2015), § 6 RDG Rn. 47.

3. Vertragsnatur des Beratungsverhältnisses

und des Beratungserfolges für Lebensentscheidungen des Beratenen), Interessenlage der Parteien.[5]

Auch wenn der Beratene die Hauptleistung des Rechtsberaters, nämlich ihn zu beraten, aufgrund der Freiwilligkeit der Leistung nicht rechtlich einklagen kann, so muss er sich doch darauf verlassen können, dass der Berater, sollte er denn die Beratung aufnehmen, die Interessen des Mandanten sorgfältig wahrnimmt und ihn einwandfrei berät. In besonderer Weise gilt dies bei Beratungen außerhalb des Familien- und Bekanntenkreises, zumal dann, wenn die Rechtsauskunft für den Beratenen von erheblicher Bedeutung ist und er davon wesentliche Entschlüsse abhängig macht.[6] Mit Aufnahme der individuellen Beratung wird das Beratungsverhältnis also (zumindest einseitig) „verbindlich". Aber auch vor Aufnahme der Rechtsberatung hat der Rechtsberater die Pflicht, den Rechtssuchenden unverzüglich zu informieren, wenn er das Mandat nicht annimmt, sofern er seine Rechtsberatung dem Rechtsverkehr gegenüber öffentlich erboten hat (§ 663 BGB). Nach Aufnahme der individuellen Rechtsberatung kann der Berater das Mandat zwar auch wieder niederlegen, allerdings nicht „zur Unzeit", also immer nur so, dass der Beratene sich noch eine anderweitige und rechtzeitige Beratung für seinen persönlichen Rechtsfall suchen kann (§ 671 Abs. 2 BGB). Ansonsten macht sich der Rechtsberater – trotz der Unentgeltlichkeit der Rechtsberatung – schadensersatzpflichtig.

Rechtsberatung – ob unentgeltlich oder nicht – beruht auf einem intensiven Vertrauensverhältnis zwischen dem Berater und seinem Mandanten und geht daher regelmäßig über Gefälligkeit hinaus. Nimmt der Rechtsberater ein Mandat an, so kommt ein Mandatsverhältnis zustande, aus dem sich für den (studentischen) Rechtsberater Rechte und Pflichten ergeben. Der Rechtsberater verpflichtet sich, seinem Mandanten den besten und sichersten Rechtsrat zu geben. Kommt er dieser Pflicht nicht nach, so ergibt sich aus dem Mandatsverhältnis eine Schadensersatzpflicht des Beraters (§ 280 BGB). Es liegt ein Haftungsfall vor.

Im Rahmen studentischer Rechtsberatung richtet sich das unentgeltliche Beratungsangebot meist an einen unbestimmten Personenkreis und wird als solches öffentlich beworben. Sobald die entsprechende Anfrage eines möglichen Mandanten positiv beantwortet und unter Umständen zusätzlich noch eine Mandantenvereinbarung geschlossen wird, ist von einem vertraglichen Schuldverhältnis auszugehen, welches als Auftragsverhältnis (§§ 662 ff. BGB) zu charakterisieren ist.[7] Das Auftragsverhältnis kommt im Rahmen einer organisierten Rechtsberatungsstelle nach den Grundsätzen des unternehmensbezogenen Geschäfts mit der Beratungsstelle als solcher zustande und nicht mit dem ausführenden oder betreuenden Rechtsberater oder einem anleitenden Rechtsanwalt.[8] Die einzelnen studentischen Rechtsberater werden als Erfüllungsgehilfen (§ 278 BGB) der Beratungsorganisation tätig, es sei denn sie vereinbaren ausdrücklich, das Mandatsverhältnis persönlich, also unab-

---

[5] *Seiler*, in: MüKo BGB, § 662 Rn. 60; *Grüneberg*, in: Palandt, BGB, § 311 Rn. 24.
[6] *Dux*, in: *Deckenbrock/Henssler*, RDG, 4. Aufl. (2015), § 6 RDG Rn. 47.
[7] *Henssler/Deckenbrock*, DB 2008, 41 (44); *Dux*, in: *Deckenbrock/Henssler*, RDG, 4. Aufl. (2015), § 6 RDG Rn. 49.
[8] *Dux*, in: *Henssler/Deckenbrock*, RDG, 4. Aufl. (2015), § 6 RDG Rn. 50.

hängig von der Beratungsorganisation als solcher auf sich nehmen zu wollen. Davon ist aber bereits aus Haftungsgründen selten auszugehen.

Im Rahmen des Beratungsverhältnisses hat die studentische Rechtsberatung die Vertragspflichten aus dem Mandantenvertrag bzw. die typisierten Vertragspflichten aus dem Auftragsverhältnis (§§ 662 ff. BGB) zu wahren. So hat die Beratungsorganisation (Auftragnehmer) die Interessen des Mandanten (Auftraggeber) nach besten Kräften zu wahren und den Auftrag (die Beratung) sorgfältig und sachgerecht durchzuführen. Auch hat der Berater die Weisungen des Mandanten zu wahren und diesen über beabsichtigte Abweichungen zu informieren (§ 665 BGB). Der Berater muss den Mandanten über den Stand des Mandates auf dem Laufenden halten (§ 666 BGB) und spätestens nach Ende des Mandates alles, was er zur Ausführung des Auftrages erhalten hat (Urkunden, Dokumente etc.), wieder an den Mandanten herausgeben (§ 667 BGB).

4. Haftung

Wie in einer Rechtsanwaltskanzlei spielt auch bei studentischer Rechtsberatung das Thema Haftung eine bedeutsame Rolle. Eine generelle Haftungsprivilegierung für die unentgeltliche Rechtsberatung gibt es nicht. Andererseits gibt es für studentische Rechtsberatung auch nicht die Pflicht, eine Haftpflichtversicherung zu unterhalten. Dies verschärft die Situation noch einmal. Denn im Gegensatz zu einem Rechtsanwalt ist der studentische Rechtsberater nicht versichert und erhält für seine Bemühungen auch keine finanzielle Entschädigung. So haftet er im Ernstfall bei Beratungsfehlern mit seinem Privatvermögen. Aus diesem Grunde ist für studentische Rechtsberatung eine Beschränkung der Haftung wünschenswert, einerseits durch eine geeignete Rechtsform der Beratungsstelle, andererseits durch vertragliche Vereinbarung (Mandatsvereinbarung mit Haftungsklausel, s. Anhang) und ggf. zusätzlich durch den Abschluss einer Versicherung für Beratungsfehler bzw. durch die Abwicklung eigener Schadensfälle über die Haftpflichtversicherung der betreuenden Rechtsanwälte.

Studentischer Rechtsberatung wird hin und wieder vorgeworfen, sie sei unverantwortlich, da die Haftung bei Beratungsfehlern nicht wie bei Rechtsanwälten gewährleistet sei. Dem kann man nur entgegenhalten: Studentische Rechtsberatung ist keine Alternative zu professioneller Rechtsberatung durch Rechtsanwälte. Eine Beschränkung der Haftung des studentischen Rechtsberaters auf Vorsatz und grobe Fahrlässigkeit ist sowohl aus Sicht des Mandanten als auch aus Sicht des Rechtsberaters angemessen, da einerseits der Mandant um die Unentgeltlichkeit und beschränkte Haftung des studentischen Rechtsberaters weiß und es andererseits dem studentischen Rechtsberater nicht zumutbar wäre, für unentgeltliche Rechtsberatung auch noch unübersehbare Haftungsrisiken auf sich zu nehmen. So ist eine beschränkte Haftung der ideale Mittelweg sowohl für Mandanten, die möglicherweise ohne unentgeltliche Rechtsberatung nicht einmal einen Rechtsanwalt aufsuchen würden, als auch für studentische Rechtsberater, die auf diesem Wege eine Erstberatung leisten und dem Mandanten möglicherweise zu seinem Recht verhelfen.

5. Rechtsform, Struktur und Haftungsausschluss durch die Rechtsform

Bei der Gründung einer Rechtsberatung gilt es, ein Konzept für Aufbau und Rechtsform zu entwickeln. Die Rechtsform hat Bedeutung für die Haftungsbegrenzung, und die Rechtsberatung soll natürlich auf Dauer Bestand haben. Um zu verhindern, dass sie nach Ausscheiden der Gründungsmitglieder in personelle Schwierigkeiten gerät, muss ein nachhaltiges Konzept zur Rekrutierung engagierter neuer Mitarbeiter entwickelt werden.

Ein „lockerer Zusammenschluss" in Form einer Gesellschaft bürgerlichen Rechts („Arbeitsgemeinschaft", GbR) ist nur dann zu empfehlen, wenn die studentische Rechtsberatung ihre Tätigkeit ausschließlich im persönlichen oder familiären Umfeld entfalten möchte oder aber nur auf kurze Zeit angelegt ist, da die Haftungsrisiken in dieser Rechtsform zu groß sind. Bei Organisation als GbR wird man kaum von einer studentischen Rechtsberatung im eigentlichen Sinne sprechen können. Die GbR ist eine Rechtform mit persönlich haftenden Gesellschaftern. Der einzelne studentische Rechtsberater, der gleichzeitig Gesellschafter ist, steht hier – anders als bei einer institutionalisierten Studentische Rechtsberatung – im Vordergrund.

Als Rechtsform einer institutionalisierten Rechtsberatung bietet sich die Gründung einer selbstständigen juristischen Rechtsperson (Körperschaft) aus Haftungsgründen an, da in dieser Rechtsform die Haftung der studentischen Rechtsberater überwiegend durch die Haftung der Institution „Studentische Rechtsberatung" aufgefangen werden kann. Möglich sind die Gründung eines eingetragenen oder nicht eingetragenen Vereins oder aber einer Kapitalgesellschaft (gemeinnützige Unternehmergesellschaft (haftungsbeschränkt)/gemeinnützige GmbH). Die Errichtung einer Stiftung, die einen Kapitalstock erfordert, oder die Gründung einer ausländischen Kapitalgesellschaft (etwa Ltd., LL.P. o. ä.) hat bei einer studentischen Rechtsberatung wenig Sinn. Die Gründung einer GbR sollte –wie bereits ausgeführt – aus Haftungsgründen ausscheiden, da die Gesellschafter hier mit ihrem Privatvermögen haften. Die Gründung einer Partnerschaftsgesellschaft scheidet aus, da studentische Rechtsberater natürlich keine Anwaltszulassung haben können.

Nachstehend findet sich eine grafische Übersicht der möglichen Rechtsformen. Es wird zwischen privatrechtlichen und öffentlich-rechtlichen Rechtsformen unterschieden. Die grün markierten Rechtsformen sind die am häufigsten verwendeten, die orange gefärbten kommen auch noch in Betracht, machen aber weniger Sinn und die rot markierten sind für studentische Rechtsberatungen nicht geeignet.

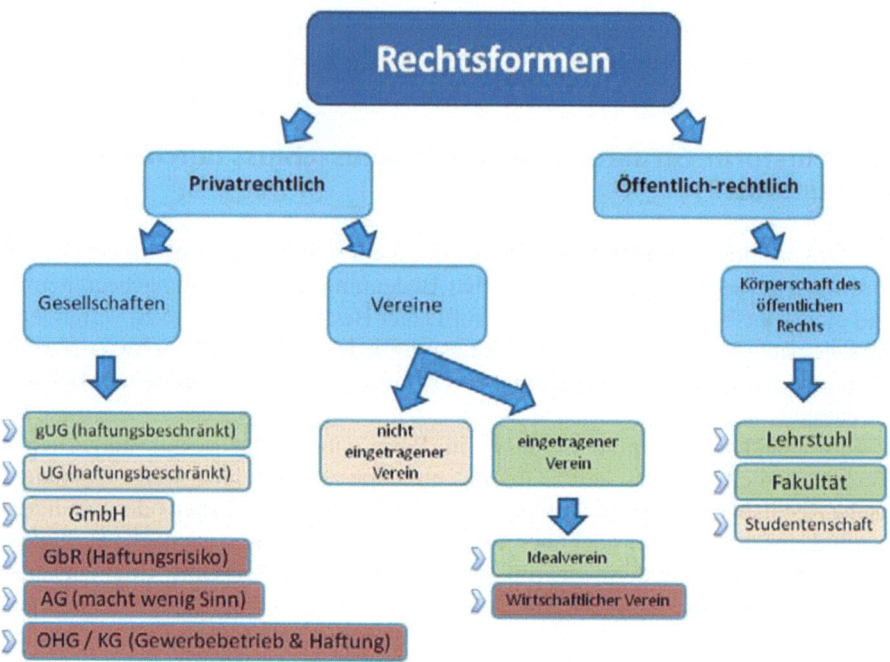

Im Folgenden werden die einzelnen Rechtsformen vorgestellt, in denen sich eine studentische Rechtsberatung organisieren kann.

a) Teilkörperschaft des öffentlichen Rechts

Bei einigen studentischen Rechtsberatungen ist die Anbindung an eine Universität so eng, dass sie fast als Teilkörperschaft des öffentlichen Rechts wahrgenommen wird (Zum Beispiel kann dies dann der Fall sein, wenn sich das Projekt innerhalb der Fachschaft organisiert oder an einen Lehrstuhl angebunden ist.). Freilich muss eine rechtsfähige (Teil-) Körperschaft stets öffentlich-rechtlich errichtet werden, etwa durch Erlass oder Gesetz, wie dies beispielsweise bei den verfassten Studierendenschaften an Hochschulen (vgl. etwa § 73 ThürHG; § 45 BremHG; § 16 BbgHG; § 18 BerlHG; § 72 HSG SH; § 53 HG NRW; § 20 NHG) oder einigen Universitätskliniken[9] der Fall ist. Mitglied in der Teilkörperschaft „studentische Rechtsberatung" könnten zum einen die durch Lehrauftrag an die Universität angebundenen (zum Richteramt befähigten) Personen sein und zum anderen diejenigen, die sich in der studentischen Rechtsberatung als Berater engagieren. Ein entsprechendes Modell hat die studentische Rechtsberatung an der Universität Hannover entwickelt. Der organisatorische Aufwand, eine studentische Rechtsberatung in

---

[9] Gemeint sind hier Universitätskliniken im eigentlichen Sinne, also keine Legal Clinics.

Form einer Teilkörperschaft zu verselbstständigen, dürfte im allgemeinen aber zu groß sein, da die Errichtung in die Kompetenz der Landeshochschulbehörden und des Landesgesetzgebers fällt.

Die studentische Rechtsberatung kann auch unmittelbar an ein Organ der Hochschule (Fakultät, Fakultätsvertretung, Fakultätsrat, Dekan, Lehrstuhl, Institut, Zentrum für Juristische Didaktik) angegliedert werden und im Namen der Hochschule agieren. Rechtsträger ist dann die Hochschule als solche und nicht ein bestimmter Verein oder eine Gesellschaft bürgerlichen Rechts. In einem solchen Falle geht die vollständige Haftung der Rechtsberatung auf die Hochschule über. Um das Haftungsrisiko für die Studenten vollständig zu eliminieren, stellen einige Universitäten die beratenden Studenten direkt als studentische Hilfskräfte an und binden die unterstützenden Anwälte per Lehrauftrag an die Fakultät. Dieses Konzept minimiert das Risiko für alle Beteiligten.

Die studentische Rechtsberatung an die Universität (z. B. über einen Lehrstuhl) zu koppeln ist aus vielerlei Gründen sinnvoll. Zum einen kann man – sofern der Professor des Lehrstuhls bereit ist, anleitend tätig zu werden – das Erfordernis einer zum Richteramt befähigten anleitenden Person bejahen. Hinzu kommt, dass auch die Finanzierung (Lehrkräfte, Räumlichkeiten usw.) über die Universität gesichert ist. Allgemein kann man sagen, dass sich ein starker Trend abzeichnet, Legal Clinics an die Universität zu binden. Schaut man ins europäische bzw. internationale Ausland, findet dieser Trend abermals Bestätigung. In manchen Ländern gibt es Legal Clinics zum Beispiel nur an Fakultäten. Rein studentisch organisierte Projekte, wie wir sie in Deutschland kennen, sind de facto nicht präsent.

b) Nicht eingetragener Verein

Der nicht eingetragene Verein ist die einfachste institutionalisierte Form einer körperschaftlichen Organisation. Der „n. e. V." ist kein rechtsfähiger Verein i. S. d. § 21 BGB und hat keine eigene Rechtspersönlichkeit. Auch der nicht eingetragene Verein ist allerdings – entgegen der missverständlichen Vorschrift des § 21 BGB – rechtsfähig, kann also Träger von Rechten und Pflichten sein. Auf den „nicht rechtsfähigen Verein" finden die Vorschriften über die Gesellschaft bürgerlichen Rechts Anwendung (§ 54 BGB). Damit ist er (wie die GbR) Träger von Rechten und Pflichten.

Die Haftungsprivilegierung des § 31 BGB ist auf den nicht eingetragenen Verein allerdings nicht unmittelbar anwendbar. § 54 BGB stellt klar, dass Mitglieder eines nicht eingetragenen Vereins für ihre Handlungen im Namen des Vereins persönlich haften. § 31 BGB ist seinem Wortlaut nach nur auf eingetragene Vereine anwendbar, die durch ihre Eintragung ins Vereinsregister konstitutiv zu juristischen Personen werden. Die herrschende Meinung dehnt die Haftungsprivilegierungen des § 31 BGB allerdings analog auch auf nicht eingetragene Vereine aus, die durch ihr körperschaftlich organisiertes Auftreten nach außen den Eindruck erwecken, sie handeln als „echter" eingetragener Verein.[10] Die Haftung eines solchen (nicht

---

[10] *Reuter*, in: MüKo BGB, 6. Aufl., § 31 Rn. 12.

eingetragenen) Vereins beschränkt sich auf das Vereinsvermögen; eine persönliche Haftung der Mitglieder ist damit ausgeschlossen.

Die Gründung eines nicht eingetragenen Vereines kann durch Gründungsversammlung der Mitglieder und Beschluss einer Satzung, die weder notariell beglaubigt noch zum Vereinsregister eingereicht werden muss, recht schnell und kostenlos erfolgen. Ohne echte Rechtspersönlichkeit der studentischen Rechtsberatung trifft alle Rechtsberater, die im Namen des Vereins handeln, allerdings noch ein erhebliches Haftungsrisiko. Aus dem Grunde sei dringend von der Gründung eines nicht eingetragenen Vereins abgeraten.

c) Eingetragener Verein

Wenngleich mit wesentlich höherem Aufwand verbunden, ist die Gründung eines eingetragenen Vereines zu bevorzugen. Die Gründung erfolgt durch eine Gründungsversammlung der Mitglieder (mindestens 7 Personen), die gemeinsam über den Inhalt einer Satzung abstimmen und den Verein dadurch ins Leben rufen. Damit der Verein beim Vereinsregister angemeldet und wirksam eingetragen werden kann, bedarf es eines Notars, der die Unterschriften des Vorstandes beglaubigt. Die Anmeldungskosten eines Vereines liegen zwischen 70 und 200 €. Das Ganze kann verhältnismäßig schnell erfolgen. Wenn die Unterschriften noch am Tage der Vereinsgründung beglaubigt werden, ist der Verein in der Regel – je nach Amtsgericht – innerhalb von zwei Wochen eingetragen.

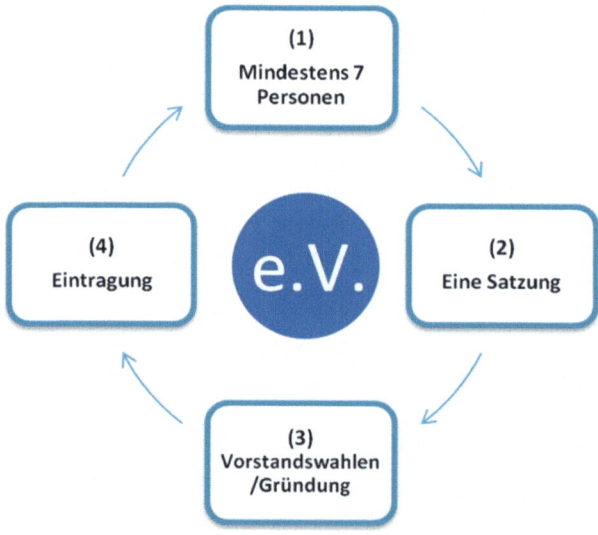

Um vom Finanzamt als gemeinnützig anerkannt zu werden, muss man einen entsprechenden Antrag beim Finanzamt am Ort der Geschäftsleitung stellen und die Gemeinnützigkeit des Vereins in der Satzung herausarbeiten. Hierbei sind die Vorgaben der Mustersatzung aus der Anlage zur Abgabenordnung (AO) wortwörtlich zu übernehmen. Im Zweifelsfall sollte vor Beschlussfassung der Satzung und Anmeldung/Eintragung des Vereins Rücksprache mit dem Finanzamt gehalten werden. Wenn nämlich nach Beschlussfassung der Satzung und Anmeldung des Vereins für die Gemeinnützigkeit nachträgliche Satzungsänderungen erforderlich werden, verursacht dies zusätzliche Kosten.

Wenn der Verein dann eingetragen ist, genießen der Vereinsvorstand sowie „andere verfassungsmäßig berufene Vertreter" die Privilegierung des § 31 BGB, der festhält, dass der Verein für seine Organe (Vorstand) haftet.

Unsicherheit herrscht allerdings bei der Frage, ob unter § 31 BGB auch eventuelle Haftungsansprüche fallen, die gegen einzelne Rechtsberater als Mitglied der studentischen Rechtsberatung e. V. erhoben werden. Um diese Unsicherheit zu beheben, wäre es denkbar, sämtliche in der Rechtsberatung tätigen Studenten in den Vereinsvorstand zu wählen, was allerdings aufgrund der hohen Fluktuation unter den Studenten und des Erfordernisses der (ggf. kostenpflichtigen) Eintragung des Vereinsvorstandes in das Vereinsregister (§ 67 Abs. 1 BGB) einen erheblichen Aufwand bedeuten würde. Und selbst wenn man die Vertretungsbefugnis sämtlicher Rechtsberater (neben dem Vorstand) für den Verein in der Satzung selbst festschriebe, um die Wirkung des § 31 BGB auf alle Mitglieder der Rechtsberatung auszudehnen, sähe man sich mit der Problematik des Missbrauchs dieser offen gehaltenen Vertretungsbefugnis durch einzelne Rechtsberater ausgesetzt. Die Haftungsfrage wird aber bereits dadurch ihrer Brisanz beraubt, dass die einzelnen studentischen Rechtsberater nur als Erfüllungsgehilfen des Vereins tätig werden und der Beratungsvertrag ausschließlich mit dem rechtsberatenden Verein geschlossen wird. Vertragliche Haftungsansprüche treffen den Verein, während auf Seiten der studentischen Rechtsberater nur noch eine deliktische Haftung nach §§ 823, 826 BGB in Betracht kommt.

d) Kapitalgesellschaften (Unternehmergesellschaft/GmbH)

aa) Allgemein
Von der Gründung einer einfachen Kapitalgesellschaft wird seltener Gebrauch gemacht. Mögliche Formen sind die GmbH mit dem Erfordernis eines Stammkapitals von mindestens 25.000 EUR, von denen mindestens 12.500 EUR direkt eingezahlt werden müssen, oder die Unternehmergesellschaft (haftungsbeschränkt) nach § 5a GmbH, für die ein Stammkapital von 1 EUR ausreicht.[11] Die Gründung einer Kapitalgesellschaft erfolgt in ähnlicher Weise, wie die eines eingetragenen Vereins, ist aber wesentlich aufwändiger und teurer.

---

[11] Vgl. *Hucke/Holfter*, JuS 2010, 861 ff.

Man benötigt einen Gesellschaftervertrag (vergleichbar mit dem Erfordernis einer Satzung beim Verein).

Die Kosten für die notarielle Beurkundung, Eintragung ins Handelsregister und die Veröffentlichung im Bundesanzeiger werden selten unter 400 EUR liegen und übersteigen die Gründungskosten eines Vereines damit um ein vielfaches. Die Idee, man könne mit einem einzigen Euro eine Kapitalgesellschaft gründen, ist falsch. Das bezieht sich nämlich lediglich auf den Betrag der Stammkapitaleinlage.

Vorteilhaft ist, dass die gemeinnützige Unternehmergesellschaft anders als der eingetragene Verein, nur zwei Personen zur Gründung benötigt. Da eine Kapitalgesellschaft keine Mitglieder, sondern Eigentümer hat, muss geklärt werden, wem die studentische Rechtsberatung „gehören" soll, d. h. welche Mitglieder der Rechtsberatung als Gesellschafter auftreten sollen. Denkbar ist hier übrigens auch, dass eine Hochschule als Gründungsgesellschafter auftritt. Die Gründung einer Kapitalgesellschaft kann entweder nach einem „Musterprotokoll" erfolgen, wovon allerdings abzuraten ist, da dieses Protokoll wesentliche Fragen, wie Gesellschafterausschlüsse o. ä. nicht beinhaltet, oder nach einem selbst gestalteten Gesellschaftervertrag. Für die obligatorische notarielle Beurkundung der Gesellschaft muss ein gemeinsamer Notartermin gefunden werden. Alternativ kann bei Ortsabwesenheit auch eine Vertretungsregelung gefunden werden.

Die Eröffnung eines Bankkontos, auf das das gezeichnete Kapital von den Gesellschaftern einzuzahlen ist, verlängert die Zeitspanne zwischen der notariellen Gründungsversammlung und der Anmeldung der Kapitalgesellschaft zum Handelsregister. Der Gründungsaufwand, den die Gesellschafter auf sich nehmen müssen, ist nur dann gerechtfertigt, wenn die Gründung der studentischen Rechtsberatung auch auf Dauer angelegt ist. Andererseits trägt diese Rechtsform aufgrund der Finanzinvestition und des investierten Zeitaufwands zur Stabilität der Institution bei.

Den Kapitalbedarf, d. h. die den Gesellschaftern entstehenden Kosten, werden jene zunächst selbst zu tragen haben – entweder indem sie die Gründungsauslagen untereinander aufteilen oder aber indem sie der Gesellschaft, die die Kosten zu tragen hat, Kapital in Form von Krediten zur Verfügung stellen. Solche Gesellschafterdarlehen sind zwar im strengen Sinne Verbindlichkeiten der Gesellschaft, gelten allerdings nach § 19 Abs. 2 InsO als Eigenkapital, sofern für sie der Nachrang im Insolvenzverfahren vereinbart ist. Durch das auf einen Zeitraum begrenzte Zuführen von Fremdkapital können die Gesellschafter das zur Verfügung gestellte Kapital später wieder der Gesellschaft entziehen, wenn diese z. B. durch Spenden (steuerliche Abziehbarkeit im Rahmen der Einkommensteuer nur bei Gemeinnützigkeit möglich) vermehrt Eigenkapital einwerben konnte. Das Stammkapital der Gesellschaft sollte allerdings auch nicht unter 100 EUR liegen, um so die Seriosität der Gesellschaft und deren Haftung, die auf das Gesellschaftsvermögen beschränkt ist, sicherzustellen.

Die Aktivitäten der studentischen Rechtsberatung dürfen – streng genommen – erst dann entfaltet werden, wenn die Kapitalgesellschaft auch in das Handelsregister am Sitz der Gesellschaft eingetragen ist. Verzögerungen können sich dadurch ergeben, dass der Registerrichter (den wohlgemerkt nicht das Spruchrichterprivileg trifft) bei der Eintragung einer Kapitalgesellschaft, deren Gesellschaftszweck

Rechtsdienstleistungen umfasst, rechtliche Probleme zu sehen meint. In einem solchen Fall kann er die örtliche Rechtsanwaltskammer einschalten (vgl. § 380 Abs. 2 FamFG).

Problematisieren ließe sich etwa, ob eine (studentische) Rechtsberatungs-GmbH bzw. Rechtsberatungs-UG (haftungsbeschränkt) grundsätzlich unter Geltung der BRAO denkbar ist. Dem Wortlaut nach würde nämlich jede Gesellschaft mit beschränkter Haftung, deren Unternehmensgegenstand die Beratung und Vertretung in Rechtsangelegenheiten ist (§ 59c Abs. 1 BRAO), unter die Vorschriften zur Rechtsanwalts-GmbH fallen, bei der dann auch eine Haftpflichtversicherung (§ 59j BRAO) erforderlich wird. Die Rechtsanwalts-GmbH kann bei einer studentischen Rechtsberatung allerdings allein deshalb nicht einschlägig sein, weil in ihr keine Rechtsanwälte als Gesellschafter/unmittelbare Rechtsberater tätig sein werden (vgl. §§ 59e, 59 f. BRAO). Die missverständliche Formulierung der BRAO muss daher unter Geltung des Rechtsdienstleistungsgesetzes, das seit dem 1. August 2008 auch Möglichkeiten der planmäßigen Rechtsberatung für Nicht-Anwälte schafft, teleologisch reduziert werden.[12] Dies ergibt sich bereits aus dem Gesetzgebungsverfahren zum RDG, bei dem die Frage der Haftpflichtversicherung für unentgeltlich Beratende diskutiert[13] und schließlich abgelehnt wurde.[14]

Bei der Gründung einer Kapitalgesellschaft, die ja im Gegensatz zu einem Verein Eigentümer hat, sollte sorgfältig überlegt werden, welche „Gründer der ersten Stunde" auch wirklich Gesellschafter bzw. Geschäftsführer werden sollen. Die Verwaltung einer Kapitalgesellschaft ist mit einigem Aufwand verbunden und sollte in die Hände erfahrener Studenten gelegt werden. Im Übrigen sollte durch entsprechende Satzungsbestimmungen festgehalten werden, dass Gesellschafter ihre Geschäftsanteile ohne Zustimmung aller Gesellschafter nicht veräußern dürfen. Außerdem sollte man in Erwägung ziehen, vertraglich ein Vorkaufsrecht zu bestimmen, das die anderen Gesellschafter im Todesfalle privilegiert. Dieses Vorkaufsrecht verhindert dann, dass Dritte in die Gesellschaft eintreten. Um Streitigkeiten effizient und schnell beizulegen, ist es überdies empfehlenswert, eine Schiedsvereinbarung zu treffen (ggf. sogar ganz konkret mit Festlegung des Schiedsgerichts und Bestimmung eines konkreten Schiedsverfahrensrechts).

bb) Haftungsrisiken der UG (haftungsbeschränkt)
(1) Unterkapitalisierung der UG und Durchgriffshaftung

Relevante interessante Fallgruppen ergeben sich besonders in solchen Konstellationen, in denen das Haftungskapital der UG den Streitwert des angenommenen Falles unterschreitet, die Gesellschaft also mit einem zu geringen Eigenkapital ausgestat-

---

[12] Vgl. auch *Dux*, in: *Deckenbrock/Henssler*, RDG, 4. Aufl. (2015), § 6 RDG Rn. 35; dies., Die pro bono-Tätigkeit des Anwalts und der Zugang zum Recht. Übertragbarkeit eines US-amerikanischen Modells auf Deutschland?, Bonn 2011, S. 222 ff.

[13] *Römermann*, NJW 2006, 3025 (3030); *Prütting*, Rechtsberatung zwischen Deregulierung und Verbraucherschutz (Gutachten zum 35. DJT), 2004, G48.

[14] BT-Drs. 16/3655, 58 f.

tet ist. Dabei ist die UG oder auch gUG[15] als gewählte Gesellschaftsform für die studentische Rechtsberatung von besonderer Relevanz. Der Gesetzgeber hat hierfür ein ausreichendes Haftungskapital von 1 € normiert. Es stellt sich daher die gesellschaftsrechtlich relevante Frage, wie es um die Ansprüche und Rechte in den Fällen bestellt ist, in denen der Streitwert über dem sich in der Gesellschaft befindlichen Einlagen liegt, was bei einer Stammeinlage von 1 € regelmäßig der Fall sein dürfte.

(2) Materiell qualifizierte Unterkapitalisierung
Zuerst ist festzuhalten, dass sich aus § 5a GmbHG ergibt, dass die UG nach den Regeln der GmbH zu behandeln ist. Der Unterschied zur GmbH ist lediglich die Höhe des Stammkapitals. So ergibt sich aus § 13 Abs. 2 GmbHG, dass die Einlagen der Gesellschaft einer möglichen Insolvenz entgegenwirken, Verlusten vorbeugen sollen und als Sicherheit der Gesellschaft auch gegenüber Gläubigern zu werten sind.[16] Eine Unterkapitalisierung ist regelmäßig dann gegeben, wenn die Gesellschaft beispielsweise keine Kreditwürdigkeit hat oder ein „Finanzierungsbedarf" (hier der Streitwert) besteht.[17] Allgemein gibt es zwei Formen der Unterkapitalisierung bei einer Kapitalgesellschaft: zum einen eine materielle- und zum anderen eine nominelle[18].

Bei einer materiellen Unterkapitalisierung wird – anders als bei der nominellen Unterkapitalisierung – kein Geld mehr in die Gesellschaft eingebracht, wovon bei einer studentischen Rechtsberatung mangels Kapital wohl regelmäßig auszugehen ist.[19] Ferner unterscheidet man zwischen einer einfachen und qualifizierten Unterkapitalisierung. In dem oben beschriebenen Fall müsste man von einer materiell qualifizierten Unterkapitalisierung ausgehen, da sich aus der ex ante Sicht eines mit dem Unternehmen Vertrauten erkennen ließe, dass jenes mit unzureichenden Einlagen ausgestattet ist, was sich im Falle eines Falles negativ für die Gläubiger der Gesellschaft auswirken würde.[20] Fraglich ist, ob die Gesellschafter überhaupt in der Pflicht stehen. die Gesellschaft mit genügend Eigenkapital auszustatten, was bedeutet, dass zumindest alle momentan vertretenen Streitwerte ihrer Höhe nach gedeckt sind.

(3) Durchgriffshaftung
Um dies zu klären, gilt es zunächst der Frage nachzugehen, ob es in Haftungsfällen einer UG auch eine Durchgriffshaftung gibt. Durchgriffshaftung beschreibt den Regress auf das Privatvermögen der Gesellschafter einer „existenzvernichteten" GmbH bzw. UG für noch bestehende Verbindlichkeiten der Kapitalgesellschaft auf

---

[15] Die gUG (haftungsbeschränkt) als gemeinnützige Unternehmergesellschaft, die keinen rein wirtschaftlichen Zwecke verfolgt, was idR bei Rechtsberatung der Fall ist.
[16] *Lutter*, in: *Lutter/Hommelhoff*, GmbHG, § 13 Rn. 15; *Bitter*, ZInsO 2010, 1561 (1580 ff.).
[17] *Kindl*, Gesellschaftsrecht, § 28 Rn. 9; *Schmidt*, Gesellschaftsrecht, 4. Aufl. (2002), S. 240.
[18] Mangels Eigenkapitals wird ein Darlehen aufgenommen, vgl. *Emmrich*, in: *Scholz*, InsO, 10. Aufl. (2006), § 13 Rn. 82.
[19] *Bitter*, ZInsO 2010, 1561.
[20] *Kindl*, Gesellschaftsrecht, § 28 Rn. 9 m. w. N.

5. Rechtsform, Struktur und Haftungsausschluss durch die Rechtsform

Seiten der Gläubiger.[21] Obgleich dem Aspekt der Durchgriffshaftung aus Sicht des Gläubigerschutzes ein nicht zu verkennender Mehrwert zuzukommen scheint, kann dieser Ansatz besonders bei einer gUG als nicht zielführend erachtet werden.

Über die Rechtsform einer juristischen Person wie der gUG darf „nicht leichtfertig und schrankenlos hinweggegangen werden".[22] Es besteht daher Einigkeit in der Frage, dass es zwar Fälle der Durchgriffshaftung gibt[23], diese jedoch einer besonderen Begründung bedürfen[24]. Hintergrund dieses Erfordernisses ist der der Schaffung der neuen Rechtsform zugrundeliegende Gedanke, diese durch Haftungserleichterungen möglichst attraktiv zu gestalten[25]. Die permanente Gefahr des Durchgriffs auf die Gesellschafter würde diesen Aspekt jedoch de facto zu Nichte machen.[26]

Obgleich sich bisher einige wenige Fallgruppen entwickelt haben, so fehlt dem Konzept der Durchgriffshaftung dennoch das „klare Fundament".[27] Fasst man diesen Aspekt mit den Rechten und dem daraus erwachsenden Respekt im deutschen Recht vor einer juristischen Person zusammen, so ist die Rolle der Durchgriffshaftung nur als eine lückenfüllende[28] und begleitende[29] zu verstehen.

Der Bundesrat forderte in den Beratungen zum MoMiG eine Einbeziehung der Durchgriffshaftung aus dem GmbH Recht auch für die Fälle von UGs, um Druck gegenüber den Gesellschaftern aufzubauen, was zu einer ausreichenden Stärke der Kapitaldecke führen sollte.[30] Die Bundesregierung sprach sich jedoch entschieden dagegen aus, in Fällen der Unterkapitalisierung eine Durchgriffshaftung zu normieren[31], weswegen das Stammkapital als Grenze angesehen wird.[32] Allgemein bleibt festzuhalten, dass Unterkapitalisierungshaftung das im Rahmen der Durchgriffshaftung am „heftigsten umstrittene"[33] Feld darstellt. Der BGH hat die Anwendung einer Durchgriffshaftung einer GmbH im Bezug auf Fälle der Unterkapitalisierung in der Vergangenheit nicht angenommen.[34] Ein aktuelles Urteil dazu bildet die „Gamma-Entscheidung", in dem eine solche Haftung ausdrücklich abgelehnt wird.[35]

Zum Verständnis muss man sich das diesem Ansatz zugrunde liegende Problem verdeutlichen. Um einer Unterkapitalisierung bei einer studentischen Rechtsbera-

---

[21] Vgl. *Röck*, Die Rechtsfolgen der Existenzvernichtungshaftung, 2011, S. 12 ff.
[22] BGHZ 22, 226, 230; 25, 115, 117; 26, 31, 37; 31, 258, 271; 102, 95, 101.
[23] *Raiser*, in: *Lutter/Schneider*, Festschrift Marcus Lutter, S. 637, 638.
[24] *Ulmer*, JZ 1999, 662, 665.
[25] *Eidenmüller/Engert*, GmbHR 2005, 433, 434 f.
[26] *Spies*, Unternehmergesellschaft (haftungsbeschränkt), S. 272.
[27] *Spindler*, JZ 2006, 839, 849.
[28] *Merschmeyer*, Die Kapitalschutzfunktion des Jahresabschlusses und Übernahme der IAS/IFRS für die Einzelbilanz, 2005, S. 77 f.
[29] *Spindler*, JZ 2006, 839, 849.
[30] Stellungnahme des Bundesrates, BT-Drucks. 16/6140, S. 64.
[31] Reg.-Begr., BT-Drucks. 16/6140, S. 75.
[32] *Seibert*, GmbHR 2007, 673 ff.
[33] *Meyer*, GmbHR 2002, 242 (250).
[34] BGH, Urteil vom 04. Mai 1977 – VIII ZR 298/75, BGHZ 68, 312.
[35] BGH, Urteil vom 28. April 2008 – II ZR 264/06, BGHZ 176, 204.

tung vorzubeugen, müsste bei jedem übernommenen Fall zunächst der Streitwert bestimmt werden. Außerdem müsste dann überprüft werden, ob die Einlagen der gUG (haftungsbeschränkt) die erforderliche Höhe aufweisen, um diesen konkreten Streitwert im Ernstfall abzusichern. Zusätzlich müsste dann aber auch eruiert werden, in welchem am jeweiligen Streitwert bemessenen Umfang noch für andere Fälle eine Deckung durch das Stammkapital zu gewährleisten wäre. Hätte man vier Fälle gleichzeitig in Bearbeitung, so müsste man auch für alle vier Fälle (und ggf. für zurückliegende Fälle) eine entsprechende Einlage haben. Selbst bei einem durchschnittlichen Beratungsaufkommen erscheint dies für einen Studenten nicht realistisch.

Andererseits hätte das Erfordernis eines umfassenden Haftungskapitals zur Folge, dass die Gründung einer Kapitalgesellschaft als Organisationsform ehrenamtlicher Rechtsberatung schlechterdings nicht in Betracht käme. Hinzu kommt, dass sich viele Komplikationen der einzelnen Fälle im Vorfeld kaum richtig einschätzen lassen und sich erst mit der Zeit herauskristallisieren. Dies wiederum würde dazu führen, dass noch im laufenden Fall eine erneute Anpassung des finanziellen Polsters vorgenommen werden müsste. In den Rechtswissenschaften wird aus diesen Gründen eine Unterkapitalisierungshaftung abgelehnt.[36] Sicherlich erscheint es aus rechtsethischer Sicht geboten, eine Kapitalgesellschaft mit einer ausreichenden Kapitaldecke auszustatten, um etwaige Gläubiger zu schützen. Eine Rechtspflicht hierzu gibt es allerdings nicht.[37] Es ist den Gesellschaftern selbst überlassen, in welchem Umfang sie die Gesellschaft – außer mit Blick auf das Mindeststammkapital – mit Kapital ausstatten möchten.[38] Etwaige Geschäftspartner einer Kapitalgesellschaft stehen selbst in der Pflicht, Erkundigungen über das Vermögen der Gesellschaft einzuholen bzw. spezielle Haftungsvereinbarungen abzuschließen.[39] Das Erfordernis einer umfassenden Haftpflichtversicherung, wie dies etwa bei einer Anwalts-GmbH der Fall ist (§ 59j BRAO), oder einer verschärften Mindestkapitalausstattung für studentische Rechtsberatungen kann andererseits auch nicht im legislativen Interesse liegen. Der Gesetzgeber wollte durch die Novellierung des RDG gerade ehrenamtliches Engagement in der Rechtsberatung vereinfachen.

(4) Strafrecht
Zuletzt muss der Geschäftsführer einer Kapitalgesellschaft in besonderem Maße seine Pflichten aus dem HGB, GmbH-Gesetz und der InsO beachten, da hier strafrechtliche Risiken drohen. Der Geschäftsführer hat die Geschäftsbücher und Konten der Gesellschaft stets auf aktuellem Stand zu halten und muss über Liquidität und eine mögliche Überschuldung der Gesellschaft Bescheid wissen. In einem solchen Falle (Überschuldung, Zahlungsunfähigkeit) trifft ihn die Pflicht, die Insolvenz der Gesellschaft anzumelden, es sei denn, die Gesellschafter verhindern eine solche Insolvenz durch eine erneute Kapitalisierung der Gesellschaft.

---

[36] *Schmidt*, JZ 1984, 771 (777 f.); vgl. auch *Thiessen*, ZIP 2006, 1892 (1895).
[37] *Spies*, Unternehmergesellschaft (haftungsbeschränkt), S. 273.
[38] *Michalski/Funke*, in: *Michalski*, GmbHG, 2. Aufl. (2010), § 13 Rn. 377.
[39] *Saenger*, Gesellschaftsrecht, 2010, § 17 Rn. 805.

(5) Tätigkeitsverbot (§ 6 Abs. 2 GmbHG)

Nicht minder problematisch für den Fall der studentischen Rechtsberatung in Form einer Kapitalgesellschaft erscheint der vom Gesetzgeber neu gestaltete § 6 Abs. 2 GmbHG. Darin wurde zur Verbesserung des Gläubigerschutzes ein Tätigkeitsverbot für Geschäftsführer implementiert, die sich in der Vergangenheit als unfähig zum Führen einer Gesellschaft erwiesen haben. Diese sollen zukünftig von der Ausübung einer Geschäftsführerfunktion in einer neuen Gesellschaft ausgeschlossen sein. Dabei ist jedoch zu beachten, dass seit der Neuregelung ein Betätigungsverbot nur dann einschlägig wird, wenn ein rechtskräftiges Urteil (Berufsverbot, Insolvenzverschleppung, Insolvenzstraftaten u. a.) ergangen ist.[40] Ein solcher Fall könnte sich jedoch insbesondere für Jurastudenten misslich auswirken, da ihnen bei Vorbestrafung die Zulassung zum Anwaltsberuf in Deutschland gem. § 7 BRAO untersagt wird. Dies kann jedoch vor dem Hintergrund der Unwahrscheinlichkeit eines solchen Falles dahinstehen, da ein Student für einen solchen Fall schon vorsätzlich gehandelt haben müsste.

cc) Beendigung der Kapitalgesellschaft

Im Unterschied zur Personengesellschaft erlischt die Kapitalgesellschaft nicht automatisch durch Beschluss der Gesellschafter. Die Gesellschaft als eigenständige juristische Person, deren Schulden nicht automatisch auf die Gesellschafter übergehen, muss abgewickelt werden – grundsätzlich im Wege der Liquidation oder im Falle der Überschuldung/Zahlungsunfähigkeit durch ein geordnetes Insolvenzverfahren. Aufgrund der hohen Kosten der Liquidation einer Kapitalgesellschaft würde ein solches Verfahren, das sich über mehrere Jahre hinzieht, bei studentischen Rechtsberatungen schnell zur Insolvenz führen.

Als einfache, effiziente und kostenlose Alternative bietet sich die Löschung von Amts wegen aufgrund von Vermögenslosigkeit an (§ 394 FamFG; § 60 Abs. 1 Nr. 7 GmbHG). Die Löschung der Kapitalgesellschaft erfolgt hierbei nicht auf Veranlassung der Gesellschaft selbst, sondern durch das Registergericht, das Kenntnis von der Vermögenslosigkeit der Gesellschaft erlangt. Um eine Löschung von Amts wegen zu erlangen, sollte der Geschäftsführer sich an das Registergericht, das das Handelsregister führt wenden und dort um die Löschung der Gesellschaft wegen Vermögenslosigkeit bitten.

An dieser Stelle sei erwähnt, dass die Übertragung der Gesellschafteranteile, also die Weitergabe des „Staffelstabes" an die nächste Generation, kompliziert ist. Dies verursacht zum einen Notarkosten und muss anschließend beim Handelsregister eingetragen werden. Die entstehenden Kosten sind um ein vielfaches höher als etwa bei einem eingetragenen Verein. Nicht selten wurden gemeinnützige Unternehmergesellschaften aus diesem Grund nach einer gewissen Beratungszeit wieder aufgelöst.

---

[40] Reg.-Begr., BT-Drucks. 16/6140, S. 32.

e) Gewählte Rechtsformen der Legal Clinics in Deutschland

Die Verteilung der Rechtsformen in Deutschland gestaltet sich interessant. Neben einer ersten Umfrage, die im German Journal of Legal Education im Mai 2015 erschienen ist,[41] gibt es bisweilen noch keine detaillierte Übersicht oder statistische Erhebung hinsichtlich der Entwicklung, Strukturierung und dem Aufbau von studentischen Rechtsberatungen.

Nachstehend wird in verschiedenen Diagrammen die Verteilung von Rechtsformen der Legal Clinics in Deutschland dargestellt. Zunächst wird eine Gesamtübersicht über alle Legal Clinics gegeben, dann wird nochmals untergliedert in allgemein beratende Legal Clinics, Refugee Law Clinics, Start-Up Rechtsberatungen bzw. Business Law Clinics und abschließend wird dem noch einmal das Ergebnis der ersten statistischen Erhebung des Bund studentischer Rechtsberater (BSRB) – bei der zehn studentische Rechtsberatungsstellen befragt wurden – gegenübergestellt.

aa) Übersicht: Rechtsformen aller Legal Clinics[42]

Die nachstehende Übersicht stellt alle in diesem Buch aufgeführten studentischen Rechtsberatungsstellen da und unterteilt sie nach Rechtsformen. Zugrunde gelegt wurden 55 Legal Clinics. Davon waren 25 einer Körperschaft des öffentlichen Rechts zuzurechnen; 21 als eingetragener Verein organisiert (auch hier gab es Legal Clinics, die trotzdem zumindest indirekt an einen Lehrstuhl bzw. die Körperschaft des öffentlichen Rechts angebunden waren), zwei als gemeinnützige Unternehmergesellschaft (haftungsbeschränkt) eingetragen und sieben mangels konkreter Angaben als GbR einzustufen.

---

[41] *Hannemann*, GJLE 2015, 131 ff.

[42] Strafgefangenen-Beratung Universität Bremen; HWR Berlin „StUR"; Rechtsberatungsstelle Heinrich-Heine-Universität Düsseldorf; Legal Clinic Universität Hannover; Humboldt Law Clinic Grund- und Menschenrechte; Law & Legal e. V.; Rechtsberatungsstelle Göttingen; Pro Bono Göttingen; Rechtsberatung Philipps-Universität Marburg; Humboldt Law Clinic Internetrecht; Consumer Law Clinic Humboldt-Universität; PARA legal Jena; Law Clinic Bucerius Law School; Rechtsberatung Bielefeld; Law Clinic Kiel; LSPB Heidelberg; SRB FF(O); Rechtsberatung Hochschule Wismar; Law & Lake; Rechtsberatung Stuttgart; Law Clinic der FU; Rechtsberatungsstelle Mannheim; Law Clinic Frankfurt a. M.; ProBono Freiburg; Student-Law; LegalGuidance; Rechtsberatung Universität Passau; SLC – Student Legal Consulting; Rechtsberatung Osnabrück; Rechtsberatung Bayreuth; Rechtsberatung StudentInnen-Rates Leipzig; Legal Clinic AStA, Universität des Saarlandes; Bonn Law Clinic, SRSK Köln; Gießener Refugee Law Clinic; RLC Cologne; RLC Munich; Praxisprojekt Migrationsrecht der Universität Halle-Wittenberg; RLC Leipzig; RLC Bremen; Pro Bono Heidelberg; RLC Trier; RLC Berlin; RLC Hannover; RLC Augsburg; RLC Saarbrücken; RLC Hamburg; RLC Regensburg; RLC Erlangen-Nürnberg; Flüchtlingsberatung Kiel; RLC Göttingen; SRH Campus Business & Law; Cyber Law Clinic Hamburg; Business & Law Clinic Marburg; Law Clinic der Universität Passau in Medien- und Informationsrecht; Media Law Clinic an der Universität Hamburg; Corporate Law Clinic e. V.

5. Rechtsform, Struktur und Haftungsausschluss durch die Rechtsform

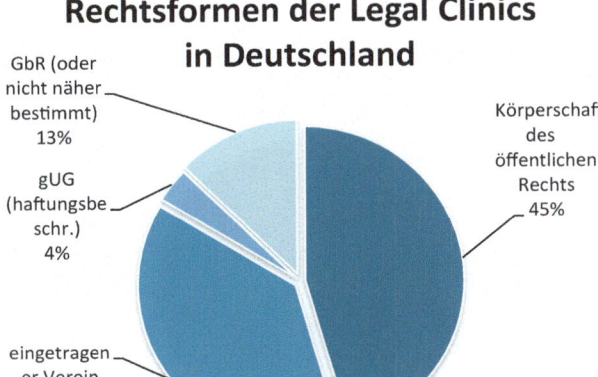

Rechtsformen der Legal Clinics in Deutschland
- Körperschaft des öffentlichen Rechts 45%
- eingetragener Verein 38%
- GbR (oder nicht näher bestimmt) 13%
- gUG (haftungsbeschr.) 4%

bb) Rechtsformen der allgemein beratenden Legal Clinics[43]

Besonders Interessant war dabei auch zu sehen, wie sich die einzelnen Rechtsberatungsstellen je nach Schwerpunktsetzung organisierten. Nachstehend soll dies noch einmal dargestellt werden. Zunächst werden all diejenigen Rechtsberatungsstellen dargestellt, die man als allgemein beratend einstufen könnte. In diese Rubrik sind die meisten studentischen Rechtsberatungen einzuordnen.

---

[43] Strafgefangenen-Beratung Universität Bremen; HWR Berlin „StUR"; Rechtsberatungsstelle Heinrich-Heine-Universität Düsseldorf; Legal Clinic Universität Hannover; Humboldt Law Clinic Grund- und Menschenrechte; Law & Legal e. V.; Rechtsberatungsstelle Göttingen; Pro Bono Göttingen; Rechtsberatung Philipps-Universität Marburg; Humboldt Law Clinic Internetrecht; Consumer Law Clinic Humboldt-Universität; PARA legal Jena; Law Clinic Bucerius Law School; Rechtsberatung Bielefeld; Law Clinic Kiel; LSPB Heidelberg; SRB FF(O); Rechtsberatung Hochschule Wismar; Law & Lake; Rechtsberatung Stuttgart; Law Clinic der FU; Rechtsberatungsstelle Mannheim; Law Clinic Frankfurt a. M.; ProBono Freiburg; Student-Law; LegalGuidance; Rechtsberatung Universität Passau; SLC – Student Legal Consulting; Rechtsberatung Osnabrück; Rechtsberatung Bayreuth; Rechtsberatung StudentInnen-Rates Leipzig; Legal Clinic AStA, Universität des Saarlandes; Bonn Law Clinic, SRSK Köln.

Rechtsformen der allgemein beratenden Legal Clinics

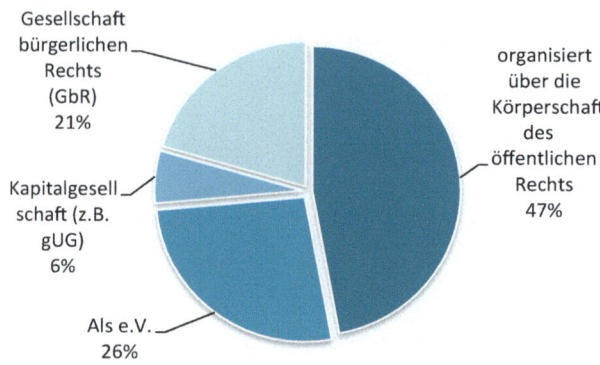

Allgemein beratende Legal Clinics

Körperschaft des öffentlichen Rechts	16
Eingetragener Verein	9
Kapital Gesellschaft (z.B. gUG)	2
Gesellschaft bürgerlichen Rechts (GbR)	7

cc) Rechtsformen der Refugee Law Clinics[44]

Bei den Refugee Law Clinics zeichnet sich der Trend ab, dass ganz überwiegend in Form eines eingetragenen Vereines gegründet werden – dies sicherlich vor dem Hintergrund, dass ein eingetragener Verein schnell zu gründen ist und Haftungskomplikationen selten auftreten. Außerdem sind die Universitäten gegenüber Refugee Law Clinics noch zurückhaltend. Es ist aber der Trend zu erkennen, dass sich dies gerade ändert.

---

[44] Gießener Refugee Law Clinic; RLC Cologne; RLC Munich; Praxisprojekt Migrationsrecht der Universität Halle-Wittenberg; RLC Leipzig; RLC Bremen; Pro Bono Heidelberg; RLC Trier; RLC Berlin; RLC Hannover; RLC Augsburg; RLC Saarbrücken; RLC Hamburg; RLC Regensburg; RLC Erlangen-Nürnberg; Flüchtlingsberatung Kiel; RLC Göttingen. Die rellativ neuen Projekte: RLC Bochum (2015); RLC Passau (2015); RLC Bonn (2015), wurden in die Statistik nicht aufgenommen.

5. Rechtsform, Struktur und Haftungsausschluss durch die Rechtsform

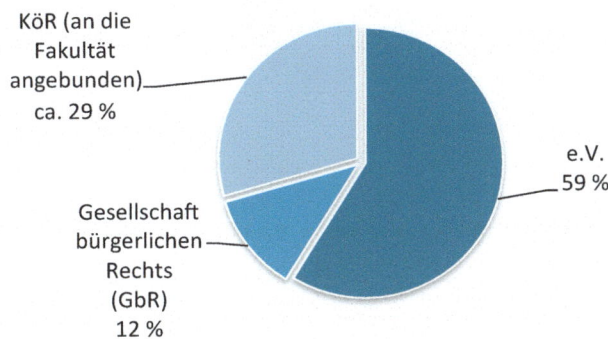

Refugee Law Clinics	
Körperschaft d. öffentl. Rechts	5
Eingetragener Verein (e.V.)	10
Gesellschaft bürgerlichen Rechts (GbR)	2

dd) Rechtsformen der Start-Up Rechtsberatungen bzw. Business Law Clinics in Deutschland[45]

Die Initiative zu Start-Up Rechtsberatungen bzw. Business Law Clinics geht nicht nur im Ausland sondern auch in Deutschland von den juristischen Fakultäten bzw. deren Lehrstühlen aus. Zwar handelt es sich hierbei um ein relativ neues Konzept, jedoch kann man davon ausgehen, dass die Projekte – aufgrund der Nähe zur Universität – Bestand haben werden.

---

[45] Law Clinic der SRH Hochschule Heidelberg SRH Campus Business & Law e. V; Business & Law Clinic an der Philipps-Universität Marburg; Law Clinic der Universität Passau in Medien- und Informationsrecht; Cyber Law Clinic Hamburg

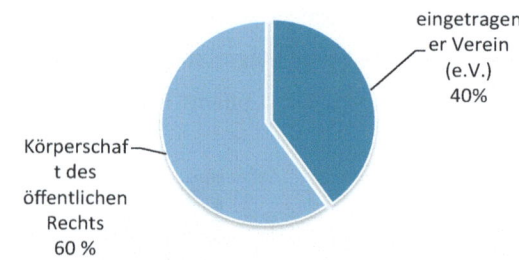

Start-Up Rechtsberatungen bzw. Business Law Clinics

Körperschaft d. öffentl. Rechts	3
Eingetragener Verein (e.V.)	2

ee) Rechtsformverteilung der Legal Clinics in Deutschland nach der ersten statistischen Erhebung zur Entwicklung der Studentischen Rechtsberatung in Deutschland (BSRB, 2015)[46]

Es wurden 10 Legal Clinics[47] mit unterschiedlichen Rechtsformen (eingetragener Verein [e. V.]; Körperschaft des öffentlichen Rechts; Gesellschaft bürgerlichen Rechts [GbR]; gemeinnützige Unternehmergesellschaft [gUG]) befragt und verglichen. Die am häufigsten gewählte Rechtsform war dabei der eingetragene Verein. Daran schloss sich die Körperschaft des öffentlichen Rechtes an. Zu berücksichtigen ist jedoch, dass eine studentische Rechtsberatung noch nicht offiziell gegründet war und deswegen als GbR (Gesellschaft bürgerlichen Rechts) formierte.

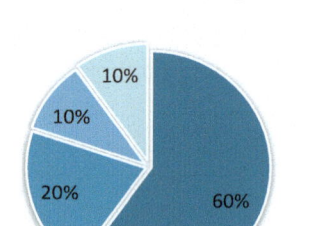

---

[46] *Hannemann*, GJLE 2015, 131 ff.

[47] Folgende zehn studentischen Rechtsberatungsstellen wurden befragt: studentische Rechtsberatung Passau; Pro Bono Freiburg; Law Clinic im Medien- und Informationsrecht Passau; Refugee Law Clinic Munich; Verein für Rechtshilfe im Justizvollzug des Landes Bremen; Rechtsberatung Hochschule Wismar; Rechtsberatung Mannheim; Rechtsberatung Göttingen; Pro Bono Göttingen; Student-Law gUG.

Rechtsformverteilung	
Körperschaft des öffentlichen Rechts	2
Eingetragener Verein	6
Kapital Gesellschaft (z.B. gUG)	1
Gesellschaft bürgerlichen Rechts (GbR)	1

6. Versicherungen zur Absicherung der Rechtsberatungsstelle

Das Thema Haftung muss unbedingt vor Gründung einer Legal Clinic geklärt sein. Wer meint, es auf die lange Bank schieben zu können, weil finanzschwache Klienten nicht über die Möglichkeiten verfügen, im Falle einer Fehlberatung Schadensersatzansprüche geltend zu machen, sitzt einem folgenschweren Irrtum auf: Das Beispiel der studentischen Rechtsberatungen in Polen belehrt eines Besseren. Dort kommt es regelmäßig zu Haftungsfällen. Es scheint sogar Klienten zu geben, die ganz bewusst versuchen, einen Haftungsfall herbeizuführen, um dann Schadensersatzansprüche gegen die Rechtsberatungsstelle geltend machen zu können. Auch in anderen europäischen Staaten sind solche Fälle inzwischen aufgetreten. In Deutschland gab es bis jetzt zwar noch keinen Haftungsfall,[48] dies ist aber grundsätzlich für die Zukunft nicht auszuschließen.

Einen auf einer Fehlberatung gründenden Haftungsschaden ausgleichen zu müssen, kann einen Studenten in delikate Situationen bringen, möglicherweise für ihn sogar finanziell existenzbedrohend sein.[49] Doch auch für potenzielle Mandanten ist es wichtig zu wissen, inwieweit sie die Legal Clinic im Falle einer fehlerhaften Beratung in Haftung nehmen können.[50]

Um einen möglichen Haftungsfall aufzufangen, ist es sinnvoll. über eine Versicherung für die studentische Rechtsberatung nachzudenken.[51] Eine Versicherungspflicht für studentische Rechtsberatungen lässt sich weder aus dem Standesrecht ableiten (vgl. § 51 IV 1 BRAO – für Anwälte Mindestversicherungssumme 250.000 € für jeden Einzelfall)[52], noch ist sie für studentische bzw. unentgeltliche Rechtsberatung im RDG vorgesehen.[53] Aus Gründen des Mandanten- bzw. Gläubigerschut-

---

[48] *Hannemann*, Erste statistische Erhebung zur Entwicklung der Studentischen Rechtsberatung in Deutschland, GJLE 2015, 139 ff.
[49] *Vogler*, ZJS 2013, 135, (139); *Vogler*, GJLE 2014, 24.
[50] *Vogler*, GJLE 2014, 24; *Spreizer*, VuR 2008, 412, (415).
[51] Vgl. zum Marktpotenzial individualisierter Versicherungen *Wagner*, Versicherungswirtschaft 2001, 818.
[52] Vgl. *Weth*, in: *Henssler/Prütting*, BRAO, 3. Aufl., § 6 RDG Rn. 18; anders noch die Forderungen von *Prütting*, Gutachten G für den 65. DJT, 2004, G 48; *Römermann*, NJW 2006, 3025 (3030).
[53] *Wreesmann/Schmidt-Kessel*, NJOZ 2008, 4061 (4068).

zes und des Ansehens der studentischen Rechtsberatung kann dies aber durchaus ratsam sein, zumal die übliche Kapitalausstattung einer Rechtsberatungsstelle für einen größeren Haftungsfall regelmäßig nicht ausreichen wird. In Polen hat der Dachverband der Legal Clinics dies sogar als eine der Grundvoraussetzungen einer Legal Clinic festgeschrieben.[54]

Auf diesen Schwachpunkt der studentischen Rechtsberatung hat das OLG Brandenburg in einem obiter dictum hingewiesen – freilich mit einem falschen Verweis auf § 7 Abs. 2 RDG.[55]

In Deutschland haben die ersten studentischen Rechtsberatungsstellen mit dem Abschluss einer Versicherung bereits gute Erfahrungen sammeln können.[56] Versicherungen stehen diesem Modell offen gegenüber und stellen daher auch individuelle Versicherungspolicen aus. Im Flüchtlingsrecht etwa sind Versicherungen bereits für wenige hundert Euro pro Jahr zu erhalten.[57] Im Zivilrecht liegen die Kosten für eine Versicherung – je nach Brisanz und Streitwert der Fälle – etwas höher. Je professioneller eine studentische Rechtsberatung ihrer Tätigkeit nachgeht, umfangreichere Risiken und Haftungskomplikationen im Vorfeld antizipiert und durch entsprechende Maßnahmen minimiert, desto geringer fällt die Versicherungsprämie aus.[58]

Wie sich auf dem dritten Symposium des BSRB 2014 feststellen ließ, haben bereits etliche Rechtsberatungsstellen eine Versicherung abgeschlossen, die – im Gegensatz zu einer haftungsausschließenden Mandantenvereinbarung oder einer haftungsreduzierenden Rechtsform – nicht nur die Rechtsberatungsstelle selbst, sondern auch den Mandanten schützt. So oder so ist eine Versicherung immer auch Hinweis für die Seriosität und Ernsthaftigkeit eines Rechtsberatungsprojektes.

Eine geeignete Versicherung zu finden, muss dabei gar nicht schwer sein. Die meisten Rechtsberatungsstellen sind einfach auf einen Versicherungsmakler zugegangen und haben um eine entsprechende Versicherung gebeten. Die Kosten für eine Versicherung fallen dabei unterschiedlich hoch aus. Vergleichsangebote lohnen sich hier auf jeden Fall. Das Risiko eines Versicherungsfalles ist für die Versicherungen relativ überschaubar. Die meisten Rechtsberatungsstellen haben sich für die Deckung der Versicherungskosten einen Sponsor gesucht, wenn die Versicherung nicht ohnehin von der Universität getragen wird.

---

[54] Vgl. *Bartos*, GJLE 2014, 85 ff.
[55] OLG Brandenburg, Beschluss vom 10.09.2014 – 7 W 68/14, NJW 2015, 1122, Rn. 11: „Zwar ist eine Berufshaftpflichtversicherung für im Verein beratend tätige Personen im RDG nicht vorgesehen. Gleichwohl kann ein Verein nach § 7 II RDG nicht ins Vereinsregister eingetragen werden, wenn er nicht über eine finanzielle Ausstattung verfügt, die bis zu einem gewissen Grade das Haftungsrisiko aus einer Falschberatung auffangen kann (vgl. BT-Drs. 16/3655, 60; Krenzler, § 7 Rn. 61)."
[56] Vgl. *Georgescu*, GJLE 2014, 119 ff.
[57] Vgl. *Wegner*, NVwZ 2015, 760.
[58] Vgl. *Nguyen/Romeike*, Versicherungswirtschaftslehre, S. 169.

7. Versicherung über den mitwirkenden Anwalt

Man könnte auch darüber nachdenken, die Haftung der studentischen Rechtsberatung auf die Berufshaftpflichtversicherung (vgl. § 51 IV BRAO) des anleitenden Anwaltes abzuwälzen. Es gibt bereits studentische Rechtsberatungsstellen, die ihre Haftung auf diesem Wege externalisieren (beispielsweise die studentische Rechtsberatungsstelle Hannover[59] oder Osnabrück).

Sofern sich die Versicherung auf ein solches Modell einlässt, ist dieser Weg sicherlich sinnvoll.

Die entsprechende Haftungsübernahme muss allerdings ausdrücklich mit der Berufshaftpflichtversicherung des betreuenden Rechtsanwaltes vereinbart werden. Selbstverständlich ist diese Haftung nämlich nicht, weil das Mandantenverhältnis nicht zwischen Anwalt und Mandant, sondern zwischen studentischer Rechtsberatungsstelle und Mandant geschlossen wurde. Eine vertragliche Übernahme der etwaigen Haftungsschäden ist mithin ausgeschlossen.[60]

Eine weitere Möglichkeit wäre es, die Haftung für mögliche Schäden aus der Vertragsbeziehung zum Mandanten über die AVB-RSW (Allgemeine Bedingungen der Berufshaftpflichtversicherung der Rechtsanwälte) zu konstruieren.[61] Dies beträfe allerdings nur Aufsichtstätigkeiten[62] – nicht etwa rein beratende Tätigkeiten – was aber mit § 6 RDG gut zu vereinen ist, da der Anwalt sich anleitend und aufsichtsausübend in den Geschäftsprozess der Legal Clinic einbringt.[63]

Auch der Gedanke, dass die studentischen Rechtsberater i. S. d. §§ 278, 831 BGB als Gehilfen des anleitenden Rechtsanwaltes zu klassifizieren wären und sich daraus eine Übertragung der Haftung auf den Anwalt konstruieren ließe, steht auf wackeligen Beinen.[64]

8. Steuer- und Gemeinnützigkeitsrecht

Sowohl bei der Gründung eines Vereins als auch bei der Errichtung einer Kapitalgesellschaft empfiehlt es sich, die Gemeinnützigkeit des Rechtsträgers in der Satzung zu verankern und die entsprechende Anerkennung bei der Finanzverwaltung zu beantragen. Dadurch werden mögliche Gewinne des Vereins bzw. der Kapitalgesellschaft weder mit Körperschaftsteuer noch mit Gewerbesteuer, die bei Kapitalgesellschaften auch bei materiell nicht gewerblicher Tätigkeit anfällt (vgl. § 8 Abs. 2

---

[59] In diesem Fall hatte das Versicherungsunternehmen eingewilligt bei Haftungsfällen durch Falschberatung im Zuge des Engagements der Legal Clinic einzustehen, vgl. *Klass/Savic/Lenk*, Strukturen der Legal Education am Beispiel der Legal Clinic der Leibniz Universität Hannover, GJLE 2014, 143.

[60] *Diller*, AVB-RSW, § 1 Rn. 15 ff.; *Kotyrba*, GJLE 2014, 27.

[61] So auch: *Kotyrba*, GJLE 2014, 27.

[62] BGH, NJW-RR 1990, 219 f.

[63] *Kotyrba*, GJLE 2014, 27 m w N.

[64] *Diller*, AVB-RSW, § 1 Rn. 94 ff.

KStG), belastet werden. Im Übrigen kann durch die Befreiung von der Gewerbesteuer bei gemeinnützigen Kapitalgesellschaften erreicht werden, dass keine Beiträge der örtlichen Industrie- und Handelskammer anfallen. Die Gemeinnützigkeit der Gesellschaft sollte der Industrie- und Handelskammer mitgeteilt werden, da die Kammer hiervon bei einer Kapitalgesellschaft in der Regel nicht ausgeht.

Wird die Anerkennung der Gemeinnützigkeit angestrebt, sind bestimmte Satzungsbestimmungen der Mustersatzung der Abgabenordnung (Anlage) zu übernehmen. Als Zweck des gemeinnützigen Vereins bzw. der gemeinnützigen GmbH oder UG (haftungsbeschränkt) kann folgendes in die Satzung aufgenommen werden: die Förderung von Verbraucherberatung und Verbraucherschutz, die Förderung der Erziehung, Volks- und Berufsbildung einschließlich der Studentenhilfe sowie die Förderung von Wissenschaft und Forschung. Es empfiehlt sich, diesen allgemeinen Zweck durch eine weitere Satzungsbestimmung zu konkretisieren. Das könnte beispielsweise so aussehen: „Der Satzungszweck wird verwirklicht insbesondere durch die unentgeltliche Erbringung von Rechtsdienstleistungen, die Durchführung wissenschaftlicher Veranstaltungen, Forschungsvorhaben und Lehr- sowie Weiterbildungsveranstaltungen auf dem Gebiet der Rechtswissenschaften, der Rechtspflege und der Rechtsdidaktik, insbesondere für Studierende der Rechtswissenschaften."

Die vorläufige Anerkennung der Gemeinnützigkeit wird beim zuständigen Finanzamt am Sitz der Gesellschaft bzw. des Vereins beantragt. Eine „automatische" Gemeinnützigkeit durch Satzungsbestimmung gibt es nicht. Um die Anerkennung der Gemeinnützigkeit beantragen zu können, sollten die allgemeinen Vorgaben hinsichtlich der Gemeinnützigkeit beachtet werden. Die Streitfrage, ob eine Unternehmergesellschaft, die ja nach § 5a GmbHG jährlich 25 % ihres konsolidierten Jahresüberschusses als Gewinnrücklage verbuchen muss (was als Verstoß gegen das Thesaurierungsgebot des Gemeinnützigkeitsrechts aufgefasst werden könnte), überhaupt gemeinnützig sein kann, darf mittlerweile als geklärt angesehen werden. Die Finanzverwaltung erkennt die Gemeinnützigkeit einer Unternehmergesellschaft auch an, obwohl Mittel der gemeinnützigen Gesellschaft nicht zeitnah für steuerbegünstigte satzungsmäßige Zwecke verwendet werden, sondern als Gewinnrücklage passiviert werden. Der Vorrang des § 5a GmbHG vor dem Grundsatz der zeitnahen Verwendung der Gesellschaftsmittel sollte im Gesellschaftsvertrag allerdings festgehalten werden.

Zuletzt sei noch angemerkt, dass kommerzielle Absichten im Sinne des RDG nicht mit studentischer Rechtsberatung vereinbar sind. Anders sieht es lediglich bei studentischen Unternehmensberatungen aus, die aber keine Rechtsberatung erbringen dürfen, sondern lediglich bei konkreten Projekten allgemein beratend zur Seite stehen.

9. Anforderungen des RDG

Die selbständige Erbringung außergerichtlicher Rechtsdienstleistungen ist nur in dem Umfang zulässig, in dem sie durch das RDG oder aufgrund anderer Gesetze erlaubt ist (§ 3 RDG). Für rechtsberatende Tätigkeiten besteht also grundsätzlich ein Erlaubnisvorbehalt. Umfasst ist vom Begriff der „Rechtsdienstleistung" jede Tätigkeit in konkreten fremden Angelegenheiten, sobald sie eine rechtliche Prüfung des Einzelfalls erfordert (§ 2 Abs. 1 RDG). Allgemeine rechtliche Ratschläge ohne Ansehen des Einzelfalls, aber auch die Erstattung von Rechtsgutachten (§ 2 Abs. 3 Nr. 1 RDG) fallen damit nicht unter das RDG und sind erlaubnisfrei. Anders sieht es bei einer (Erst-)Beratung aus, bei der die konkreten Umstände des Einzelfalls geprüft und erste Lösungsmöglichkeiten aufgezeigt werden.

Die entscheidenden standesrechtlichen Vorgaben für studentische Rechtsberatung finden sich in § 6 RDG, der grundsätzlich die Erbringung von Rechtsdienstleistungen (Rechtsberatung im Einzelfall) unter der Bedingung der echten Unentgeltlichkeit auch für Nicht-Anwälte, also etwa für Studenten, freistellt. Unentgeltlichkeit ist nur dann gegeben, wenn die Rechtsberatung in keinem Zusammenhang mit entgeltlicher Tätigkeit steht. Die entgeltliche Erbringung von Unternehmensberatung einschließlich „unentgeltlicher" Rechtsberatung wäre beispielsweise insgesamt entgeltlich und würde daher gegen § 6 RDG verstoßen.

Nach § 6 Abs. 1 RDG ist die unentgeltliche Erbringung von Rechtsdienstleistungen im persönlichen Umfeld (Familie, Nachbarschaft, Freunde, engere Bekannte aus dem persönlichen und beruflichen Umfeld etc.) grundsätzlich unproblematisch. Engere Bekannte und Freunde können die Qualitäten des betreffenden Rechtsberaters am besten einschätzen und wissen, dass der Berater kein Volljurist ist. Sie können daher genau abwägen, ob sie lieber einen Rechtsanwalt oder einen nichtanwaltlichen Rechtsberater aufsuchen möchten. Die Qualität von Rechtsverkehr, Rechtspflege und Rechtsordnung (vgl. § 1 Abs. 1 Satz 2 RDG) sind damit nicht gefährdet.

Im Einzelfall kann die Abgrenzung „familiärer, nachbarschaftlicher oder ähnlich enger persönlicher Beziehungen" (§ 6 Abs. 2 Satz 1 RDG) problematisch sein, zumal familiäre und nachbarschaftliche Beziehungen im Einzelfall deutlich unterhalb einer guten Freundschaft liegen können. Der Gesetzgeber erkennt damit typisierend an, dass innerhalb von Familie und Nachbarschaft ein besonderes Vertrauensverhältnis herrscht.

„Familiäre Beziehungen" sind weit auszulegen. Sie umfassen alle Angehörigen im Sinne von § 15 AO und § 11 LPartG[65], also konkret: Verlobte, (ehemalige) Ehegatten, Verwandte und (ehemalige) Verschwägerte in gerader Linie, Geschwister, Kinder der Geschwister (Neffen und Nichten), (ehemalige) Ehegatten der Geschwister und Geschwister der (ehemaligen) Ehegatten, Geschwister der Eltern (Onkel und Tanten), (ehemalige) Pflegeeltern und Pflegekinder, (ehemalige) gleichgeschlechtliche Lebenspartner. Die Anerkennung von Verlobten als Familienmitglieder bietet eine gewisse Missbrauchsgefahr, auf die noch später einzugehen ist.

Nachbarschaftliche Beziehungen sind anzunehmen bei persönlich bekannten Nachbarn (Anlieger einer Wohnstraße), bei Bewohnern eines Mehrfamilienhauses und einer Wochenendsiedlung.[66] Eine nachbarschaftliche Beziehung setzt allerdings nicht bloß eine räumliche Nähe voraus (gemeinsame Anwohner einer Straße,

---

[65] Vgl. BT-Drs. 16/3655, S. 58.
[66] Vgl. *Sabel*, in: *Kilian/Sabel/vom Stein*, Das neue RDG, Rn. 267.

Mietparteien eines großen Mietshauses etc.), sondern zugleiche eine persönliche Beziehung[67], also eine über eine gewisse Zeit gewachsene Bekanntschaft bzw. sogar ein gewisses Vertrauensverhältnis unter den Nachbarn.

„Ähnlich enge persönliche Beziehungen" (§ 6 Abs. 2 Satz 1 RDG) gehen über den engeren Freundeskreis des Rechtsberaters hinaus und liegen auch vor bei Arbeitskollegen, Schul- oder Studienfreunden, persönlich bekannten Parteien und Vereinsmitgliedern, sowie bei Freunden und guten Bekannten[68]. Erforderlich ist jeweils eine tatsächliche zwischenmenschliche Beziehung, die allerdings nicht bereits eine längere persönliche Freundschaft voraussetzt. Ausreichend ist nach dem Wortlaut des RDG eine „persönliche Beziehung", die etwa bei Arbeitskollegen bereits dann vorliegen kann, wenn es in der Vergangenheit Kontakt per E-Mail oder Telefon gab.[69] Hierbei muss der Rechtsuchende auch nicht zwingend die Rechtskenntnisse der ihm bekannten Person abschätzen[70], was er ohnehin erst nach erfolgter Rechtsdienstleistung können wird.

Im Regelfall werden studentische Rechtsberatungen sich allerdings an einen Adressatenkreis außerhalb von § 6 Abs. 1 RDG wenden, indem sie durch einen Internetauftritt, Plakate, Flyer oder auch nur Mundpropaganda bewusst über ihr persönliches Umfeld hinaus nach außen treten und sich für Rechtsratsuchende öffnen. § 6 Abs. 1 RDG greift in allen Fällen nicht, bei denen ein Student Rechtsberatung erbringt, der seinen Mandanten nicht „in persona" kennt, auch wenn etwa gemeinsame Freunde vorhanden sind. Für § 6 Abs. 1 RDG reicht es auch nicht aus, wenn sich Rechtsberater und Rechtsuchender erst anlässlich der Rechtsdienstleistung kennen lernen.[71] Studentische Rechtsberatungen müssen sich daher besonders intensiv mit den Erfordernissen des § 6 Abs. 2 RDG auseinandersetzen, ansonsten droht die Untersagung von Rechtsdienstleistungen (§ 9 Abs. 1 RDG) durch die zuständige Behörde.

a) Fachkundige Anleitung

Nach § 6 Abs. 2 Satz 1 RDG muss eine studentische Rechtsberatung sicherstellen, dass Rechtsdienstleistungen unter Anleitung einer Person erfolgen, der die entgeltliche Erbringung dieser Rechtsdienstleistung erlaubt ist (also in der Regel ein Rechtsanwalt)[72] bzw. die eine Befähigung zum Richteramt besitzt, also Volljuristen (§ 5 DRiG) oder Universitätsprofessoren (§ 7 DRiG).[73] Die Kooperation mit einer fach-

---

[67] *Dux*, in: *Deckenbrock/Henssler*, RDG, 4. Aufl. (2015), § 6 RDG Rn. 29.
[68] Die Gesetzesbegründung erwähnt Arbeitskollegen und Vereinsmitglieder ausdrücklich (BT-Drs. 16/3655, 58).
[69] Vgl. *Dux*, in: *Deckenbrock/Henssler*, RDG, 4. Aufl. (2015), § 6 RDG Rn. 30.
[70] A.A. *Dreyer/Geißler*, in: *Dreyer/Lamm/Müller*, RDG, § 6 Rn. 27.
[71] *Dux*, in: *Deckenbrock/Henssler*, RDG, 4. Aufl. (2015), § 6 RDG Rn. 31.
[72] *Vogler*, ZJS 2013, 135 (140).
[73] *Piekenbrock*, AnwBl 2011, 848 (852).

lich qualifizierten Person ist damit unbedingt erforderlich (Volljurist, etwa Richter, Rechtsanwalt oder Hochschullehrer mit beiden Staatsexamen).[74]

Natürlich können auch vollexaminierte wissenschaftliche Mitarbeiter anleitend sein, wenngleich Rechtsanwälte durch ihre alltägliche Arbeit oftmals besser geeignet sind, Studenten auf den emotionalen Aspekt eines Beratungsgesprächs vorzubereiten,[75] während wissenschaftliche Mitarbeiter regelmäßig Erfahrungsvorteile in der didaktischen Wissensvermittlung haben.[76]

Eine solche Kooperation umfasst bei Studenten der Rechtswissenschaften, die ja bereits mit der allgemeinen Materie des Rechts vertraut sein sollten, vor allem eine Einführung und Hinführung zur praktischen Arbeit mit Mandaten und Mandanten. Unter Umständen wird bei Studenten im Grundstudium auch eine materiell-rechtliche Schulung hinsichtlich wesentlicher Fallkonstellationen erforderlich sein.[77]

Rechtsdienstleistungen, die die studentische Rechtsberatung bzw. die studentischen Rechtsberater erbringen, also auch Beratungstermine und Sprechstunden, müssen stets von einer qualifizierten Person angeleitet werden. Bei größeren Rechtsberatungen empfiehlt es sich, gleich mehrere Volljuristen bzw. Rechtsanwälte anzuwerben und im Rahmen eines Beirates den studentischen Rechtsberatern zur Seite zu stellen.[78] Die meisten Volljuristen, seien es nun Anwälte, Richter oder Professoren, engagieren sich bereitwillig für diese unterstützende Tätigkeit, nachdem man ihnen das Konzept genauer erklärt hat. Die Kooperationsvereinbarung zwischen Rechtsberatung und Volljurist sollte schriftlich festgehalten werden. Beachtung gebührt auch der Motivationen, die hinter der Mitwirkung eines Rechtsanwalts in einer studentischen Rechtsberatung steht, damit später keine Missverständnisse entstehen. Untersagt wäre für einen Rechtsanwalt etwa das „Abwerben" von Mandaten für die eigene Kanzlei (§ 43b BRAO), was auch ethisch nicht hinnehmbar wäre. Studentische Rechtsberatung versteht sich als soziales Engagement.

Mangels Rechtsprechung zu studentischer Rechtsberatung ist der Begriff der „Anleitung" aus § 6 Abs. 2 RDG noch immer unscharf. § 6 Abs. 2 Satz 2 RDG konkretisiert ihn folgendermaßen: „Anleitung erfordert eine an Umfang und Inhalt der zu erbringenden Rechtsdienstleistungen ausgerichtete Einweisung und Fortbildung sowie eine Mitwirkung bei der Erbringung der Rechtsdienstleistung, soweit dies im Einzelfall erforderlich ist." Damit gliedert sich „Anleitung" in Einweisung, Fortbildung und Mitwirkung eines Volljuristen (sofern erforderlich).

Einweisung und Fortbildung dürften im Rahmen studentischer Rechtsberatung das kleinere Problem sein, da bei Jurastudenten bereits profunde Kenntnisse des materiellen Rechts vorhanden sind und sich ein Student nach dem Grundstudium unbekannte Materien regelmäßig schnell erschließen kann. Die nach § 6 Abs. 2 Satz

---

[74] *Bücker/Woodruff*, JZ 2008, 1068; *Müller,* MDR 2008, 357 f.
[75] Vgl. *Kothe*, AnwBl. 2003, 325 (327); *Vogler*, GJLE 2014, 20.
[76] *Vogler*, GJLE 2014, 20.
[77] *Müller,* MDR 2008, 359.
[78] *Bocksrocker*, Azur 01/2014, S. 37.

2 RDG erforderliche Einweisung hängt also auch von den Vorkenntnissen der studentischen Rechtsberater ab.[79]

Allerdings stellt das juristische Studium an der Universität nicht sicher, dass Studenten die im rechtsberatenden Alltag „typischen Fallkonstellationen weitgehend selbständig rechtlich erfassen und bearbeiten können".[80] Solche Grundkenntnisse sind durch Einweisung und Fortbildung den studentischen Rechtsberatern zu vermitteln, etwa durch Einführungs- oder Fortbildungsveranstaltungen oder eine eigenständige „Einarbeitungsphase" der einzelnen studentischen Rechtsberater unter intensiver Anleitung eines Volljuristen. Die meisten studentischen Rechtsberatungen haben eine solche Einarbeitungsphase bereits institutionalisiert. Im Einzelfall können auch Rundschreiben, ein „Mitarbeiterhandbuch" oder ein „Praktischer Leitfaden" als „Einweisung" in leichte Fälle aus dem Schuldrecht ausreichen.[81]

Folgende Aspekte sollten Bestandteil der Einweisung durch einen Volljuristen sein:

- das persönliche Mandantengespräch (Wie erfasse ich den Sachverhalt richtig? Wie finde ich heraus, was der Mandant eigentlich will?)
- die juristische Recherche (Rechtsprechung, Literatur)
- Verhandlungstechniken (strategisches Denken, Möglichkeiten der Rechtsdurchsetzung, praktische Lösungsfindung, „Negotiation")
- das Abfassen von Verträgen und Vergleichen
- juristische Fallstricke und Haftungsrisiken

Neben einer allgemeinen Einweisung fordert das RDG auch eine adäquate Fortbildung, zum Beispiel durch Schulungsveranstaltungen oder andere Informationsmaßnahmen (Rundschreiben). Damit die studentischen Rechtsberater stets auf dem aktuellen Stand sind, sollte eine klare Vereinbarung darüber getroffen werden, welcher Volljurist für die zeitgerechte Fortbildung verantwortlich ist und entsprechende Maßnahmen durchführt. Darüber hinaus sollten die einzelnen Maßnahmen der Einweisung und Fortbildung auch sauber dokumentiert werden. Keine studentische Rechtsberatung ist davor gefeit, dass die entsprechenden Vorgaben des § 6 RDG eines Tages durch ein Gericht oder die zuständige Behörde i. S. d. § 9 RDG überprüft werden. Dann muss die studentische Rechtsberatung den konkreten Nachweis führen, dass sie in ihrer Organisation und in der Mandatsbearbeitung den Anforderungen des RDG gerecht geworden ist. In einem jüngsten Urteil hat hierzu das OLG Frankfurt am Main recht hohe Anforderungen gestellt.[82] Das Gericht hatte sich mit einem gemeinnützigen eingetragenen Verein zu beschäftigen, der neben der unentgeltlichen Beratung und Begleitung im Themenbereich von psychosozialem Stress auch unentgeltliche Rechtsberatung unter anwaltlicher Anleitung anbieten wollte. Verklagt wurde er von der Rechtsanwaltskammer, die der Überzeugung war, dass

---

[79] *Müller*, in: *Grunewald/Römermann*, RDG, § 6 Rn. 24.
[80] BT-Drs. 16/3655, S. 58.
[81] *Müller*, in: *Grunewald/Römermann*, RDG, § 6 Rn. 24.
[82] OLG Frankfurt, Urteil vom 28. Mai 2015 – 6 U 51/14 (juris).

die unentgeltliche Rechtsberatung des Vereins rechtswidrig sei. Der Verein selbst berief sich auf § 6 Abs. 2 RDG und versuchte dem Gericht darzulegen, wie es den Anforderungen des RDG (Einweisung, Fortbildung, Anleitung) konkret gerecht werde. Im Ergebnis hat das OLG Frankfurt am Main sämtliche Ausführungen des Vereins zu der Frage, wie die Vorgaben des § 6 Abs. 2 RDG gewahrt werden, zurückgewiesen. Das Verein konnte die einzelnen Maßnahmen der Einweisung, Fortbildung und Anleitung jeweils nicht konkret beweisen. So verwies man auf eine Reihe von Anwälten, die mit dem Verein kooperieren und dessen rechtsberatende Mitglieder anleiten. Allein dieser Verweis auf anleitende Volljuristen sei aber nicht ausreichend. Der Verein müsse darlegen können, von welchen Volljuristen die einzelnen Rechtsberater nach § 6 Abs. 2 RDG angeleitet werden und wie diese Anleitung ganz konkret im Alltag erfolgt. Dabei stellte das Gericht hinsichtlich des Erfordernisses der Anleitung fest: „Die bloße Erreichbarkeit von Anwälten kann nicht als ‚Anleitung' angesehen werden."[83]

Auch wollte das Gericht die Behauptung des Vereins nicht anerkennen, die Rechtsberatung würde stets an einen Rechtsanwalt weitergegeben, sobald dies „hinsichtlich der Prüfungskompetenz" notwendig erscheine. Einzelheiten, in welchen konkreten Fällen eine Verweisung erfolgt bzw. in der Vergangenheit erfolgt ist, konnte der rechtsberatende Verein nicht mitteilen. Das Gericht hatte eine Darstellung der Beratungsmandate unter Angabe des Beratungszeitpunkts und des Gegenstands zumindest in anonymisierter Form erwartet. Erschwerend kam noch hinzu, dass der rechtsberatende Verein hinsichtlich eines konkreten Beraters nicht nachweisen konnte, dass dieser über eine ausreichende Einweisung und Fortbildung verfügt und bei einem konkreten Beratungsfall von einem Volljuristen angeleitet worden war.

Auch hinsichtlich der Einweisung und Fortbildung stellt das Gericht konkrete Anforderungen hinsichtlich der Nachweisbarkeit auf. Bloße Teilnahmebescheinigungen oder Rechnungen für Fortbildungsveranstaltungen wollte das Gericht nicht gelten lassen, da diese nicht zweifelsfrei belegen, dass der angebliche Teilnehmer auch an der betreffenden Veranstaltung teilgenommen hat. Aus Sicht der studentischen Rechtsberatung ist es daher empfehlenswert, wenn einerseits externe Dozenten Einweisungs- und Fortbildungsveranstaltungen durchführen und die entsprechenden Teilnahmebescheinigungen ausstellen, die studentische Rechtsberatung andererseits etwa durch Fotos die Teilnahme an entsprechenden Veranstaltungen dokumentieren kann und die Teilnehmer sich zusätzlich Mitschriften zur Veranstaltung machen und Handreichungen aufheben. Aus den Teilnahmebescheinigungen sollte hervorgehen, welche konkreten Inhalte die Fortbildungsveranstaltung hatte. Wenn man die Ausführungen des OLG Frankfurt am Main weiter denkt, müsste eine studentische Rechtsberatung auch genau darlegen können, wie konkret sichergestellt wird, dass jeder studentische Rechtsberater über das für die Beratung notwendige Wissen verfügt und auf dem aktuellen Stand der Rechtsprechung gehalten wird.

---

[83] OLG Frankfurt, Urteil vom 28. Mai 2015 – 6 U 51/14 (juris), Rn. 22.

b) Fachkundige Mitwirkung

Wesentlich komplizierter erscheint das Element der „Mitwirkung bei der Erbringung der Rechtsdienstleistung, soweit dies im Einzelfall erforderlich ist". Dieses dritte Erfordernis des § 6 Abs. 2 Satz 2 RDG soll die Qualität der Rechtsberatung auch in solchen Fällen sicherstellen, in denen „Einweisung" und „Fortbildung" nicht ausreichen, also in besonders komplexen oder heiklen Fällen. Reicht das Fachwissen der studentischen Rechtsberater nicht aus, muss eine juristisch qualifizierte Person zur Verfügung stehen, um auch eine Anleitung im Einzelfall geben zu können.[84]

„Anleitung im Einzelfall" darf nicht mit ständiger Begleitung oder einer engmaschigen ständigen Kontrolle verwechselt werden.[85] Der Gesetzgeber hat bewusst[86] – anders als in der Stellungnahme des Bundesrates vorgeschlagen[87] – den Begriff der Anleitung und nicht der Aufsicht oder Kontrolle gewählt. Er wollte die Anforderungen an die Anleitung bewusst niedrig halten.[88] In einer studentischen Rechtsberatung sollen gerade Studenten die Hauptarbeit übernehmen. Müsste sich in jedem Einzelfall ein Rechtsanwalt noch einmal in den Sachverhalt einarbeiten und sämtliche Arbeitsergebnisse kontrollieren, wäre ein Anwalt wohl nicht für eine Kooperation zu gewinnen. Außerdem würde sie keinen Sinn mehr machen: Wenn Rechtsanwälte bei studentischer Rechtsberatung die Hauptarbeit leisten, könnte das Mandat besser gleich von einem Anwalt übernommen werden. Mit der Novelle des RDG wollte der Gesetzgeber aber gerade ehrenamtliches Engagement erleichtern bzw. ermöglichen. Erforderlich ist deshalb in erster Linie, dass ein Rechtsanwalt nach Absprache für Einzelfragen zur Verfügung steht.[89]

Nach § 6 Abs. 2 Satz 2 RDG ist damit nicht erforderlich, dass jede Mail und jedes Dokument, die eine studentische Rechtsberatung verlassen, durch die Hände eines Volljuristen bzw. Rechtsanwalts gehen müssen. Eine solche Kontrolle kann in einigen Fällen sinnvoll sein, in anderen Fällen aber auch schlicht überflüssig. Der studentische Rechtsberater muss in der Lage sein zu entscheiden, ob er noch einmal den Rat des anleitenden Volljuristen einholen möchte bzw. sogar muss. Insofern ist es bei der anwaltlichen Anleitung wesentlich, dass sie die Berater dafür sensibilisiert, wann sie an die Grenzen ihrer Kompetenzen kommen und entsprechend eine juristisch qualifizierte Person einschalten müssen.[90]

§ 6 Abs. 2 Satz 2 RDG verfolgt gerade nicht das Ziel, auf dem Gebiet der studentischen Rechtsberatung quasi-anwaltliche Qualität und Rechtssicherheit herzustellen. Dies wäre praktisch auch gar nicht möglich. Vielmehr wird durch § 6 RDG ein Ausgleich geschaffen zwischen einer möglichst hohen Qualität unentgeltlicher

---

[84] BT-Drs. 16/3655, S. 58.
[85] Vgl. *Dux*, in: *Deckenbrock/Henssler*, RDG, 4. Aufl. (2015), § 6 RDG Rn. 42.
[86] Vgl. BT-Drs. 16/3655, S. 118.
[87] BT-Drs. 16/3655, S. 103.
[88] *Henssler/Deckenbrock*, DB 2008, 41 (45).
[89] Vgl. *Weth*, in: *Henssler/Prütting*, BRAO, 3. Aufl., § 6 RDG Rn. 17.
[90] Vgl. *Dux*, in: *Deckenbrock/Henssler*, RDG, 4. Aufl. (2015), § 6 RDG Rn. 43.

9. Anforderungen des RDG

Rechtsberatung und der Erlaubnis solcher Rechtsberatung unter bestimmten Voraussetzungen. Studentische Rechtsberatung kann niemals die Professionalität und Rechtssicherheit eines anwaltlichen Rechtsrats ersetzen. Damit der studentische Rechtsberater in besonders heiklen und haftungsintensiven Fällen allerdings die Möglichkeit der Rückabsicherung hat, besteht die Pflicht der anwaltlichen Anleitung nach § 6 Abs. 2 RDG. Wann und in welchem Umfang der studentische Rechtsberater davon Gebrauch macht, muss er selbst entscheiden. Es wird sich vermutlich kein Volljurist finden, der ihm diese Pflicht dadurch abnimmt, dass er sämtliche Arbeitsentwürfe noch einmal durcharbeitet und gegenliest. Dies wäre auch unter dem Gesichtspunkt der Arbeitsteilung ineffizient. Die studentische Rechtsberatung muss also selbst entscheiden, wann der Rat eines Volljurist zwingend einzuholen ist. § 6 RDG schützt nämlich im Falle einer Falschberatung nicht von der Haftung der studentischen Rechtsberater.

Durch die Einführung des § 6 RDG wollte der Gesetzgeber die Erteilung von unentgeltlicher Rechtsberatung vereinfachen – allerdings ohne die Qualität des Rechtsmarktes zu schädigen. Dass in jedem Falle der Rat eines Volljuristen einzuholen ist, kann daher genauso wenig das Ziel des Gesetzgebers gewesen sein wie das Gegenteil.[91] Im Einzelfall ist sorgfältig zu prüfen, ob nicht doch ein Volljurist zu kontaktieren ist – etwa bei einem Fall mit prozessualem Bezug, von größerem Umfang (Streitwert ab 500 oder 1000 EUR) oder aber in einem juristischen Spezialgebiet. Die Mindestanforderung der „Anleitung" ist in jedem Falle, dass überhaupt Volljuristen der studentischen Rechtsberatung zur Verfügung stehen. Ein solches Kooperationsverhältnis sollte in Form eines Beirats etabliert sein, der ggf. auch regelmäßig stichprobenartige Kontrollen vornimmt und der Rechtsberatung eine Rückmeldung gibt.[92] Sollte sich dabei etwa herausstellen, dass die studentische Rechtsberatung zu selten Rücksprache mit den anleitenden Volljuristen nimmt, sollten letztere darauf hinwirken, vermehrt Fälle zu Gesicht zu bekommen. So kann sich zwischen Rechtsberatern und anleitenden Volljuristen ein gesundes Verhältnis entwickeln, bei dem Vertrauen und Supervision keine konträr zueinander stehenden Pole des Miteinanders sind. Hierbei sei freilich angemerkt, dass eine solche formalisierte Überwachung und Kontrolle (etwa stichprobenartige Kontrollen) vor dem Hintergrund des § 6 Abs. 2 RDG nicht erforderlich ist.[93] Gleichwohl kann sie im Einzelfall sinnvoll sein.

In größeren Organisationen kann auch ein Multiplikatorensystem ausreichen:[94] Volljuristen schulen studentische Rechtsberater, die ihr Wissen und ihre Erfahrung dann an weitere studentische Rechtsberater weitergeben. Dies kann innerhalb einer einzelnen studentischen Rechtsberatung erfolgen oder auch von einer zentralen Einrichtung (Dachverband) aus in Richtung mehrerer studentischer Rechtsberatungen. Mit einem Multiplikatorensystem wird vermieden, dass sich der anleitende Volljurist stets mit denselben Standardfragen beschäftigen muss. Wird ein erfahre-

---

[91] Vgl. BT-Drs. 16/3655, S. 118 entgegen der Stellungnahme des Bundesrates (ebd., S. 103).
[92] *Schmidt*, in: *Krenzler*, RDG, § 6 Rn. 34; *Müller*, in: *Grunewald/Römermann*, RDG, § 6 Rn. 26.
[93] Vgl. *Dux*, in: *Deckenbrock/Henssler*, RDG, 4. Aufl. (2015), § 6 RDG Rn. 43.
[94] BT-Drs. 16/3655, S. 58.

ner studentischer Rechtsberater „vorgeschaltet", kann juristisches Know-how in der studentischen Rechtsberatung gesammelt werden. Dann landen nur Detailfragen beim anleitenden Volljuristen. Auch beim Multiplikatorensystem muss aber sichergestellt sein, dass das umfassende juristische Wissen des anleitenden Volljuristen zur Verfügung steht.[95]

c) Wettbewerbswidriges Verhalten des anleitenden Volljuristen

Ganz besondere Vorsicht ist bei Anwälten geboten, die erkennbar versuchen den eigentlichen Sinn der studentischen Rechtsberatung – nämlich Bedürftigen zu helfen – zu umgehen. Nicht selten kommt es vor, dass Anwälte sich insgeheim kundschaftlichen Zuwachs durch das Engagement in der studentischen Rechtsberatung erhoffen. Die Hoffnung neue Mandanten über eine studentische Rechtsberatungsstelle akquirieren ist nicht nur aus standesrechtlichen Gesichtspunkten verwerflich (§ 43b BRAO), sondern kann auch Probleme wettbewerbsrechtlicher Natur mit sich bringen. Ähnlich verhält es sich mit sogenannten Prozessfinanzierern. Dabei handelt es sich um einen recht neues Anwaltsmodell, das es in Deutschland erst seit ungefähr 20 Jahren gibt und seinen Ursprung in den USA findet. Die Prozessfinanzierer bieten ihren Klienten an, dass sie den Prozess auf eigene Rechnung betreiben und dafür dann prozentual an dem Streitergebnis beteiligt werden (in der Regel zwischen 3–10 %). Mit der Zeit wird sich aber auch für diese „Berufsgruppen" herausstellen, dass studentische Rechtsberatungsstellen doch recht selten betuchte Mandanten anziehen. Bei der Auswahl der Rechtsanwälte sollte man genau überlegen, wen man sich ins Haus holt, da dies mitunter auch Streit mit der Rechtsanwaltskammer bedeuten kann und im Großen und Ganzen negativ auf die studentische Rechtsberatung zurückfallen kann.

d) Tätigkeitsbereiche der Rechtsberatung

Die studentische Rechtsberatung sollte sich wegen der im Einzelfall erforderliche Anleitung auch Gedanken darüber machen, ob sie überhaupt jedes Mandat übernehmen kann und will. Mandate aus dem Strafrecht scheiden aufgrund der hohen prozessualen Verknüpfungen in der Regel von vornherein aus.[96] Ähnlich sieht es auch mit dem Ordnungsrecht aus. Rechtlich ist die Rechtsberatung in strafrechtlichen und strafprozessualen Fragen allerdings überhaupt kein Problem. Auch die strafrechtliche Beratung unterliegt dem System des RDG und ist daher keine Sondermaterie. Allerdings kann der studentische Rechtsberater kaum prozessuale bzw. vorprozessuale Schritte unternehmen. Er kann sich nicht auf das Zeugnisver-

---

[95] BT-Drs. 16/3655, S. 59.
[96] *Horn*, JA 2013, 644 (645).

9. Anforderungen des RDG

weigerungsrecht aus §§ 52, 53 StPO – auch nicht analog[97] – berufen, kann keine Akteneinsicht vornehmen, kann in der Regel auch nicht prozessual vertreten und sieht sich weiteren Schwierigkeiten und Einschränkungen im Zuge der Beratung ausgesetzt. Trotzdem gibt es bereits Rechtsberatungsstellen, die unter anderem auch im Strafrecht beraten. Kritiker mögen einwenden, dass die Beratung nur in Grundzügen erfolgen und das Ganze über eine Erstberatung nicht hinausgehen kann. Dem ist aber entgegenzuhalten, dass zumindest eine grobe Einschätzung gegeben werden kann, durch die der Mandant erfährt, welche ersten Schritte zu unternehmen sind und ob es sich lohnt, einen Rechtsanwalt aufzusuchen. Eine grobe Auskunft, wie sich ein laufendes Verfahren entwickeln könnte, sollte das maximal Mögliche sein. Natürlich kann man das Ganze auch einer isolierten juristischen Bewertung unterziehen, sofern auch zivilrechtliche Aspekte gegeben sind. Grundsätzlich sollte man aber vorsichtig sein.

Auch Mandate mit starkem prozessualem Bezug etwa im Zivil-, Arbeits-, Familien- und Erbrecht können meist nicht vernünftig bzw. nicht vollumfänglich bearbeitet werden. Hier sollten studentische Rechtsberatungen gleich auf die Möglichkeit von Beratungs- sowie Prozesskostenhilfe verweisen und nur in eingeschränktem Umfang beraten. Der Anwaltszwang in Ehe- und Familiensachen sowie die engen Voraussetzungen der Prozessbeistandschaft nach § 90 ZPO machen die Übernahme von Fällen mit prozessualem Einschlag ohnehin kaum möglich. Zwar gibt es spannende Berichte von Studenten, die in den USA – im Zuge ihres Engagements in der Legal Clinic – Strafgefangene aus der Todeszelle frei gekämpft haben. So etwas wäre in Deutschland noch nicht möglich. In einem solchen Verfahren sollte nämlich in jedem Falle ein Volljurist unmittelbar zugegen sein und den studentischen Rechtsberater begleiten. Wer prozessuale Erfahrungen machen möchte, sollte hierfür eher das Anwaltspraktikum oder einen „Moot Court" nutzen.[98] Spätestens im Referendariat wird der angehende Jurist mit dem Verfahrensrecht genügend vertraut gemacht.

Fälle mit prozessualem Einschlag sollten im Einzelfall dennoch angenommen werden, wenn ein gerichtliches Verfahren für den Mandanten von vornherein ausscheidet und er sich nicht vom „Weg zum Anwalt" überzeugen lässt. In solchen Fällen zeigt sich der Vorteil studentischer Rechtsberatung: Sie senkt die Hemmschwelle, eigene Rechte wahrzunehmen und durchzusetzen. So kommen Bürger, die eigentlich nicht zum Rechtsanwalt gegangen wären, mitunter doch noch zu ihrem Recht. Interessant und lehrreich ist etwa das strategische Intervenieren, was meist in einen Briefwechsel mit der Gegenseite, der Darlegung der Rechtslage oder den Versuch, sein Gegenüber zur Einsicht zu bewegen, mündet.

Artverwandt, aber trotzdem völlig anders, sind Streitschlichtungsverfahren (Mediationsverfahren), die von studentischen Rechtsberatern auch ohne anwaltliche Anleitung betrieben werden können, da diese keine Rechtsdienstleistung i. S. d.

---

[97] Vgl. BVerfG, Beschluss vom 19.01.1979 – 2 BvR 995/78, NJW 1979, 1286; BVerfG, Beschluss vom 15.01.1975 – 2 BvR 65/74, NJW 1975, 588; BVerfG, Beschluss vom 19.07.1972 – 2 BvL 7/71, NJW 1972, 2214.

[98] *Hannemann/Dietlein*, JuS 12/2012, S. L – LIV.

RDG darstellen (§ 2 Abs. 3 Nr. 2, 4 RDG). Hier geht es darum, dass bei einer Streitigkeit der Versuch unternommen wird, zwischen zwei Parteien derart zu vermitteln, dass diese in einem Kompromiss zu einer Übereinkunft kommen, die beiden Seiten zuträglich ist. Abzugrenzen von Mediationsverfahren sind schließlich noch die Arbitrationsverfahren (Schiedsverfahren), die allerdings im Rahmen studentischer Rechtsberatung bisher nicht erprobt wurden, aber durchaus möglich sind. Da hier jedoch in den meisten Fällen komplexe Regeln wie das internationale Wirtschaftsrecht (z. B. CISG) anzuwenden sind, scheiden auch solche Verfahren in der Regel aus.

Um dem Erfordernis anwaltlicher Anleitung im Einzelfall genügen zu können, empfiehlt es sich, Mandate ausschließlich schriftlich bzw. via E-Mail entgegenzunehmen und zu bearbeiten. Bei Sprechstunden und mündlichen Auskünften dürfte nämlich nur dann Rechtsrat erteilt werden, wenn ein Rechtsanwalt auch zur Verfügung steht, also entweder in persona oder zumindest telefonisch. Kann der studentische Rechtsberater bei einem Gespräch nicht auf einen Rechtsanwalt zurückgreifen und sollte dies erforderlich sein, wird das Erfordernis des § 6 Abs. 2 RDG verletzt.

Anders sieht dies bei rein informativen Treffen aus, die nicht in einen Rechtsrat münden und allein dazu dienen, den Sachverhalt korrekt festzuhalten, Dokumente zu sichten und weitere Schritte und Termine zu vereinbaren. Ferner empfiehlt es sich, dass die studentische Rechtsberatung bereits auf ihrer Homepage die Konditionen und den Umfang der Rechtsberatung angibt, d. h. die konkreten Themenfelder, die bearbeitet werden können und ggf. auch jene, die grundsätzlich nicht bearbeitet werden. Abschließend ist eine Streitwertobergrenze zwischen 750–1200 EUR zu empfehlen. Manche Rechtsberatungsstelle macht die Streitwertobergrenze innerhalb dieses eigentlich generell gültigen Bereichs vom Fall abhängig. So ist „Student-Law.de" durchaus gewillt, sofern es der Fall erfordert, die Streitwertgrenze nach oben hin zu verschieben, was durchaus sinnvoll ist. Man sollte sich eine gewisse Flexibilität erhalten.

e) Die Tätigkeit des anleitenden Volljuristen

Dem anleitenden Volljuristen – sei es nun ein Rechtsanwalt, Hochschullehrer, Richter oder ein Jurist im Ruhestand – wird sich noch vor Eingehung eines Kooperationsverhältnisses die Frage stellen, wie denn die Haftung geregelt sei. Schließlich können in einer studentischen Rechtsberatung bei komplexen Materien schnell Fehler passieren, für die entweder die studentische Rechtsberatung selbst oder der anleitende Volljurist belangt wird. Neben der Haftungsfrage wird der Rechtsanwalt klären müssen, ob es Kollisionen mit dem anwaltlichen Standesrecht geben könnte, die er besonders vermeiden wird, um seine Zulassung als Rechtsanwalt nicht zu gefährden.

aa) Die Haftung des anleitenden Volljuristen
In der Regel werden für die Besetzung eines fachkundigen Beirats einer studentischen Rechtsberatung Rechtsanwälte aus kleinen bis mittelgroßen Praxen in Frage

kommen. Für diese wird sich vor Beginn einer Kooperation recht schnell die Frage stellen, welche Pflichten sie mit der anwaltlichen Anleitung übernehmen und welche Haftungsrisiken sie eingehen.

Da der Rechtsanwalt nur anleitend und begleitend tätig wird, wird er nicht in unmittelbaren Kontakt mit Mandanten kommen. Im Falle eines Beratungsfehlers werden Mandanten daher in erster Linie die studentische Rechtsberatung belangen, zumal sie gar nicht genau wissen, welcher Rechtsanwalt im konkreten Falle konsultiert worden ist. Im Übrigen besteht ein Mandatsverhältnis ausschließlich zwischen der studentischen Rechtsberatung und dem Mandanten. Der anleitende Volljurist ist im Hintergrund (bestenfalls) als Erfüllungsgehilfe der studentischen Rechtsberatung tätig und nicht als Vertragspartner des Mandanten. Ein unmittelbarer Haftungsanspruch gegen den anleitenden Rechtsanwalt bzw. Volljuristen würde einen zumindest konkludent geschlossenen Dienst- bzw. Anwaltsvertrag voraussetzen, der nicht zustande kommt, weil ein Kontakt zwischen Mandant und Anwalt gar nicht besteht.[99]

Auch eine Eigenhaftung nach § 280 Abs. 1 i. V. m. § 311 Abs. 2, 3, § 241 Abs. 2 BGB scheidet regelmäßig aus, da mangels direkten Kontakts keine besondere persönliche Vertrauensstellung des anleitenden Volljuristen angenommen werden kann.[100] Nach § 311 Abs. 3 BGB wäre für eine Eigenhaftung Dritter erforderlich, dass der Dritte in besonderem Maße Vertrauen für sich in Anspruch nimmt und dadurch die Vertragsverhandlungen oder den Vertragsschluss (mit der studentischen Rechtsberatung) erheblich beeinflusst. Dies ist normalerweise nicht der Fall. Auch eine rechtsgeschäftsähnliche Haftung, eine Haftung aus einem Vertrag mit Schutzwirkung zugunsten Dritter (mangelnde Leistungsnähe) sowie Haftung aus *culpa in contrahendo* scheiden aus.

In Frage kommt gleichwohl eine deliktische Haftung aus § 823 Abs. 2 BGB i. V. m. § 6 Abs. 2 RDG. Da das RDG ein Schutzgesetz zugunsten von Rechtsratsuchenden darstellt[101], haftet der anleitende Volljurist dem Rechtsratsuchenden für alle Schäden, die aus seiner mangelhaften Anleitung und Mitwirkung resultieren. Unzweifelhaft ist dies der Fall, wenn der Rechtsrat, die Empfehlung oder die Korrektur des anleitenden Rechtsanwalts gegenüber der studentischen Rechtsberatung bzw. dem betreuten studentischen Rechtsberater fehlerhaft war. Im konkreten Fall wird dies zu der Frage führen, welche Beratungsfehler dem anleitenden Volljuristen bzw. dem beratenden Studenten zuzurechnen sind. Der Volljurist haftet nämlich nicht für Fehler des rechtlichen Laien, sondern nur für eigene Fehler.[102] Damit ist

---

[99] Zur Anwaltshaftung vgl. *Borgmann/Jungk/Grams*, Anwaltshaftung, 4. Aufl., 2005; *Zugehör/Fischer/Sieg/Schlee*, Handbuch der Anwaltshaftung, 2. Aufl., 2006; *Roman/Adam*, VersR 2010, 44.

[100] *Wreesmann/Schmidt-Kessel*, Unentgeltliche Rechtsberatung durch Laien nach dem RDG, NJOZ 2008, 4061 (4070); *Emmerich*, in: MüKo BGB, § 311 Rn. 205; *Löwisch*, in: *Staudinger*, BGB, § 311 Rn. 151.

[101] Vgl. *Wreesmann/Schmidt-Kessel*, NJOZ 2008, 4061 (4071); für das alte RBerG: BGHZ 15, 315 (317); BGH, NJW 1967, 1558 (1559); BVerwG, NJW 1977, 2178; OLG Hamm, NJW-RR 1994, 1139; OLG Nürnberg, NJOZ 2005, 2851; *Weth*, in: *Henssler/Prütting*, BRAO, 3. Aufl., RDG Einl. Rn. 7.

[102] Vgl. *Wreesmann/Schmidt-Kessel*, NJOZ 2008, 4061 (4071).

der Volljurist weder eine zweite haftende Person noch Gesamtschuldner für Beratungsfehler des Mandanten. Die Pflichten und die damit einhergehende Haftung des anleitenden Volljuristen sind in § 6 Abs. 2 RDG bewusst gering ausgestaltet worden, um das ehrenamtliche Engagement von Volljuristen im Rahmen von Pro Bono Rechtsberatung überhaupt zu ermöglichen.

Im Einzelfall ist eine Haftung des anleitenden Volljuristen anzunehmen, wenn er auf Anfrage eines von ihm betreuten studentischen Rechtsberaters eine Mail, einen Vertrag oder ein anderes Dokument gegenliest, korrigiert und hierdurch einen für den Mandanten nachteiligen Rechtsrat „absegnet". Bei seiner Anleitung und Mitwirkung hat der Volljurist als Rechtsanwalt nämlich seine berufsrechtlichen Sorgfaltspflichten zu beachten. Er muss dem Mandanten den besten und sichersten Weg vorschlagen, um seine Interessen durchzusetzen. Weicht dieser Lösungsansatz vom Rechtsrat ab, den der studentische Rechtsberater seinem Mandanten erteilen möchte, muss der anleitende Volljurist darauf deutlich hinweisen und ihm klarmachen, dass der studentische Rechtsberater mit dem eigenen Rechtsrat einen Beratungsfehler begeht. Die Haftung des Volljuristen erstreckt sich jeweils nur auf die Tätigkeiten, die er selbst vornimmt (Korrekturlesen einer Mail, Überprüfung von anderen Dokumenten), und nicht auf solche Tätigkeiten, die der studentische Rechtsberater unterlässt. Erfasst der studentische Rechtsberater etwa den Sachverhalt des Mandanten falsch oder unvollständig, trifft den anleitenden Rechtsanwalt keine Haftung, es sei denn, ihm tun sich bei der Lektüre von Dokumenten und Mails deutliche Zweifel auf, ob der Sachverhalt richtig und vollständig aufgenommen wurde.

In die Haftung des § 823 Abs. 2 BGB i. V. m. § 6 Abs. 2 RDG kommt der anleitende Volljurist im Übrigen auch, wenn ihm Fehler bei der Einweisung und Fortbildung der studentischen Rechtsberater unterlaufen. Dies ist zum Beispiel der Fall, wenn er bei der Einweisung unzutreffende praktische Tipps oder falsche bzw. zu riskante Lösungsansätze vorstellt. Ist mit dem Volljurist vereinbart, dass er die studentischen Rechtsberater regelmäßig über wichtige Neuerungen von Recht und Rechtsprechung auf dem Laufenden hält und unterlässt er dies, kann ihn auch hier eine deliktische Haftung treffen.

Im Allgemeinen ist das Haftungsrisiko des anleitenden Volljuristen allerdings gering. Haftung trifft ihn nicht für Beratungsfehler der studentischen Rechtsberatung, sondern nur für eigene Fehler bei der Mitwirkung an Mandaten auf Anfrage der studentischen Rechtsberatung. Der Volljurist sollte mit der studentischen Rechtsberatung im Einzelnen klären, welche Tätigkeiten (Einweisung, Fortbildung, Anleitung, Mitwirkung) er erbringen und verantworten kann. Außerdem ist es für Rechtsanwälte ratsam, mit der eigenen Haftpflichtversicherung abzuklären, inwiefern der Versicherungsschutz auch für ehrenamtliches Engagement im Rahmen studentischer Rechtsberatung greift.

bb) „Pro-Bono-Verbot" für Anwälte
Unter anwaltlicher Pro-Bono-Beratung versteht man eine rechtliche Beratung, die vollumfänglich, aber trotzdem kostenlos für den Mandanten erfolgt.[103] Im Gegen-

---
[103] *Westenberger*, in: *Göcken/Remmers/Vorwerk*, FS Scharf, 2008, S. 173.

satz zu anderen Ländern, insbesondere den USA und Großbritannien, ist Pro-Bono-Beratung durch Rechtsanwälte in Deutschland verboten. Anwälte haben das Verbot der Gebührenunterschreitung nach § 49b Abs. 1 BRAO zu beachten: „Es ist unzulässig, geringere Gebühren und Auslagen zu vereinbaren oder zu fordern, als das Rechtsanwaltsvergütungsgesetz vorsieht, soweit dieses nichts anderes bestimmt. Im Einzelfall darf der Rechtsanwalt besonderen Umständen in der Person des Auftraggebers, insbesondere dessen Bedürftigkeit, Rechnung tragen durch Ermäßigung oder Erlass von Gebühren oder Auslagen nach Erledigung des Auftrags." Grundsätzlich hat ein Rechtsanwalt jedes Mandat mindestens nach RVG abzurechnen und darf von der Erhebung von Gebühren nur aufgrund besonderer Umstände nach Erledigung des Auftrages absehen. Eine Werbung mit „kostenloser Rechtsberatung" würde mithin gegen § 49b Abs. 1 BRAO verstoßen und zugleich einen Wettbewerbsverstoß darstellen (§§ 3, 4 Nr. 11 UWG), der eine Unterlassungsklage nach sich ziehen könnte (§ 8 UWG).

Zwischen unentgeltlicher anwaltlicher Rechtsberatung und der Betreuung einer studentischen Rechtsberatung durch einen Anwalt bestehen Überschneidungen. Bei Anleitung von studentischen Rechtsberatern wird der Rechtsanwalt zwar nicht unmittelbar und selbständig rechtsberatend tätig, aber doch mittelbar. In der Literatur wird einer unentgeltlichen anwaltlichen Tätigkeit (im Rahmen studentischer Rechtsberatungen) daher das Verbot der Gebührenunterschreitung (§ 49b Abs. 1 BRAO) vorgehalten.[104] Zwar ist grundsätzlich seit der Änderung des § 6 RDG die unentgeltliche Rechtsberatung (unter Aufsicht) für jedermann möglich, allerdings sind Anwälte nicht „jedermann" i. S. d. RDG.[105] Für sie greift vielmehr das anwaltliche Berufsrecht, das eine Pro-Bono-Beratung ausschließt lässt.[106]

Dies lässt sich im direkten Vergleich mit den USA, wo Pro-Bono-Beratung von Anwälten eine lange Tradition hat, erklären: Anders als in Deutschland, wo es einen Anspruch auf Prozesskosten- und Beratungskostenbeihilfe gibt, existieren in den USA entsprechende Unterstützungs- und Sicherungsmechanismen nicht, weswegen die unentgeltliche Rechtsberatung eine wichtige Rolle spielt und sogar durch sog. *Clearinghouses* (eine Art Vermittlungsstelle) gefördert wird, die Rechtssuchende und unentgeltlich beratende Anwälte zusammen bringen.

Auch wenn sich der Gedanke unentgeltlicher Rechtsberatung auch in Deutschland immer größerer Beliebtheit zu erfreuen scheint[107], ist der Honorarverzicht rechtlich nicht unproblematisch. Durch studentische Rechtsberatungen kommt es auf dem Markt zu Verzerrungen, die Rechtsanwaltspraxen mit wenigen und finanziell minder bemittelten Mandanten benachteiligen können. Es besteht die Gefahr des „Lohndumpings" bzw. eines Preiskampfes, im Rahmen dessen sich Anwälte immer

---

[104] *Kilian*, in: *Henssler/Prütting*, BRAO, 3. Aufl., § 49b Rn. 31; v. *Seltmann*, in: *Gaier/Wolf/Göcken*, Anwaltliches Berufsrecht, § 49b Rn. 22; *Müller*, in: *Grunewald/Römermann*, RDG, § 6 Rn. 31; *Schmidt*, in: *Krenzler*, RDG, § 6 Rn. 42; *Unseld/Degen*, RDG, § 6 Rn. 2.
[105] *Dux*, AnwBl. 2011, 90 (93).
[106] Ebd.
[107] Laut Berufsbarometer 2011 des Soldan Institutes für Anwaltsmanagement verzichten zwei Drittel der Anwälte für eine Pro-Bono-Leistung im Schnitt neun mal im Jahr auf das Honorar.

weiter unterhalb des RVG unterbieten würden.[108] Dies würde letztlich auch zulasten der Qualität der erbrachten Rechtsberatung gehen.

Der Wortlaut des § 49b Abs. 1 Satz 1 BRAO aus dem Jahre 1994 ist allerdings teleologisch für den Bereich anwaltlicher Pro-Bono-Beratung zu reduzieren.[109] Bei klar vereinbarter unentgeltlicher Tätigkeit eines Rechtsanwaltes steht die Gefahr eines Preiskampfes gar nicht im Raum. Dass unentgeltliche anwaltliche Tätigkeit im sozialen Bereich grundsätzlich auch zulässig sein sollte, belegt § 49b Abs. 1 Satz 2 BRAO. Solange Rechtsanwälte ihre unentgeltliche Tätigkeit auf soziale Projekte beschränken und studentische Rechtsberatung nicht zur gleichwertigen Konkurrenz zur Rechtsberatung durch die Anwaltschaft wird, darf angenommen werden, dass es nicht zu einem Preiskampf kommt. Dies wäre auch nur dann denkbar, wenn Anwälte nach unten hin vom RVG abweichen, allerdings noch immer Gebühren verlangen. Ferner sind die im Zuge einer studentischen Rechtsberatung übernommenen Mandate für einen Anwalt aufgrund zumeist geringer Streitwerte auch im materiellen Sinne gar nicht interessant.

Wichtig ist auch die Einschränkung, die § 4 Abs. 1 RVG vorsieht. In außergerichtlichen Angelegenheiten kann der Rechtsanwalt nämlich vom Verbot der Gebührenunterschreitung abweichen. Insbesondere in Fällen, in denen die Voraussetzungen für die Bewilligung von Beratungshilfe vorliegen, kann der Anwalt gänzlich von Gebühren absehen (§ 4 Abs. 1 Satz 3 RVG). Zusätzlich gelten nach § 34 RVG für außergerichtliche Beratung, Begutachtung und Mediation überhaupt keine gesetzlichen Gebühren mehr. Bei einer außergerichtlichen Erstberatung eines nichtvermögenden Mandanten stellen sich berufsrechtliche Probleme also erst gar nicht.

Wesentlich komplexer erscheint die Frage, wie es sich auswirkt, wenn ein Anwalt einen Fall einer von ihm angeleiteten studentischen Rechtsberatung „zu Ende" führen bzw. übernehmen möchte. Ein solches Interesse kann verschiedenen Motivationen entspringen: Die studentische Rechtsberatung kann den Fall nicht weiter bearbeiten, weil er zu komplex oder zu umfassend ist oder aber weil er in eine gerichtliche Phase eingetreten ist. In diesem Falle würde die studentische Rechtsberatung dem Mandanten ankündigen, das Mandat nicht fortführen zu können und ggf. auf einen Rechtsanwalt verweisen. Die Empfehlung eines Rechtsanwalts aus dem eigenen anwaltlichen Beirat, der die Anleitung der studentischen Rechtsberatung übernimmt, ist zulässig. Die für die studentische Rechtsberatung tätigen Anwälte hingegen dürfen nicht für sich in der Absicht werben, das Mandat zu übernehmen. Nach § 43b BRAO darf ein Rechtsanwalt zwar insofern werben, als dass er über seine berufliche Tätigkeit in Form und Inhalt sachlich unterrichtet. Werbung

---

[108] Vgl. Gesetzesbegründung BR-Drucks. 93/93, S. 134; BGH, Urteil vom 1. Juni 2006 – I ZR 268/03, NJW 2006, 3569, Rn. 11(Gebührenvereinbarung II).

[109] *Dux*, AnwBl. 2011, 93 f.; *dies.*, in: *Deckenbrock/Henssler*, RDG, 4. Aufl. (2015), § 6 RDG Rn. 68; *Müller*, in: *Grunewald/Römermann*, RDG, § 6 Rn. 31; *Singer*, AnwBl. 2009, 393; *Schmidt*, in: *Krenzler*, RDG, § 6 Rn. 44; vgl. bereits BGH, Beschluss vom 12.05.1975 – AnwZ (B) 2/75, NJW 1975, 1559, wonach der BGH den Beschluss einer Rechtsanwaltskammer nicht beanstandet hatte, in dem bestimmt wird, dass die in der Kammer zusammengeschlossenen Rechtsanwälte auf begrenzte Zeit bis zu anderweitiger gesetzlicher Regelung auf freiwilliger Grundlage nach näherer Maßgabe kostenlose außergerichtliche Rechtshilfe für Minderbemittelte leisten.

darf allerdings nicht auf die Erteilung eines Auftrages im Einzelfall gerichtet sein. Gegen dieses Verbot würde ein Rechtsanwalt verstoßen, der im Einzelfall anbietet, ein bereits laufendes Mandat fortzuführen. Anders ist die Sachlage, wenn die studentische Rechtsberatung einen Rechtsanwalt anfragt oder weiterempfiehlt.

cc) Möglichkeiten des § 8 RDG

Eine weitere Öffnungsmöglichkeit für studentische Rechtsberatung findet sich in § 8 RDG. Nach § 8 Abs. 1 Nr. 2 sind Rechtsdienstleistungen erlaubt, die eine juristische Person des öffentlichen Rechts im Rahmen ihres Aufgaben- und Zuständigkeitsbereichs erbringt. Hier könnte zumindest für studentische Rechtsberatungen, die einer Universität angegliedert sind, eine Handhabe zur Erbringung von studentischer Rechtsberatung als Teil von Forschung und Lehre liegen.[110]

Einschlägig ist § 8 Abs. 1 Nr. 2 RDG für alle juristischen Personen des öffentlichen Rechts, also Körperschaften, Anstalten und Stiftungen des öffentlichen Rechts. Neben Gemeinden, Gemeindeverbänden stellen auch Universitäten und Studierendenschaften, soweit sie errichtet sind, solche Körperschafen des öffentlichen Rechts dar. In Nordrhein-Westfalen etwa ist die Studierendenschaft als rechtsfähige Gliedkörperschaft der jeweiligen Hochschule errichtet (§ 53 Abs. 1 HG NRW). Es stellt sich allerdings die Frage, ob sich studentische Rechtsberatung an Hochschulen unmittelbar unter § 8 Abs. 1 Nr. 2 RDG subsumieren lässt. In erster Linie ist zu klären, ob studentische Rechtsberatung an Hochschulen noch zum Aufgaben- und Zuständigkeitsbereich einer Universität gehört, in zweiter Linie, wie Universität und studentische Rechtsberatung in diesem Falle verknüpft sein müssten.

Was zu den Aufgaben und Zuständigkeiten einer Hochschule gehört, ergibt sich regelmäßig aus dem Hochschulgesetz des jeweiligen Landes sowie der Satzung der jeweiligen Hochschule. Nach § 3 HG NRW sind dies etwa für Universitäten und weitere Hochschulformen die Gewinnung wissenschaftlicher Erkenntnisse, die Pflege und Entwicklung der Wissenschaften (Forschung und Lehre), die Vorbereitung auf berufliche Tätigkeiten, die wissenschaftliche Weiterbildung und Mitwirkung an der sozialen Förderung der Studierenden (Behinderung, Studieren mit Kind). Nun kann man sich trefflich darüber streiten, ob die Mitwirkung an der sozialen Förderung der Studierenden auch aktive Sozialleistungen wie kostenlose Rechtsberatung umfasst und ob eine Hochschule so auch für die sozialen Belange ihrer Studierenden verantwortlich ist. Auf den ersten Blick ist dies wohl nicht der Fall. Die soziale Förderung von Studierenden in besonderen Lebenslagen (Behinderung, Studieren mit Kind) umfasst eine besondere Rücksichtnahme auf die besonderen Bedürfnisse solcher Studenten, allerdings keine umfassende Erbringung von sozialen Leistungen für sämtliche Studenten. Denkbar ist freilich eine besondere Rechts- und Sozialberatung für Studierende in besonderen Soziallagen, was sich allerdings nicht mit dem Konzept einer umfassenden studentischen Rechtsberatung deckt.

---

[110] Vgl. auch *Piekenbrock*, AnwBl. 2011, 848 (852 f.); *Dastis/Udich*, AnwBl. 2013, 721 (729); ablehnend: *Wreesmann*, Clinical Legal Education – Unentgeltliche Rechtsberatung durch Studenten in den USA und Deutschland, Hamburg 2010, 225.

Allerdings könnte der Aufbau und die Durchführung einer studentischen Rechtsberatung an einer Hochschule mit dem Hochschulzweck der Pflege und Entwicklung der Wissenschaften (Forschung und Lehre) sowie der Vorbereitung auf berufliche Tätigkeiten kompatibel sein. Studentische Rechtsberatungen dienen schließlich gerade – vergleichbar einem Praktikum – der Vertiefung der im Studium der Rechtswissenschaften erlangten Kenntnisse und führen in besonderer Weise zu einer Vorbereitung auf den Anwaltsberuf. Dabei ist dann natürlich die wissenschaftliche und studienfördernde Ausrichtung der studentischen Rechtsberatung von Bedeutung. Studenten, die ohne Begleitung durch Hochschullehrer und Praktiker einfach so „drauf hinberaten", könnten sich wohl kaum auf § 8 Abs. 1 Nr. 2 RDG berufen. Erforderlich ist ein an die Hochschule, Fakultät oder einen Lehrstuhl angegliedertes Projekt – ggf. in einer besonderen Rechtsform (Verein) –, das Studenten auf die Beratungstätigkeit und den Anwaltsberuf vorbereitet und sie bei der Erbringung von Beratungsleistungen betreut. Ein solcher Rahmen dürfte in etwa den Anforderungen des § 6 Abs. 2 RDG entsprechen, nach dem Beratungsleistungen durch Unqualifizierte zumindest durch Qualifizierte (Zweites Staatsexamen) angeleitet werden müssen. Insofern stellt § 8 Abs. 1 Nr. 2 RDG keine Umgehungsmöglichkeit von § 6 RDG dar. Vielmehr entsprechen die Anforderungen des § 8 Abs. 1 Nr. 2 RDG (wissenschaftlich und praktisch betreute und angeleitete Legal Clinic an einer Hochschule) in etwa denen des § 6 Abs. 2 RDG.

Gedeckt von § 8 Abs. 1 Nr. 2 RDG ist auch die studentische Rechtsberatung durch öffentlich-rechtlich konstituierte Studierendenschaften. Ob die jeweiligen Studenten einer Hochschule in der Rechtsform einer Körperschaft des öffentlichen Rechts organisiert sind, ergibt sich aus dem Hochschulgesetz des jeweiligen Landes. Die Studentenschaft organisiert sich regelmäßig in einem Studierendenparlament, das von allen Mitgliedern der Studierenden gewählt wird und wiederum einen Allgemeinen Studierendenausschuss (AStA) wählt. Hinzukommen können weitere Gremien auf Fakultätsebene sowie Wahlen von Studierenden in universitäre Gremien (Fakultätsrat, Senat etc.). Zur Aufgabe der Studierendenschaft, die durch Parlament und AStA vertreten wird, gehört die Wahrnehmung kultureller, fachlicher, wirtschaftlicher und sozialer Belange der Studenten.[111] Der Aufgabenbereich des AStAs geht also über die allgemeine Aufgabe einer Hochschule hinaus, die soziale Förderung von Studierenden in besonderen Lebenslagen voranzutreiben. Allerdings ist die Wahrnehmung der sozialen Belange der Studenten auf rein studentische Angelegenheiten beschränkt, also solche Angelegenheiten, die den Studenten als Studenten betreffen (vgl. § 41 HRG). Dies bedeutet auch, dass eine Studierendenschaft nicht jedermann, sondern nur Mitglieder dieser Studierendenschaft beraten darf. § 8 Abs. 1 Nr. 2 RDG darf nicht zum Einfalltor von allgemeiner Rechtsberatung durch die öffentliche Hand werden. Entsprechend umfasst die Rechtsberatung durch den AStA (bzw. Erfüllungsgehilfen) die Beratung zu Rechtsfragen, die Hochschule, Studium (Prüfungsrecht, Vorgehen gehen Prüfungsentscheidungen), Finanzierung des Studiums (Ausbildungsförderung, BaföG, Stipendium) und äußere Umstände des Studiums (studentisches Wohnen, studentisches Arbeiten, Miete des Studenten-

---

[111] Vgl. *Weth*, in: *Henssler/Prütting*, BRAO, 3. Aufl., § 8 RDG Rn. 23.

zimmers) betreffen[112], nicht aber darüber hinausgehende Fragen, die den Studenten als Privatperson, nicht aber als Studenten bzw. als Mitglied der Körperschaft „Studierendenschaft" betreffen, etwa den Unterhaltsstreit mit seinen Eltern oder private Kaufverträge.[113]

10. Grenzfragen der Unentgeltlichkeit

Die Erbringung von Rechtsdienstleistungen – auch von studentischer Rechtsberatung – ist zumindest indirekt immer mit Kosten verbunden: zum einen mit ideellen Kosten (Opportunitätskosten), also den finanziellen oder ideellen Ressourcen, die dem Rechtsberater durch die Zeit, die er in Beratung investiert und die er auch anders hätte nutzen können, verloren gehen, zum anderen mit ganz konkreten und bezifferbaren Kosten, die durch Investitionen in die Rechtsberatung entstehen. Letzteres können etwa sein: Kosten für Papier und Porto, EDV der Rechtsberatung (Computer, Drucker, Internet), Gestaltung und Unterhalt eines Internetauftritts, Miete von Räumen für die Rechtsberatung, Kontoführungsgebühren, Kosten, die durch die Rechtsform der Rechtsberatung entstehen (Beglaubigungen, Anmeldung zum Vereins- oder Handelsregister).

Gleichwohl muss eine studentische Rechtsberatung immer unentgeltlich arbeiten (§ 6 RDG), denn die entgeltliche Erbringung von Rechtsdienstleistungen soll nach dem Willen des Gesetzgebers – abgesehen von wenigen Ausnahmen – nur Rechtsanwälten gestattet sein. Dadurch trägt der Gesetzgeber Verbraucherschutzinteressen Rechnung. Unentgeltlich sind Rechtsdienstleistungen immer nur dann, wenn sie in keinem Zusammenhang mit einer entgeltlichen Tätigkeit stehen (§ 6 Abs. 1 RDG). Der Gesetzgeber greift damit auf einen weiten Unentgeltlichkeitsbegriff zurück. Entgeltlich ist Rechtsberatung damit nicht nur dann, wenn für sie im engeren Sinne eine finanzielle Gegenleistung gefordert wird, sondern im weiteren Sinne auch dann, wenn finanzielle, ideelle oder sonstige Leistungen des Rechtberatenen mit ihr in einem weiteren Zusammenhang stehen. Die Erbringung der konkreten Rechtsdienstleistung darf also weder direkt noch indirekt von einer materiellen Gegenleistung abhängig gemacht werden.[114]

Das Kriterium der Unentgeltlichkeit ist also lebensnah auszulegen und aus dem Blickwinkel des Rechtsuchenden zu beurteilen.[115] Die Öffnung des Rechtsberatungsmarktes durch § 6 RDG soll altruistisches und bürgerschaftliches Engagement ermöglichen und nicht einen Markt unentgeltlicher Rechtsberatung eröffnen. Entgeltlich ist Rechtsberatung daher auch dann, wenn ein Entgelt (formell) für eine

---

[112] *Schmidt*, in: *Krenzler*, RDG, § 6 Rn. 47; *Müller*, in: *Grunewald/Römermann*, RDG, § 6 Rn. 17; *Weth*, in: *Henssler/Prütting*, BRAO, § 6 RDG Rn. 23; gegen die Subsumtion mietrechtlicher Beratung von Studenten unter § 8 RDG: *Dux*, in: *Deckenbrock/Henssler*, RDG, 4. Aufl. (2015), § 6 RDG Rn. 30.
[113] Vgl. *Hustädt*, NJW 1988, 473; a. A. *Reich*, NJW 1987, 1315.
[114] Vgl. BT-Drs. 16/3655, S. 57; *Kleine-Cosack*, § 6 RDG, Rn. 15.
[115] Vgl. OLG Hamburg, Urteil vom 30.08.2012, 3 U 152/10 (Rn. 14), VersR 2013, 1278.

andere Leistung erhoben wird, die aber letztlich Voraussetzung oder Nebenleistung der Rechtsberatung ist. Unerheblich ist dabei auch, ob ein vereinbartes Entgelt letztlich an den Dienstleistenden selbst oder auf dessen Veranlassung an einen Dritten fließt (Drittentgelt).[116]

a) Entgeltlichkeit im weiteren Sinne

Entgeltlichkeit liegt im Übrigen auch dann vor, wenn ein Entgelt zwar nicht explizit mit Blick auf die konkrete Rechtsdienstleistung des Rechtsberaters, aber bei anderen beruflichen Tätigkeiten des Rechtsberaters anfällt oder anfallen kann.[117] Einer solchen Gefährdung ist studentische Rechtsberatung wohl eher nicht ausgesetzt, da entsprechende Rechtsberatungsstellen ausschließlich Rechtsberatung – und diese unentgeltlich – anbieten. Problematisch wird es dann, wenn neben die Erbringung unentgeltlicher Rechtsberatung andere entgeltliche Angebote treten, etwa Unternehmensberatung, Gründerberatung, entgeltliche Seminare, Repetitorien oder Vortragsveranstaltungen. Besonders gilt dies, wenn die Erbringung unentgeltlicher Rechtsberatung darauf abzielt, Mandanten auf die anderen wirtschaftlichen Angebote der Rechtsberatung aufmerksam zu machen oder dafür zu gewinnen. In einem solchen Falle wäre die Unentgeltlichkeit der Rechtsberatung durch die Entgeltlichkeit anderer Angebote, deren Nutzung durch den Mandanten intendiert oder sogar erwartet wird, gefährdet.

b) Rechtsberatung im Verein

Übrigens kann ein solcher Entgeltlichkeitszusammenhang auch in einem Verein vorliegen, der (ausschließlich) seine Mitglieder bei Vorliegen einer entgeltlichen Mitgliedschaft unentgeltlich berät. In dem Falle unterliegt die Rechtsberatung den besonderen Voraussetzungen des § 7 RDG (Rechtsberatung innerhalb von Berufs- und Interessenvereinigungen sowie Genossenschaften), der aber entsprechende Rechtsdienstleistungen grundsätzlich erlaubt (§ 7 Abs. 1 RDG)[118]. Bei einer entgeltlichen Mitgliedschaft in einem rechtsberatenden Verein bestehen gewisse Erwartungshaltungen an die Qualität der erbrachten Rechtsdienstleistungen. Daher statuiert § 7 Abs. 2 RDG – über § 6 Abs. 2 RDG (Anleitung durch einen Volljuristen) hinaus – gewisse Mindeststandards: Die Rechtsberatung hat über „die zur sachgerechten Erbringung dieser Rechtsdienstleistungen erforderliche personelle, sachliche und finanzielle Ausstattung" zu verfügen.

In der jüngeren Vergangenheit hatte das Oberlandesgericht Brandenburg über die Eintragung einer studentischen Rechtsberatung ins Vereinsregister zu entscheiden, die sich an die Studierenden einer Universität sowie weitere Bürgerinnen und

---

[116] Vgl. OLG Hamburg, Urteil vom 30.08.2012, 3 U 152/10 (Rn. 13), VersR 2013, 1278.
[117] BT-Drs. 16/3655, S. 57.
[118] BT-Drs. 16/3655, S. 57; *Kleine-Cosack*, § 6 RDG, Rn. 20.

10. Grenzfragen der Unentgeltlichkeit

Bürger richtete und von Mitgliedern des Vereins unter anwaltlicher Anleitung erbracht wurde.[119] Fälschlicherweise wollte das OLG Brandenburg hier § 7 RDG zur Anwendung bringen und verwechselte einen Verein zur Erbringung studentischer Rechtsberatung mit einer Berufs- und Interessenvereinigung (berufliche oder andere zur Wahrung gemeinschaftlicher Interessen gegründete Vereinigungen und deren Zusammenschlüsse). Die Anwendbarkeit des § 7 RDG scheitert bereits daran, dass sich das Angebot der betreffenden studentischen Rechtsberatung gerade nicht an ihre Mitglieder richtete, sondern vielmehr an sämtliche Studierenden einer Universität sowie weitere Bürgerinnen und Bürger. § 7 RDG trägt allein dem Sonderfall von Berufs- und Interessenvereinigungen Rechnung (etwa Automobil-Clubs, Mietervereine), die ihre Mitglieder neben allgemeinen Angeboten auch noch rechtlich beraten. Die Rechtsberatung erfolgt hier zumindest mittelbar entgeltlich, da eine entsprechende Vereinsmitgliedschaft regelmäßig etwas kostet. § 7 Abs. 1 RDG schränkt hier allerdings die Rechtsbereiche, in denen beraten werden darf, auf den satzungsmäßigen Aufgabenbereich der Berufs- oder Interessenvereinigung ein. Ein Mieterverein darf so etwa nur in Mietrechtsfragen beraten, ein Automobilclub nur auf dem Bereich des Straßenverkehrsrecht. Eine Ausweitung des Satzungszweckes auf allgemeine Rechtsberatung, eine Erbringung allgemeiner Rechtsberatung oder ein „Outsourcing" einer solchen Rechtsberatung in eine Tochtergesellschaft wären unzulässig.[120] Leider verkennt das OLG Brandenburg, dass § 7 RDG nur auf bestimmte Vereine und Vereinigungen anwendbar ist (berufliche oder andere zur Wahrung gemeinschaftlicher Interessen gegründete Vereinigungen und deren Zusammenschlüsse) und nicht auf in Form von Vereinen organisierte Rechtsberatung allgemein. Das sehen übrigens auch zahlreiche Amtsgerichte so, bei denen bereits studentische Rechtsberatungen als Verein ins Vereinsregister eingetragen wurden – so etwa in Berlin, Köln, München, Frankfurt am Main, Freiburg, Hannover, Mannheim, Stuttgart, Fürth, Wittlich, Leipzig, Jena und Passau.[121]

Studentische Rechtsberatung, die sich in der Rechtsform eines Vereins organisiert, unterliegt in erster Linie den Vorgaben des § 6 RDG. Der Verein darf dabei allerdings nur die Rechtsform der Organisation und nicht der Adressatenkreis sein.

---

[119] OLG Brandenburg, Beschluss vom 10.09.2014 – 7 W 68/14, NJW 2015, 1122; MDR 2014, 1400; NVwZ 2015, 758; vgl. dazu kritisch: *Dietlein/Hannemann*, NJW 2015, 1123 f.; *Wegner*, NVwZ 2015, 760.

[120] BT-Drs. 16/3655, S. 59.

[121] Law Clinic Frankfurt am Main – Studentische Rechtsberatung e. V. (AG Frankfurt am Main, VR 15466), Law&Legal Studentische Rechtsberatung e. V. (AG Stuttgart, VR 381922), Pro Bono Heidelberg – Studentische Rechtsberatung e. V. (AG Mannheim, VR 700709), Pro Bono Studentische Rechtsberatung Freiburg e. V. (AG Freiburg, VR 700820), Studentische Rechtsberatung der Universität Passau e. V. (AG Passau, VR 200578), Refugee Law Clinic Berlin e. V. (AG Berlin, VR 33103) Refugee Law Clinic Cologne e. V. (AG Köln, VR 17826), Refugee Law Clinic Erlangen-Nuremberg e. V. (AG Fürth, VR 200914), Refugee Law Clinic Hannover e. V. (AG Hannover, VR 202377), Refugee Law Clinic Leipzig e. V. (AG Leipzig, VR 5588), Refugee Law Clinic Munich e. V. (AG München, VR 205440), Refugee Law Clinic Trier e. V. (AG Wittlich, VR 41091), PARAlegal e. V. (AG Jena, VR 231551).

Richtet sich die studentische Rechtsberatung ausschließlich an Vereinsmitglieder, steht das Kriterium der Unentgeltlichkeit in Gefahr.

c) Gegenleistungen und freiwillige Leistungen

Ein Entgelt kann im Übrigen – neben einer finanziellen Gegenleistung – auch in einer anderen vermögenswerten Leistung bestehen.[122] Entgeltlich ist Rechtsberatung damit auch, wenn sie von der Erbringung von anderen Dienstleistungen oder Gefälligkeiten im Gegenzug zur Rechtsberatung abhängig gemacht wird. Nicht der Fall ist dies, wenn der Rechtssuchende freiwillig bzw. aus Gefälligkeit eine „Gegenleistung" – wohlgemerkt nach Beendigung der Rechtsdienstleistung – erbringt, indem er der Rechtsberatung oder dem Rechtsberater etwas spendet, schenkt oder einen kleinen Gefallen erweist, etwa die Reparatur eines Computers oder die Gestaltung eines Internetauftritts. Eine solche Leistung, die im Nachgang der Rechtsberatung freiwillig erfolgt und damit nicht „eingeklagt" werden kann, stellt keine Gegenleistung im eigentlichen Sinne dar und gefährdet damit auch nicht die Unentgeltlichkeit. Vielmehr stellt sie ein Zeichen der Dankbarkeit dar, das in aller Freiheit erfolgt. Problematisch wird diese Wertung aber dann, wenn ein Zeichen der Anerkennung und Dankbarkeit im Vorfeld der Rechtsberatung erbracht wird, erwartet wird oder sogar erbracht werden soll. Rechtsberater sollten davon Abstand nehmen, Spenden, Geschenke oder sonstige Leistungen, Gefälligkeiten und Versprechen im Vorfeld einer Rechtsberatung anzunehmen.[123] Auch wenn dies eine noble Geste des Mandaten ist, begibt sich der Rechtsberater damit in einen Graubereich, weil er dann – im Zweifelsfall – nicht mehr nachweisen kann, dass die „Vorleistung" des Rechtssuchenden freiwillig erfolgt ist und die Rechtsberatung damit wirklich in keinem Zusammenhang mit einer Gegenleistung stand. Geht der Mandant in Vorleistung, kann er auch eine vernünftige Rechtsberatung erwarten. Diesen Eindruck bzw. diese Erwartung möchte das RDG bei unentgeltlichen Rechtsdienstleistungen durch Nicht-Anwälte aber gerade vermeiden.

Im Übrigen sollte auch bei freiwilligen Zuwendungen und Geschenken im Nachgang der Rechtsberatung aufgepasst werden. Denn unter Umständen kann sogar eine nachträgliche Zuwendung zur Entgeltlichkeit der Rechtsdienstleistung führen, wenn gleichsam eine Gegenleistung konkludent vereinbart wird. Man könnte in einem solchen Falle von einem „verdeckten Erfolgshonorar" sprechen.[124] Daher sollten Zuwendungen und Geschenke nur im Rahmen der Sozialüblichkeit angenommen werden. Bei einer Rechtsberatung gegenüber einem unbekannten Dritten ist die Grenze der Sozialüblichkeit etwa noch bei einer Sachzuwendung im Wert von etwa 10 € gewahrt. Eine Flasche Wein zu einem üblichen Preis (also auch nicht

---

[122] BT-Drs. 16/3655, S. 57.
[123] *Schmidt*, in: *Krenzler*, RDG, § 6 RDG Rn. 15; *Weth*, in: *Henssler/Prütting*, BRAO, § 6 RDG Rn. 4 ff.; *Vogler*, ZJS 2013, 135 (137).
[124] *Dux*, in: *Deckenbrock/Henssler*, RDG, 4. Aufl. (2015), § 6 RDG Rn. 13.

der Edelchampagner) ist also unproblematisch, während etwa ein teures Geschenk (etwa ein Notebook) Probleme aufwerfen könnte.

Auch sollte die studentische Rechtsberatung etwa durch die Gestaltung ihrer Homepage (Spendenmöglichkeiten/Spendenformular/„Spenden Sie!") nicht den Eindruck erwecken, von Mandanten werde im Nachhinein eine Spende erwartet. Eine solche Erwartungshaltung würde die Entgeltlichkeit der Rechtsdienstleistung gefährden. Entsprechend sollte die studentische Rechtsberatung Spendenmöglichkeiten nicht groß auf ihrer Homepage anpreisen und die Daten etwaiger Spendenkonten nur auf Anfrage mitteilen. So wird die Möglichkeit einer Spende keinem Mandanten aufgezwängt. Einzelne Autoren gehen sogar davon aus, dass die Annahme einer Spende bzw. von „Trinkgeld" generell zur Entgeltlichkeit der Rechtsdienstleistung führe.[125] Diese strikte Auslegung geht aber nicht aus dem RDG hervor und ist auch nicht in der Gesetzesbegründung enthalten.

d) Aufwandsentschädigungen

Weniger problematisch ist die Leistung einer Aufwandsentschädigung durch den Mandanten für tatsächlich entstandene Aufwendungen. Auch das bürgerliche Recht kennt den Begriff der Unentgeltlichkeit. Das Vertragsverhältnis zwischen Rechtsberater und Mandant stellt regelmäßig ein Auftragsverhältnis i. S. d. § 662 BGB dar, bei dem sich der Beauftragte verpflichtet, ein ihm von dem Auftraggeber übertragenes Geschäft für diesen unentgeltlich zu besorgen. Der Beauftragte erhält also keine Kompensation (Honorar/Lohn) für seinen Arbeits- und Zeitaufwand. Erstatten lassen kann sich der Beauftragte vom Auftraggeber allerdings jene Aufwendungen zur Ausführung des Auftrages, die er den Umständen nach für erforderlich halten durfte (§ 670 BGB) und die nicht ohnehin angefallen wären. Zentral ist hierbei der Unmittelbarkeitszusammenhang zwischen konkretem Auftrag (Beratung) und konkreten Aufwendungen. Eine Aufwandspauschale kann der Beauftragte damit nicht verlangen. Im Rahmen der Aufwandsentschädigung kann die Rechtsberatung ihren Mandanten nur jene Kosten in Rechnung stellen, die ganz konkret bei der Bearbeitung eines Mandats entstanden sind (Papier, Porto, Kopien, konkrete Telefonkosten, ggf. Gebühren für gerichtliches Mahnverfahren), also nicht Sowieso-Aufwendungen (Raum- und Personalkosten). Dem einzelnen Mandanten nicht zurechenbar sind etwa auch nicht die Kosten für die Gründung eines Vereins oder für die Gestaltung und den Unterhalt einer Homepage. Solche Kosten können nicht auf den Mandanten umgelegt werden und müssen durch Spenden, Fundraising oder Privateinlagen finanziert werden.

---

[125] *Dux*, in: *Deckenbrock/Henssler*, RDG, 4. Aufl. (2015), § 6 RDG Rn. 14.

11. Vorgehen gegen unerlaubte Rechtsdienstleistungen

Um unentgeltliche Rechtsdienstleistungen i. S. d. § 6 RDG zu erbringen bedarf es keiner eigenen Zulassung als „Rechtsberater" o. ä. bei einer Rechtsanwaltskammer oder einer Behörde. Die Erbringung von Rechtsdienstleistungen steht zwar grundsätzlich unter Erlaubnisvorbehalt (§ 3 RDG), ist aber im Falle unentgeltlicher Rechtsdienstleistungen erlaubnis- und zulassungsfrei (§ 6 RDG). Um unentgeltliche Rechtsdienstleistungen zu erbringen bedarf es also weder einer besonderen Erlaubnis, Registrierung, Anmeldung oder Zulassung. Gleichwohl können unentgeltliche Rechtsdienstleistungen rechtswidrig sein – nämlich dann, wenn sie entgegen den Vorgaben des § 6 Abs. 2 RDG ohne die Anleitung einer juristisch qualifizierten Person erbracht werden. In einem solchen Fall stellt sich die Frage, wer gegen die rechtswidrig tätigen Rechtsdienstleister vorgehen kann.

a) Untersagung von Rechtsdienstleistungen nach § 9 RDG

§ 9 RDG bietet die Grundlage für die hoheitliche Durchsetzung der Anforderungen an die juristische Qualität bei Rechtsdienstleistungen, die nach den §§ 6–8 RDG erbracht werden. Zuständig ist nach § 19 RDG die Landesjustizverwaltung am Wohnsitz der beratenden Person oder Vereinigung bzw. die durch Rechtsverordnung ermächtigte nachstehende Behörde.[126] Diese wird von Amts wegen tätig, sofern sie von Tatsachen erfährt, die auf dauerhaft unqualifizierte Rechtsdienstleistungen schließen lassen. Den Anstoß hierzu könnte etwa ein Rechtsanwalt geben, der der Überzeugung ist, dass eine studentische Rechtsberatung den Vorgaben des § 6 Abs. 2 RDG nicht gerecht wird.

Eine allgemeine Überprüfungspflicht der jeweiligen Behörden gibt es allerdings nicht. Die zuständige Behörde muss ohne Anhaltspunkte nicht die Tätigkeit sämtlicher nicht registrierter Rechtsdienstleister auf die Einhaltung der Anforderungen der §§ 6–8 RDG überprüfen.[127] Vielmehr besteht eine Rechtspflicht zur Überprüfung erst dann, wenn Tatsachen die Annahme dauerhaft unqualifizierter Rechtsdienstleistungen stützen. Bei einer vereinzelten Beschwerde eines Rechtsanwaltes oder eines (ehemaligen) Mandanten muss diese Annahme noch nicht nahe liegen. Vielmehr müssen erhebliche Verstöße gegen die Pflichten nach § 6 Abs. 2 RDG vorliegen (§ 9 Abs. 1 Satz 2 RDG). Entsprechend kann die Behörde erst dann tätig werden, wenn einzelne oder mehrere Anhaltspunkte den Verdacht einer dauerhaft unqualifizierten Rechtsberatung begründen. Nach der Gesetzesbegründung reichen dafür eine einmalige oder mehrere auf verschiedenen Ursachen beruhende Falschberatungen noch nicht aus.[128] Eine Falschberatung sei schließlich auch bei Rechtsanwälten nicht auszuschließen. Eine dauerhaft unqualifizierte Rechtsberatung kann allerdings dann angenommen werden, wenn Falschberatungen immer wieder auf

---
[126] Vgl. www.rechtsdienstleistungsregister.de/Zustaendigkeitsliste.pdf [Stand: 15.07.2015].
[127] BT-Drs. 16/3655, S. 63.
[128] BT-Drs. 16/3655, S. 63.

derselben Fehlergrundlage erfolgen, wenn etwa die neueste Rechtsprechung in mehreren Fällen außer Acht gelassen wird.[129]

Liegt der Verdacht dauerhaft unqualifizierter Rechtsberatung vor, wird die Behörde den Sachverhalt von Amts wegen untersuchen und erforschen (§ 24 VwVfG). Eine Untersagungsbefugnis besteht bei unentgeltlicher Rechtsberatung gegenüber einem unbestimmten Personenkreis (§ 6 Abs. 2 RDG), nicht allerdings bei unentgeltlicher Rechtsberatung im Familien- und Bekanntenkreis (§ 9 Abs. 3 RDG).

§ 9 RDG hat präventiven und nicht repressiven Charakter. Er stellt darauf ab, ob auch in Zukunft mit der Erbringung unqualifizierter Rechtsberatung zu rechnen ist. So kann sich etwa bei einem Gespräch zwischen der zuständigen Behörde und der im Verdacht stehenden Rechtsberatungsstelle herausstellen, was die Ursachen für Falschberatungen in der Vergangenheit waren, etwa ein unqualifizierter studentischer Rechtsberater, ein unaufmerksamer anwaltlicher Betreuer oder eine mangelnde Fortbildung der studentischen Rechtsberater. Die Annahme einer auch in Zukunft unqualifizierten Rechtsberatung ist nur dann begründet, wenn die Ursachen der Falschberatung systematisch-organisatorischer Struktur sind und nicht unverzüglich abgestellt werden können.[130] Erkennt und korrigiert die studentische Rechtsberatung hingegen die Beratungsfehler der Vergangenheit und ergreift entsprechende Maßnahmen, um einer Wiederholung entgegenzuwirken (etwa den Ausschluss einzelner studentischer Rechtsberatung aus der Beratung, die Verpflichtung eines Fortbildungsseminars für die studentische Rechtsberatung), liegt die Prognose weiterer Falschberatungen nicht nahe. In dem Falle hat die zuständige Behörde keine Grundlage für eine Untersagung der Rechtsberatung.[131]

Die Annahme dauerhaft unqualifizierter Rechtsberatung liegt insbesondere dann vor, wenn die studentische Rechtsberatung erheblich gegen die Pflichten nach § 6 Abs. 2 RDG verstößt (§ 9 Abs. 1 Satz 2 RDG). Ein solcher erheblicher Verstoß liegt nicht bereits dann vor, wenn ein studentischer Rechtsberater einen Dritten berät, obwohl kein anwaltlicher Anleiter zur Verfügung steht. Vielmehr muss es zu systembedingten und dauerhaften Verstößen kommen.[132] Das ist etwa dann der Fall, wenn anwaltliche Anleiter grundsätzlich nicht zur Verfügung stehen, studentische Rechtsberater systematisch nicht auf deren Hilfe zurückgreifen oder systematisch keine Einweisung und Fortbildung (§ 6 Abs. 2 Satz 2 RDG) stattfindet.

Begründen Tatsachen die Annahme dauerhaft unqualifizierter Rechtsdienstleistungen zum Nachteil der Rechtsuchenden und des Rechtsverkehrs, liegt eine Untersagung (für längstens fünf Jahre) im Ermessen der zuständigen Behörde. Auch wenn es in der Vergangenheit aufgrund systematischer Ursachen (keine Anleitung/Einweisung/Fortbildung) zu Falschberatungen kam, muss die Behörde keine Untersagung verfügen, wenn sich auf Seiten der studentischen Rechtsberatung durch konkrete Maßnahmen die Prognose einer Besserung einstellt. Auch wenn eine Prognose ergibt, dass auch in Zukunft unqualifizierte Rechtsdienstleistungen erbracht

---

[129] *Dux*, in: *Deckenbrock/Henssler*, RDG, 4. Aufl. (2015), § 9 RDG Rn. 5.
[130] *Dreyer/Geißler*, in: *Dreyer/Lamm/Müller*, RDG, § 9 Rn. 10.
[131] Vgl. *Schmidt*, in: *Krenzler*, RDG, § 9 Rn. 17.
[132] *Dreyer/Geißler*, in: *Dreyer/Lamm/Müller*, RDG, § 9 Rn. 17.

werden könnten, hat die Behörde zunächst diesen Umstand zu rügen und unter Androhung der Untersagung eine Frist zur Behebung der Mängel zu setzen.[133] Eine Untersagung ist also nicht die automatische Folge einer Falschberatung oder der Prognose von Falschberatungen, sondern vielmehr die ultima ratio im Interesse der Rechtsuchenden.

Gegen eine Untersagungsverfügung (Verwaltungsakt) wäre die Anfechtungsklage bzw. der Widerspruch statthaft, sofern das Landesrecht die Durchführung eines Widerspruchsverfahrens vorsieht. Wird die Untersagung nach Ablauf der Widerspruchs- bzw. Klagefrist bestandskräftig, ist sie bei der zuständigen Behörde zu registrieren und im Rechtsdienstleistungsregister[134] nach § 16 RDG öffentlich bekannt zu machen. Ein Blick in das Register zeigt, dass es bislang erst zu sieben solcher Untersagungsverfügungen gekommen ist. Keine davon betrifft die Tätigkeit einer studentischen Rechtsberatung.

Unentgeltliche Rechtsberatung nach § 6 Abs. 2 RDG wird erst durch eine Untersagungsverfügung unerlaubt. Liegt eine solche Untersagungsverfügung nicht vor, werden aber die Vorgaben des § 6 Abs. 2 RDG nicht beachtet, ist diese unentgeltliche Rechtsberatung gleichwohl weiterhin erlaubt. Unerlaubt wird die Rechtsberatung erst durch die Untersagungsverfügung. Wer sich einer solchen (vollziehbaren) Untersagungsverfügung widersetzt, begeht eine Ordnungswidrigkeit (§ 20 Abs. 1 Nr. 1 RDG).

b) Unterlassungsansprüche nach dem BGB

Parallel lässt sich darüber nachdenken, welche Unterlassungsansprüche gegen rechtswidrig tätige Rechtsdienstleister etwa Rechtsanwälten zustehen. Da das RDG – im Gegensatz zum RBerG[135] – kein Schutzgesetz für den Schutz der Anwaltschaft vor nicht-anwaltlichen Konkurrenten ist[136], ergibt sich für einen Rechtsanwalt nicht bereits ein Unterlassungsanspruch aus § 1004 Abs. 1 S. 2 BGB analog i. V. m. § 823 Abs. 2 BGB i. V. m. § 6 Abs. 2 RDG[137]. Ausweislich des Gesetzeszweckes (§ 1 RDG) dient das RDG dem Schutz der Rechtsuchenden, des Rechtsverkehrs und der Rechtsordnung, nicht aber dem Schutz der Rechtsdienstleister oder der Rechtsanwaltschaft.

---

[133] *Müller*, in: *Grunewald/Römermann*, RDG, § 9 Rn. 6; *Schmidt*, in: *Krenzler*, RDG, § 9 Rn. 17.
[134] www.rechtsdienstleistungsregister.de/ [Stand: 15.07.2015].
[135] BGH, NJW 1955, 422; BGH, NJW 1967, 1558 (1559); BGH, GRUR 2002, 987, 993.
[136] *Römermann*, in: *Grunewald/Römermann*, RDG, § 1 Rn. 21 ff.; *Kleine-Cosack*, RDG, § 1 Rn. 37 f.; *Dux*, in: *Deckenbrock/Henssler*, RDG, 4. Aufl. (2015), § 6 RDG Rn. 60; a. A. *Wolf*, in: *Gaier/Wolf/Göcken*, RDG, § 1 Rn. 12 ff.
[137] In die Richtung auch OLG Karlsruhe, Urteil vom 26.11.2009 – 4 U 60/09, BeckRS 2010, 00248.

c) Unterlassungsansprüche nach dem UWG

In gleicher Weise scheitert ein Unterlassungsanspruch aus dem UWG, da die Regelungen des Wettbewerbsrechts („geschäftliche Handlung") nur dann anwendbar sind, wenn Dienstleistungen gegen Entgelt erbracht werden. So können Rechtsanwälte gegen unentgeltliche Rechtsberater nicht nach §§ 3, 4 Nr. 11, 8 Abs. 1, Abs. 3 Nr. 2 UWG i. V. m. §§ 3, 6 Abs. 2 RDG vorgehen, auch wenn die Vorgaben des § 6 Abs. 2 RDG nicht eingehalten werden. Dies geht sogar soweit, dass ein Rechtsdienstleister, der von einem Rechtsanwalt abgemahnt worden ist und die Unentgeltlichkeit seiner Rechtsdienstleistugen nicht vor Klageerhebung offengelegt hat, im Falle der Klagerücknahme durch den Rechtsanwalt nicht nach § 269 Abs. 3 S. 3 ZPO analog zur Kostentragung verpflichtet ist.[138] Den Rechtsdienstleister trifft keine Antwortpflicht auf Abmahnungen. Er muss also nicht ausdrücklich darauf hinweisen, dass er ausschließlich unentgeltlich tätig ist. Die Prozessrisiken bei anwaltlichen Abmahnungen sind also denkbar gering. Anderes gilt selbstverständlich, wenn der Rechtsdienstleister entgeltlich tätig ist oder seine Rechtsdienstleistungen im Zusammenhang mit einer entgeltlichen Tätigkeit oder einer entgeltlichen Vereinsmitgliedschaft stehen. In dem Falle ergibt sich der Unterlassungsanspruch von Konkurrenten aus §§ 3, 4 Nr. 11, 8 Abs. 1, Abs. 3 Nr. 2 UWG i. V. m. § 3 RDG.[139]

d) Unterlassungsansprüche nach dem UKlaG

Ein anderer Zugang zu einem Unterlassungsanspruch ergibt sich über das Unterlassungsklagengesetz (UKlaG). Das UKlaG führt das RDG ausdrücklich als Verbraucherschutzgesetz auf (§ 2 Abs. 2 Nr. 8 UKlaG) und eröffnet so einen Unterlassungsanspruch gegen verbraucherschutzgesetzwidrige Praktiken. Dieser Anspruch setzt im Gegensatz zum Unterlassungsanspruch aus dem UWG nicht voraus, dass der Beklagte mit dem angegriffenen Verhalten eine geschäftliche Handlung vornimmt, d. h. gegen Entgelt tätig ist. Entsprechend können auch unentgeltliche Rechtsberatungsstellen Unterlassungsschuldner sein.[140]

Anspruchsberechtigte Stellen sind die Industrie- und Handelskammern, Handwerkskammern (§ 3 Abs. 1 Nr. 3 UKlaG) sowie die Rechtsanwaltskammern (§ 3 Abs. 1 Nr. 2 UKlaG) als rechtsfähige Verbände zur Förderung selbständiger beruflicher Interessen, denen eine erhebliche Anzahl von Mitgliedsunternehmen im Bereich der Rechtsberatung angehören und die nach ihrer personellen, sachlichen und finanziellen Ausstattung in der Lage sind, ihre satzungsgemäßen Aufgaben zu erfüllen. Das Vorgehen gegen unentgeltliche Rechtsdienstleistungen, die den Anforderungen des § 6 Abs. 2 RDG nicht gerecht werden, betrifft auch eine Handlung, die die Interessen der Mitglieder der Rechtsanwaltskammern berührt und die geeignet ist, den Wettbewerb nicht unerheblich zu verfälschen. Das Vorgehen der Rechts-

---

[138] OLG München, Beschluss vom 11. Januar 2011 – 6 W 2487/10, BRAK-Mitt. 2011, 253.
[139] OLG Köln, Beschluss vom 18. Juli 2011 – I-6 W 146/11, 6 W 146/11, BRAK-Mitt. 2011, 252.
[140] OLG Frankfurt, Urteil vom 28. Mai 2015 – 6 U 51/14 (juris).

anwaltskammern kann sich allerdings ausschließlich auf § 6 RDG beziehen. Ein Vorgehen gegen die gerichtliche Vertretung oder Beistandschaft von Mandanten vor Gericht (§ 79 Abs. 2 ZPO) ist vor dem Regelungskatalog des UKlaG nicht möglich, da die ZPO im Gegensatz zum RDG kein Verbraucherschutzgesetz ist.[141]

12. Studentische Steuerberatung?

Studentische Steuerberatung, also Beratung durch Studenten auf dem Gebiet des Steuer- und Abgabenrechts, ist ein Sonderfall der studentischen Rechtsberatung. Das deutsche Steuerrecht ist eine komplexe Materie mit hohem Haftungsrisiko bei fehlerhafter Rechtsberatung, weshalb die Rechtsberatung auf diesem Gebiet vom Gesetzgeber ganz bewusst in einem eigenen Gesetz, dem Steuerberatungsgesetz (StBerG), geregelt wird. Im Gegensatz zum mittlerweile durch das RDG novellierten Rechtsberatungsgesetz (RBerG) wurde das StBerG bisher keiner grundlegenden Reform unterzogen. Wohl auch aufgrund einer starken Lobby der Steuerberater und des Kammerwesens besteht das berufsständische Monopol der Steuerberater bis heute fort.

Das StBerG gilt grundsätzlich für sämtliche Rechtsdienstleistungen, die auf dem Gebiet des Steuer- und Abgabenrechts erbracht werden. Damit ist es lex specialis zum RDG. Nach § 5 Abs. 1 StBerG kann allgemein im Übrigen keine Befugnis zur steuerrechtlichen Beratung aus dem RDG abgeleitet werden. Ob diese inzwischen vermehrt diskutierte Trennung[142] sinnvoll ist, kann vorerst dahinstehen.

Gem. § 2 StBerG dürfen nur solche Personen Steuerberatung betreiben, die dazu eine Befugnis haben (Zulassung als Steuerberater etc.). Die einzige Ausnahme sind nach § 6 Nr. 2 StBerG Angehörige. Unter Angehörigen soll sowohl allgemeine Rechtsberatung als auch Steuerberatung ohne besondere Befugnis zulässig sein, da der Beratene die Kompetenz des Beraters grundsätzlich besser einschätzen kann und ein besonderes Vertrauens- und Haftungsverhältnis herrscht. Wer zu den Angehörigen zählt, ergibt sich aus § 15 AO. Danach können bereits Verlobte einander unentgeltliche Hilfeleistungen in Steuersachen anbieten.[143] Mit der Entlobung würde diese besondere Befugnis in steuerrechtlichen Angelegenheiten wieder aufgehoben werden, was sich als Rückschluss aus § 15 Abs. 2 Nr. 1 AO ergibt. Unter dieser strengen Auflage des Angehörigenverhältnisses wäre ohne Weiteres auch studentische Steuerrechtsberatung möglich. Die Ausnahme des § 6 Abs. 2 StBerG sollte allerdings auch als solche verstanden werden. Ver- und Entlobungen zum Zweck der studentischen Steuerberatung wären rechtsmissbräuchlich und würden objektiv vermutlich nicht einmal als Verlobung gewertet. Studentische Steuerberatung ist also grundsätzlich nicht möglich.

---

[141] OLG Frankfurt, Urteil vom 28. Mai 2015 – 6 U 51/14 (juris).
[142] Vgl. *Gehre/Koslowski*, StBerG, 2006, 6. Aufl., § 6 Rn. 5; *Spickhoff*, JZ 1999, 302; *Leipold*, in: Stein/Jonas, ZPO, 2008, 22. Aufl., § 293 Rn. 14.
[143] Vgl. *Klein*, AO, 11. Aufl., 2012, § 15 Rn. 2.

Die Ungleichbehandlung von unentgeltlicher Rechts- und Steuerberatung lässt sich vor dem Hintergrund des Art. 3 Abs. 1 GG durchaus kritisieren. Im Rahmen der Novellierung und Liberalisierung des RBerG im Jahr 2007 hat der Gesetzgeber die im StBerG geregelten Befugnisse zur unentgeltlichen Steuerberatung nicht angetastet. So kommt es zur geltenden Ungleichbehandlung von unentgeltlicher Steuer- und Rechtsberatung unter fachkundiger Anleitung. Genaue Gründe für diese Ungleichheit hat der Gesetzgeber nicht angegeben. Da sich Steuer- und Rechtsberatung allerdings nicht grundsätzlich unterscheiden, erscheint die Ungleichbehandlung vor dem allgemeinen Gleichheitssatz zumindest problematisch.[144] Sowohl im Steuerrecht als auch im sonstigen Recht (Insolvenzrecht, Urheber- und Patentrecht, Unternehmensrecht) gibt es hoch komplexe und haftungsanfällige Materien. Der unerfahrene Bürger kann regelmäßig weder die rechtliche noch die steuerrechtliche Kompetenz seines Beraters genau einschätzen. Im Einzelfall kann Steuerberatung sogar weniger komplex als allgemeine Rechtsberatung sein, wenn es etwa nur um Grundfragen des Gemeinnützigkeitsrecht, um die Anfertigung einer Steuererklärung oder andere grundlegende steuerrechtliche Fragestellungen geht. Solche einfachen Beratungstätigkeiten sind allerdings für studentische Steuerberatung typisch, während die Komplexität im Bereich der studentischen Rechtsberatung sogar noch höher ausfallen kann. Insofern führt es zu verfassungswidrigen Spannungen, wenn der Gesetzgeber einerseits auf dem Gebiet des allgemeinen Rechts die unentgeltliche Rechtsberatung – freilich unter fachkundiger Anleitung – ohne Erlaubnisvorbehalt zulässt, andererseits studentische Steuerberatung grundsätzlich verbietet und sogar mit Geldstrafe bedroht.

Das generelle Verbot der unentgeltlichen Steuerberatung (außerhalb eines Verwandtschaftsverhältnisses) verstößt allerdings auch gegen das Verhältnismäßigkeitsprinzip und verletzt Art. 2 Abs. 1 GG. Die Beschränkung bzw. Monopolisierung der Steuerberatung bei bestimmten Berufsgruppen ist zwar geeignet, einen qualitativ hochwertigen Markt im Interesse des Verbraucherschutzes zu gewährleisten[145]. Allerdings sind generalisierende Verbote, wie sie das StBerG vorsieht, weder erforderlich noch im Interesse des Verbrauchers. Der Gesetzgeber hätte bei unentgeltlicher Steuerberatung (durch Studenten) vorsehen können, hierbei jeweils einen Rechtsanwalt, Steuerberater oder Wirtschaftsprüfer im Rahmen von Einweisung, Fortbildung und Anleitung (vgl. § 6 Abs. 2 RDG) einzubeziehen. Dass der Gesetzgeber die unentgeltliche Hilfeleistung in Steuersachen für Angehörige (§ 6 Nr. 2 StBerG) erlaubt, zeigt, dass er sich zum Schutz des Verbrauchers bereits daran orientierte, ob der Rechtssuchende die Qualifikationen seines Beraters einschätzen kann. Dies kann aber auch für ein Freundschafts- oder Bekanntschaftsverhältnis gelten. Wenn der Gesetzgeber unentgeltliche Steuerberatung im Angehörigenverhältnis erlaubt, so müsste er folgerichtig auch weitere Fälle unentgeltlicher Steu-

---

[144] Einen Verstoß gegen Art. 3 GG nehmen an: *Dux*, in: *Deckenbrock/Henssler*, RDG, 4. Aufl. (2015), § 6 RDG Rn. 7; *Piekenbrock*, in: *Gaier/Wolf/Göcken*, RDG, § 6 Rn. 32; ders., AnwBl. 2011, 848 (850).
[145] Vgl. § 1 Abs. 1 Satz 2 RDG: „Es [das Gesetz] dient dazu, die Rechtsuchenden, den Rechtsverkehr und die Rechtsordnung vor unqualifizierten Rechtsdienstleistungen zu schützen."

erberatung legalisieren. Das StBerG unterliegt damit denselben verfassungsrechtlichen Bedenken, die schon für das RBerG galten. Die Erlaubnis unentgeltlicher Steuerberatung unter Freunden und – sofern bestimmte Voraussetzungen gegeben sind (vgl. § 6 Abs. 2 RDG) – auch unter Unbekannten ist also verfassungsrechtlich zwingend.

Ob das Steuerberatungsgesetz aus diesen Gründen verfassungswidrig ist, wird die Zukunft zeigen. Ein Richterspruch zu dieser Frage lässt sich nur dadurch erlangen, dass jemand bewusst gegen die gegenwärtige Regelung verstößt, um dann die Rechtmäßigkeit vor Gericht klären zu lassen. Eine an den Deutschen Bundestag gerichtete Petition des Bundes Studentischer Rechtsberater (BSRB) zwecks Liberalisierung des StBerG hatte bisher keinen Erfolg. Wünschenswert wäre eine Reform des § 6 Nr. 2 StBerG in Anlehnung an § 6 RDG, die dann so lauten könnte: „Das Verbot des § 5 gilt nicht für die unentgeltliche Hilfeleistung in Steuersachen; wer unentgeltlich Hilfeleistung in Steuersachen außerhalb familiärer, nachbarschaftlicher oder ähnlich enger persönlicher Beziehungen erbringt, muss sicherstellen, dass die Hilfeleistung unter Anleitung einer Person, die zur geschäftsmäßigen Hilfeleistung in Steuersachen befugt ist, erfolgt".

Kapitel 5 – Praktische Hinweise

1. Allgemeine Erwägungen

Die Gründung einer studentischen Rechtsberatung bedarf gründlicher Vorbereitung, da zahlreiche rechtliche Aspekte zu bedenken sind. Verstöße gegen das Rechtsdienstleistungsgesetz oder beispielsweise das unerlaubte Tätigwerden im Bereich der Steuerberatung können zu einem Unterlassungsanspruch von Marktteilnehmern führen (§ 4 Nr. 11 UWG i. V. m. § 6 Abs. 2 RDG), der z. B. von Rechtsanwälten oder der örtlichen Rechtsanwaltskammer geltend gemacht wird. Denkbar ist auch die Untersagung von Rechtsdienstleistungen nach § 9 Abs. 1 RDG durch die zuständige Behörde[1], wenn begründete Tatsachen die Annahme dauerhaft unqualifizierter Rechtsdienstleistungen zum Nachteil der Rechtsuchenden oder des Rechtsverkehrs rechtfertigen. Dazu muss sich die betreffende Person oder Einrichtung allerdings als generell ungeeignet erweisen, oder aber es steht keine juristisch qualifizierte Person für die Einweisung der Mitarbeiter, deren Anleitung und für Rückfragen zur Verfügung[2]. § 6 Abs. 2 RDG ist und bleibt damit eine ganz entscheidende Bestimmung im Alltag einer studentischen Rechtsberatung, auf deren Einhaltung auch die jeweiligen Verantwortlichen im Kreise der Rechtsberater achten sollten. Im Übrigen sollte grundsätzlich ein vertrauensvolles Verhältnis zur jeweiligen Rechtsanwaltskammer sowie zur zuständigen Behörde i. S. d. RDG (meist das zuständige Landgericht, zum Teil auch ein Oberlandes- oder Amtsgericht) aufgebaut werden.

---

[1] Vgl. www.rechtsdienstleistungsregister.de/Zustaendigkeitsliste.pdf, [Stand: 15.07.2015].
[2] *Müller*, MDR 2008, 359.

2. Haftung

Die Legal Clinics der US-amerikanischen Universitäten schließen regelmäßig Haftpflichtversicherungen ab, um die studentische Rechtsberatung zu sichern.[3] In Deutschland müssen studentische Rechtsberater im Gegensatz zu zugelassenen Rechtsanwälten keine Haftpflichtversicherung abschließen. Die Haftung kann einerseits durch die Wahl der Rechtsform, andererseits vertraglich reduziert werden. Es empfiehlt sich, die Haftung durch eine Mandatsvereinbarung auf Vorsatz und grobe Fahrlässigkeit zu beschränken – unbeschadet der Haftung aus Garantien sowie Fällen der §§ 307 Abs. 2 Nr. 2 (Kardinalpflichten) und § 309 Nr. 7 lit. a BGB. Um auf mögliche Haftungsfälle angemessen reagieren zu können, empfiehlt sich stets die Sicherung von Mandatsakten sowie die Protokollierung der einzelnen Schritte im Rahmen von Mandaten.

Außerdem ist es sinnvoll, eine klare und umfassende Mandantenvereinbarung zu treffen. Ein Beispiel für solche eine Mandantenvereinbarung findet sich im Anhang. In der Mandantenvereinbarung sollten die zentralen Punkte des Rechtsberatungsprozesses geregelt werden; insbesondere muss festgehalten werden, von wem welche Leistung an wen zu erbringen ist und in welchem Umfang bei Fehlberatung gehaftet wird.

3. Vor dem ersten Mandantenkontakt

Die Beratung selbst ist nicht ganz einfach, und es ist eine Vielzahl an Schritten zu berücksichtigen. Im Fokus muss immer das Ergebnis für den Mandanten stehen. Nachstehend wird der Gesamtprozess nachgezeichnet.

Je nach Art und Umfang der zu erwartenden Fälle sollte man darüber nachdenken, ob man regelmäßige Beratungszeiten anbietet und ob man die Beratungen immer an gleichem Ort stattfinden lässt. Es empfiehlt sich, die Räume eines Kooperationspartners zu nutzen. Das könnten zum Beispiel die Caritas, Diakonie, die Kirche, aber auch Stadt oder Hochschule sein. Letztlich spielt es aber keine wesentliche Rolle, wo die studentische Rechtsberatung erfolgt. Ob man die Rechtsberatungstreffen in einem offiziellen Raum der Universität oder anderswo (zum Beispiel in einem ruhigen Café) abhält, ist nicht entscheidend. Viel wichtiger ist, dass man eine vertrauliche Atmosphäre herstellt und den Fall vernünftig bearbeiten kann. Ein ruhiger Ort mit Privatsphäre ist besonders geeignet. Natürlich sollte man auch die Möglichkeit einräumen, individuelle Termine außerhalb fester Sprechstunden zu vereinbaren.

---

[3] *Stephan*, AnwBl. 1998, 89 (91). So bezahlte die Cornell Law School bereits vor ca. 15 Jahren ca. $15.000 pro Jahr.

4. Der Erstkontakt

Im Regelfall wird ein potenzieller Mandant per E-Mail Kontakt zur studentischen Rechtsberatung aufnehmen. Zunächst sollte er in seiner E-Mail den Fall grob darlegen, damit die Rechtsberatungsstelle entscheiden kann, ob sie Fall als solchen überhaupt beraten kann und möchte. Der schriftliche Erstkontakt ist deshalb zu bevorzugen, da er auf diese Weise – im Gegensatz zu einem Telefonat oder einem persönlichen Gespräch – bereits in Kurzform schriftlich vorliegt und so die Kommunikation innerhalb der studentischen Rechtsberatung sowie mit anwaltlichen Beiräten einfacher erfolgen kann. Im Übrigen ist die studentische Rechtsberatung bei diesem Vorgehen davor gefeit, im Rahmen von Gesprächen (telefonisch, Sprechstunden) erste rechtliche Einschätzungen abzugeben, die – mangels Möglichkeit der Rücksprache mit einem fachkundigen Anleiter – einen Verstoß gegen § 6 Abs. 2 RDG darstellen würden. Die Schriftform kann letztlich auch Beweis- und Dokumentationszwecken dienen.

In dieser Vorphase des Mandatsverhältnisses sollte geprüft werden, ob die Rechtsberatung den Fall bearbeiten kann oder ob der Fall nicht bei einer anderen Stelle besser aufgehoben wäre (etwa bei einer Verbraucherschutzzentrale, einem Rechtsanwalt). Außerdem muss innerhalb der Rechtsberatungsstelle entschieden werden, wer bzw. welches Beraterteam den Fall betreuen kann. Erst nach diesen Schritten sollte ein Erstgespräch mit dem Mandanten stattfinden. Wenn die Rechtsberatungsstelle den Fall nicht übernehmen kann oder möchte, muss der Mandant hierüber natürlich auch informiert werden. Es reicht eine formlose Ablehnung des Falles.

5. Das erste Mandantengespräch

a) Vorbereitung des Gespräches

Bevor der Fall bearbeitet werden kann, muss der Mandant hinreichend über Sinn und Zweck der Rechtsberatung sowie über seine Rechte und Mitwirkungspflichten aufgeklärt werden. Es muss klar sein, dass die Beratung durch Studenten und eben nicht durch Volljuristen erfolgt und daher nicht als finale oder professionelle Rechtsberatung betrachtet werden darf. Aus diesem Grund sollte man sich als Rechtsberater auch eine entsprechende Mandatsvereinbarung unterschreiben lassen (vgl. Anhang).

In der Mandatsvereinbarung wird abermals der Charakter der Beratung herausgearbeitet. Dem Mandanten muss genug Zeit gegeben werden, sich damit vertraut zu machen. Es empfiehlt sich daher, dem Mandanten die entsprechenden Dokumente bereits im Vorfeld per Mail zuzusenden.

Ferner muss der Mandanten darüber aufgeklärt werden, dass seine Daten gespeichert werden. Es empfiehlt sich daher, außerdem eine Datenschutzerklärung anzufertigen und sich unterschreiben zu lassen bzw. diese in die Mandantenvereinbarung zu integrieren. Erst dann sollte man in die Gespräche über den eigentlichen Sachverhalt einsteigen.

Ob man nun beim Mandantengespräch den betreuenden Rechtsanwalt gleich hinzunimmt oder zunächst nur durch einen Rechtsberater den Sachverhalt aufnimmt, ist der Rechtsberatungsstelle selbst überlassen. Ohne anleitenden Volljuristen darf allerdings kein Rechtsrat erteilt werden.

b) Das Mandantengespräch

Das Mandantengespräch verfolgt mehrere Zwecke. Zum einen muss man den Sachverhalt genau erfassen, zum anderen muss man herausfinden, was das (eigentliche) Ziel des Mandanten ist. Außerdem dient es dazu, einander kennen zu lernen und Vertrauen aufzubauen. Um später gut arbeiten zu können, sollte das erste Mandantengespräch ausführlich dokumentiert werden. Wenn der Mandant nichts dagegen hat, kann man auch ein Tonband mitlaufen lassen, um alle Informationen zu erfassen und ggf. später noch einmal nacharbeiten zu können. Bevor man ins Gespräch über den Fall einsteigt, sollte man darauf Obacht geben, dass auch tatsächlich alle wichtigen Informationen, Schriftwechsel und sonstigen Dokumente vorliegen.

Zu den Pflichten eines jeden Rechtsberaters gehört, den Sachverhalt vollständig aufzuklären und, sollte dies nicht möglich sein, sich beim Mandanten zurückzumelden und Rückfragen zu stellen.[4] Trotzdem sollte man sich darüber im Klaren sein, dass nicht immer alles stimmen muss, was der Mandant berichtet. Konkrete Zeitangaben müssen bei der Aufnahme des Sachverhaltes besonders sorgfältig protokolliert werden, da an sie bestimmte Fristvorgaben gebunden sein können.

Um die Begegnung mit Mandanten zu trainieren, kann man Mandantengespräche auch ganz ausgezeichnet simulieren. Wer sich auf Mandantengespräche realitätsnah vorbereiten möchte, dem ist die Teilnahme an einem sogenannten *Client Interviewing* zu empfehlen. Hier werden Fähigkeiten vermittelt, die helfen komplizierte Rechtssituationen bei der Erstbegegnung zu identifizieren und so aufzuarbeiten (Stichwort Sachverhaltsermittlung), dass eine Lösung im Sinne des Mandanten möglich wird. Beim Client Interviewing handelt es sich um ein simuliertes Mandantengespräch, bei dem die Anliegen des Mandanten herausgearbeitet werden. Da es zu dieser Übung ein Feedback von erfahrenen Interviewern gibt, lernt der Teilnehmer, wie ein Mandantengespräch geplant, durchgeführt und nachgearbeitet wird.

Inzwischen werden dazu sogar bundesweite und internationale Interviewing-Wettbewerbe ausgetragen (*Client Interviewing Competitions*), die ähnlich wie Moot Courts über mehrere Runden gehen.[5] Auch hier bekommt man Feedback von Experten, die die Schiedsrichterbank besetzen (in der Regel Professoren oder Anwälte) und kann sich vor- und nachher mit anderen Teams austauschen.

Das Mandanten-Erstgespräch ist extrem wichtig und von größter Bedeutung für die Falllösung. Bedauerlicherweise werden Befragungstechniken im Studium in der Regel nicht vermittelt. Im Mandantengespräch werden die entscheidenden

---

[4] BGH, NJW 1961, 601; vgl. auch BGH, NJW 2002, 1413; 1998, 2048; *Vollkommer/Greger/Heinemann*, Anwaltshaftungsrecht, 3. Aufl. 2009, § 10 Rn. 8.

[5] Vgl. *Hannemann/Mertes*, GJLE 2014, 165 ff.; *Hannemann/Mertes*, JuS 2014, 38 ff.

Informationen gewonnen und die zugrundeliegenden Probleme identifiziert. Außerdem dient es dem Aufbau eines Vertrauensverhältnisses zwischen Mandanten und Anwälten. Lösungsansätze fußen grundsätzlich auf den Informationen des Beratungsgespräches. Je professioneller es geführt wurde, umso besser die Grundlage für die weitere Beratung. Ein gut konzipiertes Training solcher Befragungen (zum Beispiel in Form einer wechselseitigen Beratung als Rollenspiel mit ausgewählten simulierten Fällen) ist für die beratenden Studenten extrem hilfreich. Das Training vermittelt auch, wie man das Gespräch ordnet und wie persönlich bzw. distanziert man es hält.

c) Ad Hoc Beratung[6]

Ein Sonderfall des Mandantengespräches stellt die Ad Hoc Beratung dar. Dabei handelt es sich um ein einmaliges Treffen zwischen dem Rechtsberater und seinem Mandanten an, das sich direkt ein erster grober Rechtsrat anschließt. Eine weitere Beratung gibt es nicht. Es bleibt also bei diesem einen Gespräch und dem darauf aufbauenden Rechtsrat. Nachteil dieses Unterfangens ist, dass man nur sehr oberflächlich beraten kann (Erstberatung) und wohl kaum tiefer schürfen wird. Das ist nicht immer befriedigend für den Mandanten, da er möglicherweise mit einem nur halb gelösten Problem zurückgelassen wird. Vorteil einer Ad Hoc Beratung ist, dass man darüber – zumindest indirekt – das Haftungsrisiko aufgrund der Kürze und Unverbindlichkeit des Beratungsgespräches einschränkt. Man kann hier regelmäßig von einem bloßen Gefälligkeitsverhältnis ausgehen, die in seiner Verbindlichkeit noch unterhalb eines Gefälligkeitsschuldverhältnisses (§ 311 Abs. 2 Nr. 3 BGB) liegt und noch nicht einmal ein Schuldverhältnis darstellt. Das heißt aber nicht, dass eine Fehlberatung völlig ohne Konsequenzen bleiben wird. Je nach Einzelfall (Umfang des Gespräches, Bedeutung des Rechtsrates für den Mandanten, erwecktes oder entstandenes Vertrauensverhältnis zum Mandanten, Anleitung durch einen Volljuristen) kommt eine quasi-vertragliche oder eine deliktische (§ 823 Abs. 2 BGB i. V. m. § 6 Abs. 2 RDG) Haftung in Betracht.

Eine Ad Hoc Beratung setzt voraus, dass bei den Beratungsgesprächen eine juristisch qualifizierte Person – zumindest telefonisch – zur Seite steht (§ 6 Abs. 2 RDG). Ist dies nicht der Fall, droht ein Verstoß gegen § 6 Abs. 2 RDG. Allerdings ließe sich über folgendes Modell nachdenken, bei dem eine juristisch qualifizierte Person nicht unmittelbar zur Verfügung steht: Der Rechtsberater beantwortet im Beratungsgespräch die Rechtsfragen, die er ohne Rücksprache mit einer juristisch qualifizierten Person beantworten kann. Das Erfordernis der Anleitung nach § 6 Abs. 2 RDG setzt grundsätzlich nicht eine engmaschige Kontrolle voraus, sondern bloß die Möglichkeit der Rücksprache und Rückabsicherung bei einer juristisch qualifizierten Person. Der Rechtsberater muss selbst erkennen können, wann die Rücksprache mit der anleitenden Person erforderlich ist und wann nicht. Entsprechend könnte eine Ad Hoc Beratung ohne Rücksprache mit einem Anwalt o. ä. dann

---

[6] Vgl. *Hannemann*, GJLE 2015, 141.

erfolgen, wenn es sich um eine einfache Rechtsfrage handelt. Bei schwierigeren Rechtsfragen müsste der Berater Rücksprache mit einer juristisch qualifizierten Person halten oder aber – sollte diese nicht verfügbar sein – Rücksprache und Beratung später durchführen.

Die studentische Rechtsberatungsstelle Göttingen, die mit der Tafel Göttingen kooperiert, führt prinzipiell nur Ad Hoc Beratungen durch. Hier sitzt bei den Beratungen aber auch immer ein Anwalt mit am Tisch.

Bisher kam es noch zu keinem Haftungsfall.[7] Aufgrund dieser groben Erstberatung können im Vergleich zu anderen studentischen Rechtsberatungsstellen allerdings wesentlich mehr Fälle in kurzer Zeit behandelt werden.[8]

d) Protokollierung und Archivierung

Es empfiehlt sich, die Gespräche mit dem Mandanten zu protokollieren. Die Protokollierung dient dazu, die Übersicht zu behalten und Nachweis über den Verlauf der Rechtsberatung führen zu können. Außerdem empfiehlt es sich, zum Abschluss des Projekts einen ausführlichen Projektbericht, der den Verlauf der Beratung noch einmal darstellt, zu erstellen. Die Rechtsberater können so ihre Erfahrungen, Probleme und Optimierungsmöglichkeiten aus der stattgehabten Beratung besser überblicken.[9]

Das Protokoll wird entweder direkt während des Gesprächs von einem der studentischen Rechtsberater erstellt oder nach der Beratung verfasst, dann unter Zuhilfenahme von Notizen. Im Protokoll werden sämtliche vom Mandanten angesprochenen Punkte festgehalten. Dies geschieht aus zwei Gründen: Zum einen lässt sich so die Lösung des Falles besser, ggf. unter anwaltlicher Anleitung, erarbeiten, zum anderen dient es dem Nachweis ordentlicher Beratungspraxis. Das Protokoll sollte daher den gesamten Ablauf der Beratung abbilden, die wesentlichen Fakten herausarbeiten und eine gute Übersicht über das Beratungsgespräch geben. Dabei ist es nicht zwingend erforderlich, dass der genaue Wortlaut aufgezeichnet wird. Es reicht völlig aus, wenn der konkrete Verfahrensablauf in Stichworten dargestellt wird. Nicht fehlen dürfen aber die grobe Skizzierung des Gesprächs-Verlaufes, die erkannten Probleme und Schwerpunkte sowie darauf bezogene erste vorläufige Lösungsansätze. Außerdem sollte das Protokoll übersichtlich gegliedert sein, so dass ein Teammitglied, das nicht anwesend war, oder ein unbeteiligter Dritter den gesamten Verlauf des Gespräches nachvollziehen können. Dazu müssen die Protokolle vollständig und klar verständlich sein. Das Protokoll sollte zeitnah fertiggestellt werden und allen Beteiligten, auch dem Mandanten, zugesandt werden. So wird

---

[7] Vgl. *Hannemann*, Erste statistische Erhebung zur Entwicklung der Studentischen Rechtsberatung in Deutschland, GJLE 2015, 139.

[8] *Pachelbel/Steinhof*, Die Studentische Rechtsberatung der Universität Göttingen stellt sich vor, GJLE 2015, 68 ff.; *Hannemann*, Erste statistische Erhebung zur Entwicklung der Studentischen Rechtsberatung in Deutschland, GJLE 2015, 142.

[9] Vgl. *Prümm*, Handbuch Studentische Rechtsberatung StuR an der HWR Berlin, 2011, S. 14.

5. Das erste Mandantengespräch

sichergestellt, dass der Sachverhalt korrekt und vollständig aufgenommen wurde. Zugleich schützt dieser Schritt den Rechtsberater später vor Haftungsfragen.

Um die Protokolle allen Beteiligten immer in der aktuellsten Version zugänglich zu machen und später nachhalten zu können, empfiehlt sich ein Cloud Speicher System wie z. B. *DropBox* oder *GoogleDrive*. Bei einem Cloud System handelt es sich um eine internetbasierte dezentrale Sicherungsspeicherung, die darüber hinaus auf jedem verbundenen Gerät abgelegt wird und somit mehreren Personen den Zugang auf dieselben Dokumente ermöglicht. Wichtig ist hierbei im Vorfeld abzuklären, wer auf welche Daten zugreifen darf und wie die Daten verschlüsselt werden, um den Zugriff Dritter auszuschließen. Der Datenschutz muss berücksichtigt werden! Natürlich kann man auch mit Aktenordnern arbeiten. Dann muss jedoch gewährleistet sein, dass die Akten unter Verschluss sind, übersichtlich geführt und nach einer gewissen System verwaltet werden. Es muss sichergestellt sein, dass man jederzeit wieder darauf zugreifen kann, sie also wiederfinden wird. Sofern eine Kooperation mit einer Universität besteht, bietet es sich an, die Akten an der Universität zu archivieren.

Eine formelle Dokumentations- und Archivierungspflicht von Gesprächsprotokollen etc. besteht für unentgeltliche Rechtsberatung jedoch nicht. Die entsprechenden Vorschriften des anwaltlichen Standesrechtes finden keine analoge Anwendung. Allerdings ist es grundsätzlich sinnvoll, analoge und digitale Daten über einen Zeitraum von mindestens drei Jahren aus Dokumentations- und Beweisgründen aufzubewahren. So ist sichergestellt, dass der Ablauf der einzelnen Beratungen bis zum Ablauf der Verjährungsfrist (§ 195 BGB) nachgewiesen werden kann.

Die jeweilige studentische Rechtsberatung muss ein Konzept zur Datenfluss und zur Datenverwaltung erarbeiten., damit anstehende Aufgaben, offene Mandate etc. jeweils erkennbar bleiben, Interessenkollisionen gleich zu Beginn einer Mandatsaufnahme überprüft werden können und zugleich die nötige Vertraulichkeit gewährleistet ist. Letzteres kann es erforderlich machen, dass nur einzelne Mitarbeiter einer studentischen Rechtsberatung Zugriff auf bestimmte Daten erhalten (zugleich muss dabei aber noch die Prüfung von Interessenkollisionen möglich bleiben, was für ein einfaches Verwaltungssystem eine Herausforderung darstellt).

Protokolle und Schriftsätze sind jeweils zu kategorisieren und nummerieren.[10] Mandate und Aufgaben könnten folgendermaßen in Ordner aufgeteilt werden:

- eine Ablage für eingehende Anfragen (in der Regel per Mail), deren Vertretbarkeit geprüft wird
- einen Ordner (Archiv) für abgelehnte Anfragen, also solche Fälle, die man nicht bearbeiten kann, darf oder will
- einen Ordner für aktuell zu bearbeitende Fälle (hohe Priorität), bei dem anstehende Aufgaben und die zuständigen Sachbearbeiter klar erkennbar sein müssen
- einen Ordner für abgeschlossene Fälle oder solche, die sich von alleine erledigt haben.

---

[10] Ein interessantes Beispiel zur Vorgehensweise bei der Kategorisierung und Nummerierung findet sich in: *Prümm*, Handbuch Studentische Rechtsberatung StuR an der HWR Berlin, Berlin 2011, S. 19.

Um ein solcherart gegliedertes EDV-System zu implementieren, Kontakte zu ordnen und termin- und fristgerecht Aufgaben zu bearbeiten, empfiehlt sich die Anschaffung einer entsprechenden Software (ggf. sogar eine Kanzlei-Software). Der Bund studentischen Rechtsberater (BSRB) stellt ein solches Programm kostenfrei für die studentischen Rechtsberatungen in Deutschland zur Verfügung.[11]

Häufig besteht aber auch die Möglichkeit, Anwaltssoftware erst einmal kostenfrei für ein halbes Jahr zu testen.[12] Charakteristika einer solchen Software sollten sein: Dokumentenverwaltung (eingehender und ausgehender Schriftverkehr, Dokumentenablage für Protokolle etc.), Aufgabenverwaltung (offene Mandate, anstehende Aufgaben, Vorgangskontrolle mit Erinnerungsfunktion), Adress- und Kontaktverwaltung.

6. Fallbearbeitung

Nach dem ersten Mandantengespräch und einer erneuten Einschätzung, ob der Fall sinnvoll bearbeitet werden kann, geht es dann an die Fallbearbeitung. Im Gegensatz zum juristischen Studium geht es hier nicht ausschließlich um die Erörterung der Rechtslage, sondern auch um einen konkreten Rechtsrat, wie der Mandant verfahren könnte. Im Vordergrund steht regelmäßig die Lösung eines rechtlichen Konflikts durch eine saubere Einschätzung der Rechtslage, Erörterung rechtlicher Schritte (gerichtliches Mahnverfahren, Klage, Vergleich etc.) und ggf. durch Verhandlungen mit anderen Parteien.

Der protokollierte Fall sollte von den zuständigen Beratern zunächst in der Gruppe erörtert werden. Unter Umständen bietet es sich an, bereits zu diesem Gespräch den anleitenden Volljuristen hinzuzuziehen. Dabei ist jede Information des Mandanten von Bedeutung. Nichts sollte unberücksichtigt bleiben. Möglicherweise stellt sich im Laufe der Fallbearbeitung heraus, dass der Fall durch die studentische Rechtsberatung nicht sinnvoll bearbeitet werden kann – etwa wegen der Spezialität des Rechtsgebietes, des großen Umfanges des Falls, des hohen Streitwertes, wegen starker prozessualer Bezüge oder weil der Fall keine Aussichten auf Erfolg hat. Dem Mandanten sollte in diesem Falle frühmöglichst mitgeteilt werden, dass die Möglichkeiten der studentischen Rechtsberatung erschöpft seien und er sich ggf. anwaltlich beraten und vertreten lassen müsse.

Sobald Klarheit über den Sachverhalt herrscht, sollte man in die Falllösung einsteigen. Zunächst ist die Rechtslage unter Zugrundelegung von Rechtsprechung und Literatur zu analysieren. Dazu bedarf es genauer, intensiver und aktueller Recherche. Entscheidende Hinweise und Tipps kann meist der anleitende Volljurist geben, der sich regelmäßig zwar nicht en détail mit dem Mandat beschäftigen wird und kann, allerdings praktische Lösungsansätze für die Lösung des Falles nennen kann, die ein Student oft gar nicht sieht oder für dessen Erarbeitung ein Student

---

[11] *Hannemann*, GJLE 2015, 144; *Hannemann/Czernicki*, GJLE 2015, 46.

[12] Zum Beispiel das von der studentischen Rechtsberatungsstelle Passau genutzte Programm „A-Jur", vgl. *Georgescu*, GJLE 2015, 129.

unverhältnismäßig viel Zeit brauchen würde. Insofern kann die kurzfristige Rücksprache mit einem anleitenden Volljuristen auch dem Studenten viel Zeit sparen, die er möglicherweise in falsche Lösungsansätze investiert hätte. Manchmal lohnt sich auch eine banale Recherche zum Thema in Suchmaschinen oder Onlineportalen[13], um auf ähnlich gelagerte Rechtsfälle oder Rechtsfragen zu stoßen, die in der Vergangenheit bereits gelöst wurden.

Oft liegen die schwierigen Probleme eines Falles übrigens gar nicht auf der rechtlichen, sondern auf der tatsächlichen Ebene. Mit anderen Worten: Die Voraussetzungen eines deliktischen Haftungsanspruches zu prüfen ist verhältnismäßig einfach. In der Praxis ist der Rechtsberater dann mit der oft viel schwierigeren Frage der Beweiserhebung beschäftigt, wer etwa den Schaden zu verschulden hat.

Für eine Einschätzung der Rechtslage sind in erster Linie Anwaltshandbücher und Kommentare zu konsultieren. Außerdem sollten die juristischen Datenbanken im Internet (beck-online, juris) auf einschlägige Rechtsprechung durchsucht werden. Studierenden der Rechtswissenschaften sei es nahe gelegt, die genaue Rechtslage ein wenig genauer unter die Lupe zu nehmen. Im Gegensatz zu einem praktizierenden Juristen haben Studenten wenig Praxiserfahrung und übersehen möglicherweise eine wenig bekannte Rechtsvorschrift, die den Fall grundsätzlich beeinflussen kann. Darum sollten sich Studenten für die Falllösung besonders viel Zeit zu nehmen. Natürlich ist es dem einzelnen Rechtsberater überlassen, wie genau er die Falllösung darstellen will (ausführliches Gutachten, Stichpunkte etc.). Wichtig ist nur, dass die Lösung als solche durchdacht ist und man sich die Zeit, die eine solche Lösung benötigt, auch nimmt. Nichts wäre schlimmer, als seinem Mandanten versehentlich eine falsche Lösung zu präsentieren, die nachteilig für ihn wäre.

Die Ergebnisse der Recherche sollte man in der Gruppe ausführlich besprechen. Nicht selten gibt es für ein und denselben Fall mehrere Lösungsansätze. Diese sollten auch dem betreuenden Volljuristen vorgestellt werden, der meist am besten einschätzen kann, welcher Ansatz sich in der Praxis lohnt, also in erster Linie sicher und zielgerichtet, aber auch kostengünstig, effizient, einfach und wenig zeitaufwändig ist. Im Vordergrund stehen die Interessen des Mandanten und das Vorsichtsprinzip.

7. Umgang mit fehlerhaften Informationen seitens des Mandanten

Häufig empfiehlt es sich, mehrere Beratungsgespräche mit dem Mandanten zu führen, um den Sachverhalt so transparent wie möglich zu machen. Das kann mitunter dazu führen, dass kleine Details neu zur Sprache kommen, die den Sachverhalt in völlig anderem Licht erscheinen lassen und die Rechtslage vollständig ändern. Manchmal stellt sich in der Folge auch heraus, dass Mandanten den Sachverhalt zu ihrem Vorteil „aufbereitet" hatten und bewusst unrichtig darstellten, weil sie beispielsweise eigenes Fehlverhalten nicht eingestehen mochten. Das kann zu Fehlberatungen führen. Und obwohl der Mandant mit unrichtigen Informationen

---

[13] Etwa: www.frag-einen-anwalt.de [Stand: 15.07.2015].

Verursacher der Fehlberatung war, trifft auch die studentische Rechtsberatung eine Verantwortlichkeit. Der studentische Rechtsberater hat zunächst einmal die Pflicht, den Sachverhalt aufzunehmen und die Darstellung des Mandanten an kritischen Stellen zu hinterfragen. Da bereits minimale Änderungen des Sachverhaltes zu einer komplett anderen Lösung führen können, ist es sinnvoll, sich die sachliche und inhaltliche Richtigkeit der Gesprächsprotokolle schriftlich bestätigen zu lassen. Manchen Mandanten veranlasst das bereits, die eine oder andere zurückgehaltene oder auch geschönte Information oder Relativierung zu korrigieren. Sollte dies nicht geschehen, liegt die Verantwortung für eine mögliche Fehlberatung bei ihm. Es ist sinnvoll, den Mandanten auf diese Rechtsfolge ausdrücklich hinzuweisen und eine entsprechenden Hinweis in die Mandantenvereinbarung aufzunehmen. Gesprächsprotokolle direkt nach einem Beratungsgespräch auszudrucken und von allen Beteiligten unterschreiben zu lassen, ist daher manchmal besser, als dem Mandanten das Protokoll zeitlich verzögert per Mail zuzusenden und – möglicherweise längere Zeit – auf eine Bestätigung zu warten. Aber auch die Bestätigung per Mail (*Mail-Hand-Shake*) hat ihre Vorteile und sichert die Rechtsberatung entsprechend ab.

Sollte sich herausstellen, dass ein Mandant den seinem Fall zugrundeliegenden Sachverhalt bewusst falsch dargestellt hat, empfiehlt es sich, das Mandat unverzüglich niederzulegen. Das mag hart klingen, aber gerade auf dem Gebiet der unentgeltlichen Beratung besteht die Gefahr, es mit Querulanten und Betrügern zu tun zu bekommen. Für die beratenden Studenten ist es eine erste bittere Erfahrung, wenn Hilfsbereitschaft auf diese Weise ausgenutzt wird. Leider gehören solche Erfahrungen aber auch zu studentischen Rechtsberatung dazu und werden wohl kaum jemandem erspart bleiben. Fairerweise muss man unterscheiden, ob es sich um kleine Schwindeleien handelt, die menschlich vielleicht sogar verständlich sind und außerdem auf den eigentlichen Fall keinen wesentlichen Einfluss haben, oder ob der Mandant vorsätzlich Informationen verfälscht, um das Ergebnis der rechtlichen Bewertung seines Falls in seinem Sinne zu manipulieren.

8. Die Lösung des Falles

Das Ergebnis der Fallbearbeitung sollte nach Rücksprache mit dem anleitenden Volljuristen dem Mandanten vorgestellt werden. Man sollte sich die Zeit nehmen, ihm die Rechtslage darzustellen und die möglichen Wege aufzuzeigen, die zu einer Lösung des Falles führen können. Zugleich sollte man auf mögliche rechtliche oder tatsächliche Risiken hinweisen. Auch ein erfahrener Rechtsberater kann niemals eine Garantie dafür abgeben, dass ein vorgeschlagener Lösungsweg wirklich ans Ziel führt.

Gemeinsam mit dem Mandanten sollten die nächsten konkreten Schritte erörtert werden. Behördengänge können von der Rechtsberatung noch begleitet werden. Auch Briefe können abgefasst werden. Eine Vertretung vor Gericht ist rechtlich aber kaum möglich, und auch bei entsprechenden Möglichkeiten wäre davon abzuraten. Unter Umständen ist in einem solchen Falle der Gang zum Rechtsanwalt zu empfehlen.

9. Abschluss und Nachbereitung der Rechtsberatung

Ein Fall ist erst dann abgeschlossen, wenn die Anliegen des Mandanten hinreichend erfüllt sind. Der zuständige Rechtsberater sollte für Rückfragen oder Fallausweitungen bereitstehen und dann auch weiterhelfen. Dafür ist ein Zeitpuffer einzuplanen.

Ist der Fall dann abgeschlossen oder hat er sich von alleine erledigt, sollte man die zugehörigen Unterlagen sammeln und (digital) archivieren.

Wenn ein Fall von einem Rechtsanwalt weiterbetreut wird, lohnt es sich, den weiteren Verlauf zu beobachten. Manchmal ergeben sich noch interessante Erkenntnisgewinne.

Kapitel 6 – Organisatorische Aspekte der Rechtsberatung

Die studentische Rechtsberatung sollte so aufgebaut werden, dass sie als Institution auf Dauer bestehen bleibt. Das erfordert eine Vielzahl organisatorischer Maßnahmen.[1]

1. Koordination der Rechtsberatungsstelle

Wie jede Institution benötigt auch eine Rechtsberatungsstelle einen (oder mehrere) Mitarbeiter als Koordinator, der sich um die administrativen Aufgaben und den Fortbestand der Rechtsberatung als solcher kümmert. Gerade bei studentischen Rechtsberatungsstellen, die nicht an die Universität gebunden, sondern auf Initiative von Studenten gegründet und betrieben worden, konnte man in den vergangenen Jahren immer wieder beobachten, dass die Projekte irgendwann einschlafen.[2] Am besten ist es, wenn diese Aufgabe von einem erfahrenen Juristen übernommen wird, der das Projekt uneigennützig voranbringen möchte (etwa ein Professor, Lehrbeauftragter oder akademischer Mitarbeiter). So kann das Fortbestehen der Rechtsberatung über mehrere Studentengenerationen hinweg sichergestellt werden.

Der Koordinator der Rechtsberatungsstelle verantwortet deren „Management", also sämtliche organisatorische Aufgaben, die strategische Ausrichtung der Rechtsberatung, ihr „Marketing" und ihre Nachhaltigkeit über Studentengenerationen hinweg. Zum „Management" der Rechtsberatung gehören auch folgende Aufgaben:

- die Kontaktpflege zu anderen Hochschulen und ähnlichen Projekten (vor Ort)
- die Verwaltung der Mandate (Überprüfung, Annahme, Verteilung von Fällen, Archivierung)
- die Koordination der eingehenden Mails und Nachrichten

---

[1] Vgl. zur Einführung: *Dastis/Udich*, Gutes pro bono leisten: Wie gründet man eine Law Clinic? Rechtlicher Rahmen und Gestaltungsmodelle – mit und ohne Anwälte, AnwBl. 2013, 721–730.
[2] *Prümm*, GJLE 2014, 70.

- der Kontakt zu den einzelnen Mitgliedern, Koordination der regelmäßigen Treffen und Veranstaltungen
- das Organisieren der Räumlichkeiten, der EDV (z. B. auch der Internetseite) etc.
- Koordination des Austauschs zwischen Studenten, dem Beirat und den anleitenden Volljuristen
- Qualitätssicherung und Compliance in der Rechtsberatung (Einhalten von Terminen, Gewährleistung zuverlässiger und nachhaltiger Beratungspraxis, Anwesenheit der entsprechenden Berater und rechtzeitige Bearbeitung der Fälle)

Bei selbstständigen Rechtsberatungen ohne Anbindung an eine Hochschule empfiehlt es sich, einen Beirat aus Anwälten, Professoren und Richtern aufzubauen, der das Projekt unterstützt und im Falle eines Generationswechsels die Kontinuität gewährleistet. Je enger eine Rechtsberatungsstelle an eine Hochschule angebunden ist, desto größer ist die Wahrscheinlichkeit, dass das Projekt auf Dauer fortgeführt wird.

Besonderes Engagement sieht man in den Legal Clinics, in denen sich die Teilnehmer des Projektes selbst organisieren und der Koordinator nur als Mentor und Ansprechpartner für Fragen zur Verfügung stehen. So verantworten die Studenten auch die strategische Ausrichtung der Rechtsberatung, was die Motivation positiv beeinflusst.

Aber ein Koordinator muss sich auch darum kümmern, dass die getroffenen Absprachen eingehalten werden und im Falle, dass dies nicht erfolgt mittels hochschulüblicher Instrumente „mahnen"[3] oder anderweitig sanktionieren.

2. Marketing[4]

Eine Rechtsberatungsstelle, die im Internet präsent ist und auf sich aufmerksam macht, darf recht bald mit Anfragen rechnen. Interesse an unentgeltlicher Rechtsberatung wird es immer geben. Gleichwohl sollte eine Rechtsberatungsstelle ein gruppenspezifisches Marketing betreiben. Dabei geht es einerseits um die Akquise geeigneter Mandate, die die studentische Rechtsberatung auch bearbeiten kann, andererseits um das Anwerben geeigneten studentischen Nachwuchses, um die Nachhaltigkeit des Projektes zu gewährleisten.[5]

a) Mandantenbezogenes Marketing

Zunächst: Machen Sie sich keine Sorgen, dass Sie keine Mandanten finden würden. Rechtsrat ist gefragt und wenn er dazu noch kostenlos ist, umso mehr. Allein schon

---

[3] *Prümm* spricht in diesem Zusammenhang vom Controlling durch die Steuerungsgruppe: *Prümm*, GJLE 2014, 69.
[4] Zur Tragweite und Gestaltung des Marketings *Prümm*, Handbuch studentische Rechtsberatung – StuR an der HWR Berlin, S. 20 ff.
[5] Zur Bedeutung des Marketings insgesamt *Prümm*, Handbuch studentische Rechtsberatung – StuR an der HWR Berlin 2011, S. 20 ff.

2. Marketing

jeder dritte Student ist ein potenzieller Mandant einer zivilrechtlichen Rechtsberatungsstelle.[6] Trotzdem ist das mandantenbezogene Marketing wichtig. Es zielt darauf ab, geeignete Mandanten anzusprechen, deren Fälle von einer studentischen Rechtsberatung bearbeitet werden können und in das eigene Profil passen.

Dazu gehört zum Beispiel eine eigene Homepage, damit die Rechtsberatung im Internet sichtbar ist. Es empfiehlt sich, dort allgemeine Angaben zur Rechtsberatung zu veröffentlichen (Entstehung, Beratungsfelder, finanzielle Obergrenze der zu beratenden Fälle, ggf. auch direkt die Mandantenvereinbarung sowie weitere für die Mandanten relevante Informationen), den Beratungsablauf kurz darzustellen, den betreuenden Beirat und das studentische sowie ggf. universitäre Team vorzustellen. Hilfreich für Homepage-Besucher ist eine Rubrik mit FAQs, also den häufigst gestellten Fragen mit entsprechenden Antworten. Zur Orientierung findet sich ein solches FAQ im Anhang dieses Buches.

Außerdem empfiehlt es sich, mit Flyern oder Plakaten an den Orten, an denen sich potenzielle Mandanten anzutreffen sind, auf das Angebot hinzuweisen (z. B. im Arbeitsamt, an der Universität, im Flüchtlingsheim).

Auf diese Weise spricht sich das Angebot der Rechtsberatungsstelle herum. Dazu trägt auch bei, konkrete Kreise über die Existenz der Rechtsberatungsstelle zu informieren. Im Asylrecht könnten das zum Beispiel entsprechende Behörden und Flüchtlingsorganisationen sein. Richtet sich die Rechtsberatung nur von Studenten der eigenen Fakultät, so sollte man das Studienberatungsbüro und vielleicht den ein oder anderen Lehrstuhl darüber in Kenntnis gesetzt haben.

b) Nachwuchsförderndes Marketing (HR)

Marketing gilt nicht nur dem Anwerben von Mandanten, was bei studentischer Rechtsberatung das geringste Problem sein dürfte, sondern ist auch Instrument innerhalb der Universität, um die studentische Rechtsberatung auf Dauer auszubauen und zu festigen. Dazu gehört auch, dass man dafür Sorge trägt, dass das Projekt an die nächste Studentengeneration weitergereicht wird. Aber auch das sollte nicht sonderlich schwer sein, da die meisten Jurastudenten nach Möglichkeiten suchen, ihr theoretisches Wissen in die Praxis zu übertragen und zu erproben.

Um Nachwuchs zu akquirieren, empfiehlt es sich, Studenten bereits im ersten Semester anzusprechen. Sicherlich ist eine vernünftige Fallbearbeitung erst Studenten in höheren Semestern möglich, aber auf diese Weise kann man bereits frühzeitig Kontakte zur Rechtsberatung herstellen. Außerdem können Studenten, die sich für diese Tätigkeit interessieren, bereits frühzeitig praktische Erfahrungen sammeln, indem sie beispielsweise rechtsberatende Teams begleiten.

Innerhalb der Studentenschaft kann man durch Plakate und Veranstaltungen auf sich aufmerksam machen. Wenn man das Projekt in einer Vorlesung vorstellt, ist davon auszugehen, dass interessierte Studenten das Gespräch suchen. Auch eine

---

[6] So auch: *Vogler* in: GJLE 2014, 29 mwN, der den Akzeptanzerfolg in der Studierendenschaft als geradezu vorhersehbar einschätzt.

selbstständige studentische Rechtsberatung, die sich unabhängig von einer Hochschule organisiert, sollte bewusst den Kontakt zur Universität suchen und sie als Keimzelle ihres rechtsberatenden Nachwuchses sehen. Durch das Verteilen von Handzetteln kann man seine Rechtsberatung ohne großen Aufwand schnell unter den Studenten bekannt machen. Ein Gefühl der Zugehörigkeit mit Außenwirkung kann man auch erzeugen, indem man Logo und Schriftzug der studentischen Rechtsberatung auf T-Shirts drucken lässt (selten teurer als 15 €) und diese T-Shirts an all diejenigen verteilt, die sich über einen gewissen Zeitraum in der studentischen Rechtsberatung engagiert haben.

In der Bedeutung nicht zu unterschätzen ist der (bereits erwähnte) Internetauftritt, der sowohl Mandanten als auch potentielle künftige Mitarbeiter über das Projekt informiert. Eine gute Ergänzung bietet eine *Facebook-Fanseite*, auf der man sich präsentiert, Neuigkeiten ab und an teilt und darüber Interessierte informiert. Es gibt auch Rechtsberatungsprojekte, die Videos auf YouTube einstellen und sich darüber bekannt machen. Auch dies ist sicherlich eine sehr direkte und interessante Form des Marketings. Hat man eine eigene Homepage, sollte man die Universität bitten, auf ihrer Startseite einen Link zur studentischen Rechtsberatung zu schalten.

3. Qualitätsmanagement

Studentische Rechtsberatung befindet sich in Deutschland in einer Art „Probephase". Von vielen Rechtsanwälten und Richtern werden studentische Projekte noch immer mit Argwohn beobachtet. Beweggrund dafür ist die wohlbegründete Befürchtung, dass unentgeltliche Rechtsberatung durch Studenten die Qualität der Rechtspflege und des rechtsberatenden Markts wesentlich verschlechtern könnte. Denn wenn Rechtsberatung durch Jurastudenten mit Volljuristen „als Backup" auch zum „Nulltarif" zu haben ist, werden einige Rechtssuchende nicht mehr den Kontakt zum erfahrenen (kostenpflichtigen) Anwalt suchen, sondern sich an studentische Rechtsberater wenden und dort möglicherweise schlechter beraten. Natürlich mag auch manche Kritik etablierter Juristen Ausdruck der Sorge sein, dass durch Legal Clinics eine Konkurrenzsituation zum Anwaltsberuf entsteht. Im Interesse studentischen Rechtsberatungen, aber auch im Interesse der Mandanten und letztlich im des einzelnen Beraters (Haftung), sollten studentische Rechtsberater daher ganz besonders auf die Qualität der eigenen Rechtsdienstleistungen und auf die Sicherung dieser Qualität achten.

a) Qualitätssicherung

Eine studentische Rechtsberatung ist schnell gegründet: Man sucht Mitstreiter, wirbt einen Rechtsanwalt als Berater an, gründet einen Verein, erstellt eine Homepage – und los geht's! Die ersten Probleme tun sich dann bei der Bearbeitung der ersten Fälle auf: Wie binden wir unseren Rechtsanwalt richtig ein? Wie kommunizieren wir untereinander? Wie kommunizieren wir mit dem Mandanten? Wie sorgen wir dafür, dass das erforderliche rechtliche Wissen in unserer Organisation an der richtigen Stelle vorhanden ist und in den zu bearbeitenden Fall eingebracht werden kann? Diese Fragen muss jede studentische Rechtsberatung für sich beantworten. Es ist wichtig, die bedeutsamen Fragen frühzeitig zu klären.

- **Nachhaltigkeit**: Verfügen wir über genügend zuverlässige Mitarbeiter, die Zeit für uns aufbringen können? Kümmern wir uns auch um Mitarbeiter aus jüngeren Semestern, so dass der Fortbestand der Rechtsberatung sichergestellt ist? Verfügen wir über Mitarbeiter, die auch die Geschäftsführung unserer Rechtsberatung übernehmen könnten? Fördern und fordern wir diese entsprechend?
- **Personal**: Unter welchen Gesichtspunkten wählen wir unsere Mitarbeiter aus? Verfügen wir über Regeln, um uns im Ernstfall von ungeeigneten Mitarbeitern zu trennen? Welche Pflichten haben unsere Mitarbeiter? Sind diese Pflichten den Mitarbeitern ausreichend bekannt und schriftlich festgehalten/vereinbart?
- **Vertraulichkeit**: Wie sichern wir den vertraulichen Umgang mit unseren Mandanten und deren Daten? Besteht die Möglichkeit, dass nur einzelne Mitarbeiter bestimmte Mandate aufrufen? Wie sichern wir die Daten unserer Mandaten vor Dritten? Welche Mitarbeiter haben Zugriff auf bestimmte Daten?
- **Anwaltlicher Beirat**: Stehen uns unsere anwaltlichen Beiräte im Bedarfsfall zur Verfügung? Welche Zeit können unsere anwaltlichen Berater jeweils aufwenden? Wie zeigen wir uns dem anwaltlichen Beirat gegenüber erkenntlich? Wie sorgen wir dafür, dass komplexere Mandate von unseren Beiräten anwaltlich übernommen werden?
- **RDG Compliance**: Wie sorgen wir dafür, dass die rechtlichen Vorgaben des RDG bei unserer Beratung beachtet werden? Dokumentieren wir die einzelnen Schritte der Mandatsbearbeitung? Wie sorgen wir dafür, dass es wirklich bei einer unentgeltlichen Beratung bleibt und Mitarbeiter mögliche Geschenke freundlich ablehnen?
- **Organisation**: Wie organisieren wir unsere Rechtsberatung? Gibt es eine Geschäftsführung/einen Vorstand? Wie binden wir unsere Mitarbeiter ein? Wer ist wem gegenüber verantwortlich? Gibt es regelmäßige persönliche Treffen?
- **Infrastruktur**: Verfügt die Rechtsberatung über finanzielle Ressourcen zur Kostendeckung für Homepage, Reisekosten, Druckkosten, Porto usw.? Gibt es Vorlagen und Formblätter (Mandatsvereinbarung, Musterverträge, Mustersatzung für Vereine)?
- **Wissensmanagement**: Wie halten wir juristisches Fachwissen und bestimmtes Erfahrungswissen fest? Wie führen wir unsere Mitarbeiter in bestimmte Themenbereiche ein und halten sie auf dem Laufenden?
- **Kooperationen**: Machen wir uns Gedanken über mögliche Kooperationen mit Hochschulen, Kanzleien, Behörden, Rechtsanwaltskammern und sozialen Trägern?
- **Kontaktpflege**: Halten wir Kontakt zu ehemaligen Mandanten, Mitarbeitern und anwaltlichen Beiräten?

b) Professionelle und ethische Standards

Studentische Rechtsberatung sollte u nicht nur als Möglichkeit begriffen werden, seine juristischen Kenntnisse und Fertigkeiten zu verbessern; studentische Rechtsberatung hat immer auch eine gesellschaftliche Verantwortung. Darum müssen auch für den studentischen Rechtsberater bestimmte professionelle und ethische Standards gelten. Dies gerade deshalb, weil dem Mandanten gegenüber, der seine rechtlichen Möglichkeiten nur schwer einschätzen und selten durchsetzen kann, ein besonderes Vertrauensverhältnis besteht.

Da eine studentische Rechtsberatung im allgemeinen nur eine begrenzte Zahl an Fällen aus bestimmten Rechtsbereichen behandeln kann, muss eine gezielte Vorauswahl getroffen werden. Immer wieder müssen Fälle abgelehnt werden, entweder weil zeitliche Kapazitäten aufgebraucht sind oder ein bestimmter Fall schlicht zu komplex ist. Um das entgegengebrachte Vertrauen von Mandanten nicht zu missbrauchen, sollte daher aus dem Internetauftritt der studentischen Rechtsberatung klar werden, welche Themengebiete behandelt werden können und welche nicht.

Im Interesse der Mandanten sollte stets die Qualität der Rechtsberatung im Vordergrund stehen und nicht die Anzahl der bearbeiteten Fälle. Studentische Rechtsberater tun daher gut daran, gelegentlich auch einmal ein Mandat abzulehnen und den Tipp zu geben, einen Rechtsanwalt aufzusuchen. Gerade wenn ein Rechtsfall Aussicht auf Erfolg hat, kann dieser Hinweis die bestmögliche Beratung des Mandanten sein. Studentische Rechtsberatung kann immer nur Erstberatung sein und ist immer unprofessioneller als anwaltliche Hilfe Ein Mandant mit einem erfolgsversprechenden Anliegen sollte daher direkt an einen Rechtsanwalt verwiesen werden, dessen Vergütung der Mandant regelmäßig von seinem Gegner zurückverlangen kann.

Im Umgang mit Mandanten ist auf professionelle Standards zu achten.

1. **Ehrlichkeit** währt am längsten. Im Austausch mit der gegnerischen Seite muss man nicht immer alle Karten auf den Tisch legen. Aber man sollte stets bei der Wahrheit bleiben!
2. **Professionelle Distanz.** Kommunizieren Sie mit Ihren Mandanten und möglichen Verfahrensgegnern stets auf einer professioneller Ebene. Es geht weder darum, dass Sie persönliche Freunde noch persönliche Feinde werden. Wahren Sie professionelle Distanz. Das ist das Beste, was Sie für Ihren Mandanten tun können, gerade mit Blick auf Ihre eigene Haftung und mit Blick auf sein Gefühl, Ihnen etwas schuldig zu sein.
3. **Höflichkeit.** Bleiben Sie höflich, selbst wenn Sie mit einer unethisch handelnden Person zu tun haben sind.[7] Drohungen sind tabu. Trotzdem kann es natürlich nötig sein, einen Standpunkt in aller Härte zu vertreten. Verwechseln sie Höflichkeit nicht mit mangelnder Entschiedenheit. Aber auch Kontenance und Selbstbeherrschung gehören zu den Tugenden eines Anwalts.

---

[7] Vgl. auch: *Hannemann*, Praxisleitfaden Moot Courts – Tipps und Tricks zur erfolgreichen Teilnahme, Berlin/Wien/Zürich 2015, 107 ff.

4. **Diplomatie.** Oft lassen sich schwere Rechtsstreitigkeiten mit etwas Diplomatie und Freundlichkeit gewinnen. Rechtlich sind Sie zwar Vertreter Ihres Mandanten. Nach außen können Sie aber auch als Vermittler und „Diplomat" auftreten. Gehen Sie auf die Gegenseite zu, reichen Sie ihr die Hand und mit etwas Glück können Sie den aktuellen Streitfall als Missverständnis entlarven. Versuchen Sie, der Gegenseite die Interessen Ihres Mandanten zu erklären, seien Sie aber auch offen für Erwiderung und Kritik. Prüfen Sie im Umgang mit Ihrem Mandanten und der Gegenseite, ob ein möglicher Kompromiss denkbar ist. Wagen Sie den direkten persönlichen und telefonischen Kontakt und erforschen Sie die rechtlichen Interessen beider Seiten.

5. **Sachlichkeit.** Ein sachlicher Umgang mit der Wahrheit ist für Sie und für Ihren Mandanten elementar. Nur weil Ihr Mandant Ihnen etwas erzählt, muss dies nicht stimmen. Erforschen Sie gründlich den Sachverhalt und die Interessen Ihres Mandanten. Vielleicht haben Sie schon einmal erlebt, dass die Aussagen eines Mandanten in Teilen geschönt waren oder bei wiederholten Gesprächen Widersprüche auftraten. Das ist bei kleinerem Abweichungen normal und kein Grund, gleich das Mandat niederzulegen. Sie sollten versuchen, sachlich zu bleiben und niemals Gefühle Überhand gewinnen zu lassen. Bewahren Sie Haltung. Sollte sich Ihr Mandant oder seine „Story" aber als unseriös erweisen, legen Sie das Mandat nieder. Als seriöser Rechtsberater sollten Sie keine unseriösen Mandanten vertreten.

Ein unabhängiger Rechtsberater sollte nicht nur fachlich einen guten Lösungsansatz liefern, sondern auch menschlich mit seinem Auftreten, das einen nicht zu unterschätzenden Einfluss Mandanten und Gegenseite hat, überzeugen. Auch der studentische Rechtsberater ist Organ der Rechtspflege und nicht ausschließlich Parteivertreter. Auch er vertritt bereits seinen späteren Berufsstand. Es gehört daher zur Redlichkeit zu verdeutlichen, dass es nicht darum geht, das Gesetz durch eine „Lücke" im Interesse des Mandanten auszuhebeln, sondern eine faire Lösung der anhängigen Rechtsfrage zu finden.

Daher sollte man grundsätzlich überlegen, welche Art von Fällen man annimmt und ob man Sozialkriterien (wie zum Beispiel die Bedürftigkeit des Mandaten) anwendet. In erster Linie sollte die studentische Rechtsberatung denjenigen helfen, die sich professionellen Rechtsrat nicht leisten können. Mit anderen Worten: Wer eine Penthouse Wohnung kauft und nun wegen verschiedener Mängel den Kaufpreis nachträglich mindern möchte, ist auch in der Lage, für einen Anwalt aufzukommen und braucht nicht die Unterstützung einer studentischen Rechtsberatung.

c) Umfragen zur Selbstevaluation

Eine studentische Rechtsberatung muss sich darüber Gedanken machen, wie sie ihre Qualität sichert und aufrecht erhält. Eine Evaluation durch Mandanten (z. B. das Ausfüllen eines vorher erarbeiteten Fragebogens) oder eine Selbstevaluation (also innerhalb der studentischen Rechtsberatung) sind hierzu geeignete Instrumente. Aber auch Verbleibsstudien (Was ist aus den ehemaligen Beratern geworden?) sind interessant. Dafür sollte man versuchen den Kontakt zu Ehemaligen zu halten. Vielleicht sind sie eines Tages – natürlich erst nach Abschluss der Ausbildung – dazu bereit als anleitende Volljuristen mitzuhelfen oder die Rechtsberatungsstelle auf andere Weise zu unterstützen. Damit geht auch der Netzwerk-Gedanke einher, den die Universitäten im angloamerikanischen Raum perfektioniert haben.

Die Evaluation durch Mandanten, studentische Rechtsberater und anleitende Anwälte ist ein wichtiges Mittel der Qualitätssicherung und Qualitätsverbesserung. Wer wirklich sehen will, wo er steht, wie er von Dritten wahrgenommen, verstanden und erlebt wird und welches Verbesserungspotenzial es gibt, der sollte die Wahrheit suchen. Sicherlich ist ein direktes Feedback nicht immer angenehm, weswegen wir dazu neigen es zu meiden. Trotzdem sind es gerade solche ehrlichen Rückmeldungen, die es uns ermöglichen uns zu verbessern. Wenn wir wissen, wie wir wahrgenommen werden und wo unsere Schwachstellen liegen, dann können wir möglicherweise an den richtigen Stellschrauben drehen, um dafür zu sorgen dass sich negativ empfundene Dinge ändern. Feedback ist aber auch nur dann wirksam, wenn es ehrlich ist und ohne Sanktion offen ausgesprochen werden kann. Daher empfiehlt es sich sämtliche Umfragebögen (der Mandanten, der Berater etc.) anonym auszuwerten. Andererseits kann bei internen Bewertungen (durch Berater und Anwälte) eine namentliche Kennzeichnung für etwaige Rückfragen vorteilhaft sein. Wenn sich herausstellt, dass Mitarbeiter bei kritischem Feedback eher zurückhaltend sind, sollte darüber nachgedacht werden, eine anonyme Feedbackbox oder ähnliches einzurichten. Insbesondere, wenn man mit einer Hochschule kooperiert, empfiehlt es sich zum Beispiel nach Rücksprache einfach einen handelsüblichen A4 Briefkasten irgendwo aufzuhängen. Das ist auch nicht verkehrt für die Mandatsannahme. Wenn das ganze studentisch organisiert ist, könnte man rein theoretisch sogar vereinbaren, dass ein bestimmtes Schließfach für Feedback genutzt wird. Es braucht dann auch nicht jeder einen Schlüssel, sondern man kann sein Feedback in Form eines Papiers durch einen der Schließfachschlitze schieben, sodass es ankommt.

Alle Fragebögen für Externe (Verbleibsstudie ehemaliger Mitarbeiter sowie Mandanten) sollten möglichst kurz gefasst sein, damit eine gewisse Chance besteht, dass sie auch ausgefüllt werden Die Faustformel ist: bei Schriftart Arial, Schriftgröße 12 und normalem Zeilenabstand von 1,5, nicht mehr als 2 Seiten. Den internen Fragebogen für Mitarbeiter und Anwälte kann man auch ausführlicher gestalten. Außerdem sollte man sich auch von unbeteiligten Dritten ab und zu ein Feedback zu Bereichen wie Marketing etc. einholen. In der Anlage dieses Buches finden Sie eine Mandantenbefragung zur Selbstevaluation.

d) Fachliche Anforderungen

An die beteiligten studentischen Rechtsberater müssen in fachlicher Hinsicht bestimmte Anforderungen gestellt werden (z. B. bestandene Zwischenprüfung, Notendurchschnitt, Bewerbungsgespräch, Probe-Mandat). Den studentischen Rechtsberatern sollte in einer Einführungsveranstaltung konkret der Ablauf eines Mandates erklärt werden. Bewährt hat sich auch, wenn ein neuer Berater bei den ersten Beratungen nur assistierend tätig wird und stets einen festen Ansprechpartner hat, der ihm als „Mentor" mit Rat und Tat zur Seite steht.

e) Supervisionen

Formelle Supervisionen, also eine ausführliche und intensive Begleitung, Beratung und Überprüfung jedes einzelnen Mitarbeiters durch einen eigens zugewiesenen Supervisor (der im Idealfall sogar eine entsprechende Ausbildung [z. B. Psychiater] vorweisen kann), sind in einer studentischen Rechtsberatung im allgemeinen nicht zwingend notwendig, da die Studenten selten mit Fällen konfrontiert werden, von denen sie sich nicht mehr emotional distanzieren können. Trotzdem ist es natürlich sinnvoll, einen Ansprechpartner zu haben, wenn doch solche Fälle vorkommen sollten. In den USA hat die ABA (American Bar Association) Supervisionen für Legal Clinics sogar als verpflichtend gefordert.

Bei Refugee Law Clinics sind Supervisionen dagegen eindeutig zu empfehlen. Die Studenten müssen sich nicht selten mit den posttraumatischen Verstörungen und Problemen ihrer Mandanten auseinandersetzen, ohne sich emotional zu sehr an den Mandanten zu binden. Das kann im Einzelfall schwierig sein. Die Fälle einer Refugee Law Clinic, die sich auf Asylrecht spezialisiert hat, sind eben anders gelagert als die einer studentischen Rechtsberatung, die sich auf Mietrechtfälle fokussiert, und können den Beratern sehr nahe gehen.[8] Im Asylrecht gibt es hin und wieder Fälle, die emotional sehr berühren: ein Mädchen, das vor ihrer Flucht vergewaltigt wurde, ein junger Mann, dessen ganze Familie ausgelöscht wurde. Hier ist eine Superversion unabdingbar.

In der Gießener Refugee Law Clinic wird den Beratern daher nahegelegt, einmal pro Monat an einer Supervision teilzunehmen.[9] Die Universität Gießen hat zur Qualitätssicherung überdies zwei Telefonnummern für die Berater eingerichtet, damit diese im Notfall jemanden haben, mit dem sie reden können: zum einen eine Telefonnummer, die sie direkt mit Psychologen und Psychiatern der Universität Gießen verbindet, zum anderen eine Telefonnummer zu Hochschullehrern oder Anwälten, die direkt helfen können und immer erreichbar sind.

f) Kommunikation mit dem Mandanten

Je nach Aufbau der Rechtsberatungsstelle, Fallspektrum und Herangehensweise ist es vielleicht nicht immer möglich (wenngleich wünschenswert) persönliche Treffen

---

[8] Vgl. mit weiteren Ausführungen: *Hocks,* Die Refugee Law Clinic an der Justus-Liebig-Universität Gießen, Asylverfahrensberatung durch Studenten, in: *Tiedemann/Gieseking* (Hrsg.), Flüchtlingsrecht in Theorie und Praxis – 5 Jahre Refugee Law Clinic an der Justus Liebig Universität Gießen (Schriftenreihe zum Migrationsrecht 13), Baden-Baden 2014, S. 33–47.
[9] *Hilb,* GJLE 2014, 125.

mit den Mandanten zu organisieren. Im Zeitalter globaler Vernetzung und des Internets ist das jedoch auch nicht in jedem Fall erforderlich. Man kann Fälle durchaus aus der Distanz lösen, sofern man mit seinem Mandanten den Fall ausführlich (telefonisch oder schriftlich) erörtern konnte. Bei besonders vertraulichen, persönlichen oder umfangreichen Fällen (wie z. B. bei der Unterstützung zur Gründung eines Unternehmens) sollte trotzdem nicht auf ein persönliches Treffen verzichtet werden. So oder so wird sich der Großteil der Kommunikation auf digitalem Wege per Mail oder bei komplexeren Rückfragen per Telefon abspielen.

4. Nachhaltigkeit

a) Expansionspolitik und Generationenwechsel

Für die Gründung einer studentischen Rechtsberatung wird ein Mitarbeiterteam von drei bis zehn Studenten benötigt. Insbesondere in der arbeitsintensiven Aufbauphase muss ein umfangreicher Informationsfluss untereinander sichergestellt werden. Regelmäßige Teamtreffen und intensiver Mailverkehr sind dazu notwendig.

Wichtig ist auch, dass man frühzeitig die wirklich engagierten Studenten innerhalb der Rechtsberatung identifiziert, ihnen organisatorische Aufgaben überträgt und prüft, ob sie zukünftig – insbesondere, wenn sie jüngeren Semesters sind – Verantwortung in der Rechtsberatung übernehmen und vielleicht sogar eines Tages das Projekt koordinieren können. Es ist von größter Wichtigkeit, dass man den Nachwuchs fördert und den Schritt in die nächste Generation an Rechtsberatern frühzeitig vorbereitet. Natürlich spricht auch nichts dagegen, dass Mitarbeiter auch nach dem ersten Staatsexamen die Rechtsberatung weiter begleiten, nach dem 2. Staatsexamen vielleicht sogar als Mitglied des anwaltlichen Beirates.

b) Kooperationen mit externen Partnern

Kooperationen mit externen Partnern sind wichtig für das Funktionieren der studentischen Rechtsberatung. Das betrifft die Zusammenarbeit mit der örtlichen Hochschule (sofern die Initiative nicht ohnehin von dieser getragen wird), ebenso wie mit konfessionellen Einrichtungen (z. B. Kirche, Caritas/Diakonie, Hochschulgemeinde an der Universität), Behörden und sozialen Institutionen (z. B. die „Tafel"). Darüber hinaus sollte man versuchen sich mit der lokalen Anwaltschaft gut zu stellen und dafür Sorge tragen, dass jene das Projekt der studentischen Rechtsberatung nicht etwa als Konkurrenz wahrnimmt. Kooperationen mit der Rechtsanwaltskammer und dem örtlichen Anwaltsverein können dem entgegenwirken.

Die meisten Rechtsberatungen sehen sich nach Kooperationspartnern um. Das bringt Vorteile und Synergieeffekte mit sich: Vom gemeinsamen Klientel (denjenigen helfen, die sich nicht selbst helfen können), über die Nutzung gemeinsamer Ressourcen (z. B. Arbeitsräume, die von einer Institution gestellt werden) bis hin zum Ausbau des Netzwerkes (ggf. Kontakte zu Anwälten, die sich im Beirat der Rechtsberatungsstelle engagieren; finanzielle Unterstützung usw.).

Der Vernetzung dient auch die Mitgliedschaft im Bund Studentischer Rechtsberater (BSRB), der sich als Dachverband sämtlicher studentischer Rechtsberatungen in Deutschland versteht. Er richtet regelmäßig Veranstaltungen zum Informationsaustausch und zur Kontaktpflege aus, stellt wichtige Dokumente zur Gründung einer Rechtsberatung (Mutersatzungen, Mandantenvereinbarungen, Musterfälle usw.) zur Verfügung und bietet Schulungen, Zertifizierungen und Symposien an.

Auf europäischer Ebene gibt es inzwischen einen Europäischen Dachverband und international einen Weltverband der Legal Clinics.

5. Das Team

a) Teambildung

Es empfiehlt sich, Rechtsberatung nicht alleine, sondern in kleinen Teams von zwei bis drei Mitarbeitern durchzuführen. Je komplexer der Fall, desto mehr Personen arbeiten daran mit. Es gilt das alte Sprichwort: Vier Augen sehen mehr als zwei. Außerdem fällt die Dokumentation des Falles leichter: Ein Mitglied der Rechtsberatung stellt konkrete Fragen, das andere dokumentiert den Gesprächsverlauf. Und sollte es wirklich einmal zu einem Haftungsfall kommen, ist es besser, wenn man bei der Beratung nicht alleine war, sondern einen Zeugen dabei hatte.

Man sollte sich bei Gründung einer Legal Clinic überlegen, welche Eingangsvoraussetzung Mitarbeiter erfüllen müssen. Es gibt studentische Rechtsberatungen, in denen jeder mitarbeiten kann, und andere, die eine ausführliche Bewerbung der Interessenten voraussetzt. Je größer die Zahl engagierter Mitarbeiter,, umso besser, aber umso größer auch der Verwaltungsaufwand und der Bedarf an Volljuristen, die die Arbeit der Rechtsberatung betreuen.

b) Fachfremde Rechtsberater?

Oft wird die Frage diskutiert, ob auch Studenten anderer Disziplinen (etwa Wirtschaftswissenschaften) an studentischen Rechtsberatungen teilnehmen können. Dies ist eine individuell zu entscheidende Frage. An und für sich spricht jedoch nichts dagegen: Der Gesetzgeber hat diese Frage bewusst offen gelassen. Vielfach geben entsprechend geschulte Mitarbeiter von Wohlfahrtsverbänden ebenfalls Rechtsberatung und werden dabei, wie es das RDG vorsieht, von einem Volljuristen angeleitet.

Auch jemand, der nicht Jura studiert, kann sich sicherlich in einem gewissen Umfang Rechtskenntnisse in einem speziellen Gebietes aneignen oder die Rechtskenntnisse anderer Berater durch Kenntnisse aus seinem Fachgebiet (z. B. aus der Betriebswirtschaft) ergänzen. Mancherorts nehmen daher auch Studenten anderer Disziplinen an Rechtsberatungen teil. In der letzten statistische Erhebung zur Entwicklung der Studentischen Rechtsberatung in Deutschland vom Bund Studentischer Rechtsberater gaben ca. 20 % der befragten Rechtsberatungsstellen an auch fachfremde Rechtsberater in die Beratungsteams aufzunehmen.[10] Es gibt aber auch Rechtsberatungsstellen, die nur Juristen aufnehmen und zusätzlich fordern, dass jene auch an der eigenen juristischen Fakultät studieren, was besonders häufig bei an den Universitäten angebundenen Rechtsberatungsstellen der Fall ist.[11]

c) Teamzusammenhalt

Man sollte daran arbeiten, den Zusammenhalt des Teams zu stärken. Empfehlenswert sind regelmäßige Arbeitstreffen, um bearbeitete Fälle oder Fälle in Bearbeitung untereinander vorzustellen und zu diskutieren. Insbesondere dieser Austausch ist wertvoll, da man noch einmal fachliches Feedback durch die Gruppe erhalten kann und nicht bloß über organisatorische Fragen redet.

Gemeinsame Unternehmungen fördern das Miteinander und können auch so gestaltet werden, dass eine fachliche Fortentwicklung stattfindet. Interessant wären zum Beispiel Projektfahrten oder die gemeinsame Teilnahme an einer Tagung bzw. einem Seminar (z. B. an dem jährlich ausgerichteten Symposium des BSRB).[12] Aber auch die gemeinsame Präsentation der eigenen Rechtsberatung (etwa in einer Vorlesung) kann das Team zusammenführen.

6. Finanzierung der Rechtsberatungsstelle

Glücklicherweise benötigt man für die Arbeit einer studentischen Rechtsberatung keine großen finanziellen Mittel. Denn zur Zeit erfahren Legal Clinics kaum finanzielle Unterstützung durch öffentliche Institutionen. Es ist jedoch absehbar, dass sich dies in den nächsten Jahren ändern dürfte. Das gesellschaftliche Interesse an ehrenamtlicher studentischer Rechtsberatung ist groß. Gleichzeitig benötigt eine Rechtsberatung keine umfangreichen Ressourcen: Räumlichkeiten (notfalls kann man sich mit den Mandanten auch in einem ruhigen Café treffen), IT-Infrastruktur (der BSRB stellt kostenlos Lizenzen für Anwaltsprogramme zur Koordination der Beratertätigkeit usw. über seine Kooperationspartner zur Verfügung) und anleitendes Personal (am besten einen von der Hochschule Beauftragten) können mit überschaubaren Finanzmitteln organisiert werden. Es empfiehlt sich immer, die Unterstützung einer Hochschule zu suchen, da hier bereits umfangreiche Ressourcen zur Verfügung stehen. Da studentische Rechtsberatung ein unentgeltliches Engagement ihrer Mitglieder voraussetzt, fallen Personalkosten für die eigentliche Beratung nicht an. Die Studenten profitieren allenfalls indirekt durch Leistungsanrechnungen und Benotung der Beratungsleistung im Zuge der juristischen Ausbildung.

---

[10] *Hannemann*, Erste statistische Erhebung zur Entwicklung der Studentischen Rechtsberatung in Deutschland, GJLE 2015, 145.
[11] Ebd.
[12] Vgl. dazu auch: *Hannemann/Lessinger*, Wege der studentischen Rechtsberatung in Vergangenheit, Gegenwart und Zukunft, JURA 12/2013, IV – VIII.

6. Finanzierung der Rechtsberatungsstelle

Nichtsdestotrotz ist es für eine Rechtsberatung vorteilhaft, Unterstützer zu haben und finanziell gut ausgestattet zu sein, um z. B. PR-Arbeit zu finanzieren oder Fachtagungen besuchen zu können.

Es gibt unterschiedliche Finanzierungsmöglichkeiten: Neben den bereits erwähnten Kooperationsmöglichkeiten mit Hochschulen, Kanzleien, Sozialverbänden etc. kann man an geeigneter Stelle um Unterstützung zu bitten. Besonders empfehlenswert ist es, den Kontakt zum örtlichen Anwaltsverein bzw. zur Rechtsanwaltskammer zu intensivieren und evtl. sogar eine Kooperation (Vermittlung von Anwälten, die sich im Beirat der anleitenden Juristen der Rechtsberatungsstelle engagieren) einzugehen. Auch der AStA einer Hochschule kann für manche Belange angesprochen werden.

Daneben gibt es eine Vielzahl an Fördermöglichkeiten. Eine studentische Rechtsberatung kann als Hochschulprojekt z. B. Förderanträge bei der Europäischen Union stellen. In Polen schüttet der Dachverband (FUPP), der von verschiedenen Institutionen Gelder einwirbt, an die ca. 25 polnischen Rechtsberatungen (auf Antrag) Gelder zwischen 100 und 10.000 € aus. Natürlich gibt es auch die Möglichkeit, Kosten auf die Mitglieder der Rechtsberatungsstelle in Form eines Mitgliedbeitrags umzulegen. Tendenziell sollte davon aber abgesehen werden, da die Studenten für ihr Engagement – abgesehen von der Erfahrung, die sie gewinnen – nicht entlohnt werden und ein Mitgliedsbeitrag eher abschreckend wirken könnte. Es wäre sinnvoller, sich nach Sponsoren umzuschauen und darüber eine Refinanzierung sicherzustellen.

Nachstehend wird in einer Grafik dargestellt, wie sich die Finanzierung der Legal Clinics in Deutschland nach der ersten statistische Erhebung zur Entwicklung der Studentischen Rechtsberatung in Deutschland des BSRB 2015 gestaltet.[13] Befragt wurden 10 Legal Clinics.

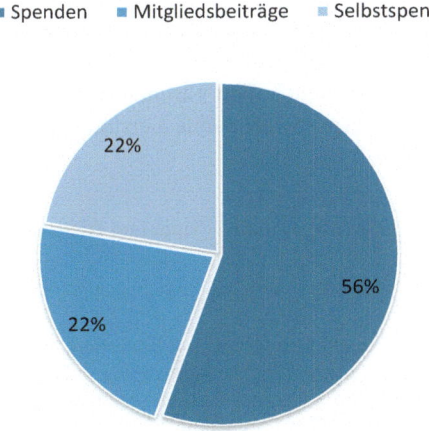

---

[13] *Hannemann,* Erste statistische Erhebung zur Entwicklung der Studentischen Rechtsberatung in Deutschland, GJLE 2015, 143 ff.

7. Anerkennung bzw. Anrechnung der Mitarbeit in der juristischen Ausbildung

Die Mitarbeit in einer Legal Clinic stellt eine ausgezeichnete Ausbildungsmöglichkeit dar und kann und sollte selbstverständlich auf das Studium angerechnet werden. Im Ausland ist dies gang und gäbe. So wird etwa in Polen die Ausbildung und das Engagement in einer Legal Clinic großzügig mit ECTS Punkten belohnt. Auch Moot Court Wettbewerbe (simulierte Gerichtsverfahren) erfahren inzwischen in der juristischen Ausbildung weitestgehend Anrechnung.[14]

Inzwischen wird das Engagement in einer studentischen Rechtsberatung, sofern sie denn an die Universität angebundenen ist oder zumindest mit ihr eng Kooperiert von vielen Universitäten als Schlüsselqualifikation anerkannt. Im Zuge der Bachelor Studiengänge werden häufig auch ECTS-Credit Points vergeben.[15] Einige Fakultäten gehen sogar so weit, die studentische Rechtsberatung in den Schwerpunkt zu integrieren, teilweise wird von einem neuen Trend gesprochen.[16] Insbesondere den Universitäten Berlin (die Humboldt Universität Berlin mit der Humboldt Law Clinic Internetrecht; Schwerpunktprüfung seit WS 2012)[17], Passau (Law Clinic der Universität Passau in Medien- und Informationsrecht; Schwerpunktprüfung seit WS 2014) und Marburg (Schwerpunktprüfung seit SS 2014) kann dabei eine Vorreiterrolle attestiert werden.[18] In Marburg verlangt der die Rechtsberatungsstelle betreuende Dozent (*Prof. Dr. Florian Möslein*) im Zuge der Schwerpunktprüfung eine gutachterliche Darstellung und, eine Darstellung der theoretischen Hintergründe zu den jeweiligen Praxisproblemen.

Für die nächsten Jahre ist zu erwarten, dass Tätigkeiten in einer Legal Clinic von den ausbildenden Fakultäten ausnahmslos auf das Studium angerechnet werden.

Außerdem gibt es Überlegungen, das Engagement in einer studentischen Rechtsberatungsstelle auf den Freiversuch im Staatsexamen anzurechnen, so dass Studenten, die sich noch neben dem Studium engagieren, ein weiteres Semester hinzugewinnen, ohne durch ihr Engagement den Freiversuch im Staatsexamen einzubüßen.

Dass die studentische Rechtsberatung für ihre Rechtsberater eine Bestätigung des zeitaufwendigen und anspruchsvollen ehrenamtlichen Engagements am Ende des Semesters ausstellt und darin die erbrachte Leistung würdigt, sollte eine Selbstverständlichkeit sein.

---

[14] Vgl. *Hannemann*, Praxisleitfaden Moot Courts – Tipps und Tricks zur erfolgreichen Teilnahme, Berlin/Wien/Zürich 2015, 18.

[15] So zum Beispiel auch an der HWR Berlin für das Engagement in der StuR: *Prümm*, GJLE 2014, 75 ff.

[16] So auch viele Stimmen im German Journal of Legal Education: *Hannemann*, Erste statistische Erhebung zur Entwicklung der Studentischen Rechtsberatung in Deutschland, GJLE 2015, 145; *Lewinski/Hoffmann*, Die Law Clinic im Informations- und Medienrecht an der Universität Passau, GJLE 2015, 93 ff.; *Asmussen*, Humboldt Law Clinic Internetrecht, GJLE 2015, 80 ff.; *Hannemann/Czernicki*, Eine rechtsvergleichende Analyse der „Clinical Legal Education", GJLE 2015, 40 ff.

[17] Vgl. *Asmussen*, GJLE 2015, 80 ff.

[18] Vgl. auch den vertiefenden Beitrag *von Lewinski/Hoffmann*, GJLE 2015, 90 ff.

Kapitel 7 – Prozessuale Bezüge

Das große studentische Interesse an gerichtlicher Praxis und forensischer Rede belegen schon die hohen Teilnehmerzahlen an Moot Courts, die gleichwohl nur einen fiktiven Einblick in die Praxis geben können. Wer als Student einmal selbst vor Gericht auftreten möchte, kann die Chance ergreifen, bei selbst erlittenem Unrecht oder für einen Angehörigen vor Gericht tätig zu werden. Zugunsten von engen Freunden oder unbekannten Dritten ist dies für einen Nicht-Anwalt bislang nicht möinen . Bereits 1998 wurde allerdings der Vorschlag unterbreitet, Studenten auch als Vertreter Dritter im Rahmen studentischer Rechtsberatung vor Gericht auftreten zu lassen, um so die theoretischen Aspekte der Ausbildung um praxisorientierten Aspekte zu bereichern.[1] Zehn Jahre später stellt sich mit der Novelle des RDG die Frage noch entschiedener, inwieweit es einem studentischen Rechtsberater erlaubt sein sollte, vor Gericht aufzutreten, um seinen Mandanten zu vertreten.

Vorweg sei angemerkt: Das RDG – im Original „Gesetz über außergerichtliche Rechtsdienstleistungen" – ist gar nicht auf gerichtliche Rechtsdienstleistungen anwendbar. Es regelt ausschließlich die Befugnis, außergerichtliche Rechtsdienstleistungen zu erbringen (§ 1 Abs. 1 Satz 1 RDG). In welchem Rahmen gerichtliche Rechtsdienstleistungen und eine Vertretung vor Gericht zulässig sind, richtet sich nach den einschlägigen Prozessordnungen (ZPO, StPO, VwGO, FGO, ArbGO, SozGO). Grundsätzlich ist damit ein Beistand durch studentische Rechtsberater vor Gericht nur in erstinstanzlichen Verfahren denkbar, in denen kein Anwaltszwang herrscht (Verwaltungsgericht, Finanzgericht, Arbeitsgericht, Sozialgericht, Amtsgericht mit einigen Ausnahmen in Ehe- und Familiensachen). Im Rahmen der Einführung des RDG wurden die einzelnen Prozessordnungen allerdings so angepasst, dass die unentgeltliche Erbringung von gerichtlichen Rechtsdienstleistungen (Vertretung, Beistand) außerhalb des familiären Rahmens kaum mehr möglich ist.

---

[1] *Stephan*, AnwBl. 1998, 89 (92 a.E.).

1. Unmittelbare Vertretung vor Gericht

Für den Zivilprozess gilt § 79 ZPO. Neben Rechtsanwälten sind danach nur volljährige Familienangehörige, Personen mit Befähigung zum Richteramt und Streitgenossen vertretungsbefugt (§ 79 Abs. 2 Nr. 2 ZPO). Außerhalb dieser engen Grenzen ist auch das Auftreten als Beistand in allen Gerichtszweigen ausgeschlossen (§ 90 Abs. 1 Satz 2 ZPO, § 12 Satz 2 FamFG, § 11 Abs. 6 Satz 2 ArbGG, § 67 Abs. 7 Satz 2 VwGO, § 73 Abs. 7 Satz 2 SGG, § 62 Abs. 7 Satz 2 FGO).[2] Studentische Rechtsberatung vor Gericht (Prozessvertretung) ist also grundsätzlich nicht möglich. Eine Ausnahme ergibt sich allein für den Strafprozess, auf den später einzugehen sein wird.

Freilich könnte man vermuten, dass ein Student als Beistand i. S. d. § 90 Abs. 1 Satz 3 ZPO, § 67 Abs. 7 S. 3 VwGO, § 12 Satz 3 FamFG, § 11 Abs. 6 Satz 3 ArbGG, § 73 Abs. 7 Satz 3 SGG, § 62 Abs. 7 Satz 3 FGO zugelassen werden kann, wenn dies sachdienlich ist und sich ein begründetes Bedürfnis erkennen lässt. Hierzu ist auf den Einzelfall abzustellen. Das Gericht hat eine Ermessensentscheidung zu treffen, wobei es etwa auch in seine Entscheidung miteinbeziehen wird, ob der Beistand die Vorgaben des § 6 Abs. 2 RDG erfüllt.[3] Eine Prozessbeistandschaft ist etwa dann sachdienlich, wenn der Vertretene eine ganz besondere Beziehung zum Beistand oder wenn der Beistand einen besonderen Bezug zum verhandelten Fall hat. Allein juristische Kenntnisse rechtfertigen die Zulassung als Beistand allerdings nicht.[4] Ein besonderer persönlicher Bezug zum verhandelten Fall wird – außer bei einem Freundschaftsverhältnis – selten vorliegen. Mithin ist auch diese Möglichkeit für studentische Rechtsberatung regelmäßig unbrauchbar.

2. Sonderfall: Studentische Strafverteidigung

Die Regelungen der StPO zur Vertretung vor Gericht und zur Strafverteidigung weichen von denen der anderen Prozessordnungen ab. Im Rahmen der Novellierung des RBerG durch das RDG wurden sie nicht entsprechend angepasst. Während ZPO, FamFG, ArbGG, VwGO, SGG und FGO grundsätzlich als rechtliche Vertreter nur Rechtsanwälte (sowie Familienangehörige, Beschäftigte u. a.) zulassen und für einen Rechtsbeistand besondere Sachdienlichkeit und ein besonderes Bedürfnis erfordern (§ 90 Abs. 1 Satz 2 ZPO, § 12 Satz 2 FamFG, § 11 Abs. 6 Satz 2 ArbGG, § 67 Abs. 7 Satz 2 VwGO, § 73 Abs. 7 Satz 2 SGG, § 62 Abs. 7 Satz 2 FGO), regelt die StPO zur Vertretung bzw. Strafverteidigung: Grundsätzlich sollen zwar auch im Strafverfahren nur Rechtsanwälte (oder Rechtslehrer mit Befähigung zum Richter-

---

[2] *Piekenbrock*, Legal Clinics im Jura-Studium und rechtlicher Rahmen im RDG, AnwBl. 2011, 848–853; ders., Rechtlicher Rahmen für Legal Clinics im RDG, www.jura.uni-hannover.de/fileadmin/fakultaet/Institute/Wolf/pdfs/2011/Legal_Clinic.pdf, [Stand: 15.07.2015].

[3] Vgl. VG Freiburg (Breisgau), Beschluss vom 23. September 2009–4 K 1219/07, NJW 2009, 3738.

[4] *Burgermeister*, in: *Prütting/Gehrlein*, ZPO, 3. Aufl., § 90 Rn. 2.

amt) als Verteidiger auftreten (§ 138 Abs. 1 StPO). Allerdings können andere Personen mit Genehmigung des Gerichts als Strafverteidiger gewählt werden (§ 138 Abs. 2 Satz 1 StPO), also auch studentische Rechtsberater. Unabhängig von der Genehmigung als Strafverteidiger könnte jede Person im Strafprozess als Vertreter auftreten.[5] Für die Genehmigung als Strafverteidiger wägt das Gericht das Interesse des Beschuldigten an der Zulassung einer Vertrauensperson gegen das allgemeine Interesse an der Wahrung der Belange der Rechtspflege ab.[6] Die Genehmigung eines Nicht-Volljuristen als Strafverteidiger ist zu erteilen, „wenn die gewählte Person das Vertrauen des Beschuldigten/Angeklagten hat, sie genügend sachkundig und vertrauenswürdig erscheint und sonst keine Bedenken gegen ihr Auftreten als Verteidiger bestehen".[7] Bei einem erfahrenen studentischen Rechtsberater kann dies durchaus der Fall sein.

Allerdings ist nach § 138 Abs. 2 Satz 2 StPO zu beachten, dass ein Nicht-Volljurist nur dann alleine als Strafverteidiger auftreten kann, wenn kein Fall der notwendigen Verteidigung vorliegt. Die Mitwirkung eines Verteidigers am Strafverfahren ist vor dem Land- und Oberlandesgericht sowie in besonders aufwändigen, schweren oder „ernsten" Verfahren (Schwere der Tat, Schwierigkeit der Sach- oder Rechtslage, Vorwurf eines Verbrechens, Untersuchungshaft vollstreckt) erforderlich. Diese Regelung trägt dem Interesse des Beschuldigten Rechnung, einen rechtskundigen Beistand an seiner Seite zu haben und macht aus Sicht studentischer Rechtsberatung auch Sinn. Auch erfahrene studentische Rechtsberater sollten sich weder überfordern noch überschätzen. Studentische Rechtsberatung soll vor allem Erstberatung leisten und etwa im Falle eines Strafverfahren den grundlegenden Ablauf eines solchen Prozesses erläutern. Grundsätzlich sollten studentische Rechtsberater allerdings auch in Strafverfahren nicht vor Gericht auftreten, auch nicht in minder schweren Fällen (Vergehen), da auch hier eine Verurteilung zu einer Vorstrafe führen kann, die für den Verurteilten bereits ein besonders schwerer Makel sein kann. Auch wenn § 138 StPO im Einzelfall die Möglichkeit studentischer Strafverteidigung eröffnet, sollte hiervon im Interesse des Mandanten Abstand genommen werden.

3. Sonderfall: Verfassungsbeschwerde

Zur Verfassungsbeschwerde ist gem. Art. 93 Abs. 1 Nr. 4a GG grundsätzlich jeder Grundrechtsinhaber berechtigt. Vor dem BVerfG darf sich der Kläger allerdings nur durch einen Rechtsanwalt oder einen Lehrer des Rechts an einer deutschen Hochschule bzw. Gesamthochschule[8] (nicht: Fachhochschule) vertreten lassen (§ 22 BVerfGG).[9] Allerdings wäre es hier für einen Studenten möglich, als Beistand

---

[5] Vgl. *Meyer-Goßner-*, StPO, § 138 Rn. 10.
[6] OLG Düsseldorf, NStZ 1999, 586; OLG Hamm, NStZ 2007, 238 (239).
[7] BVerfG NJW 2006, 1503; OLG Hamm NStZ 2007, 238, 239; BayObLG MDR 1978, 862.
[8] BVerfGE 88, 129 (134 ff.).
[9] *Lechner/Zuck*, BVerfGG, 6. Aufl. (2011), § 22 Rn. 1.

beizuwohnen. Der Student darf dann – sollte es zu einer mündlichen Verhandlung kommen – vor dem Gericht vortragen, allerdings nur insoweit, als dass er „neben" und nicht an Stelle des Beteiligten auftritt (§ 90 ZPO; § 149 StPO). Da eine Zulassung als Beistand relativ unwahrscheinlich und auch der Aufwand eines solchen Verfahrens recht umfänglich ist, muss davon ausgegangen werden, dass auch die Verfassungsbeschwerde kein Anwendungsfall der studentischen Rechtsberatung ist.

4. Vertretung durch einen Referendar

Nach § 157 ZPO kann auch ein Rechtsreferendar vor Gericht vertreten, sofern kein Anwaltszwang besteht. Da ein Rechtsreferendar allerdings bereits das erste deutsche Staatsexamen bestanden hat und nicht mehr als „klassischer" Jurastudent zu qualifizieren ist, kann man diesen interessanten Weg kaum mehr als studentische Rechtsberatung im engeren Sinne bezeichnen. Ohnehin ist das Referendariat als die Phase in der Ausbildung zum „Volljuristen" (§ 5b ff. DRiG) praktisch ausgerichtet.

5. Zwischenfazit

Es bleibt also festzuhalten, dass Studenten selbst kaum die Möglichkeit haben, als offizielle und unmittelbare Vertreter ihrer Mandanten vor Gericht aufzutreten. Die einzige Möglichkeit, in diesem unmittelbaren Verhältnis Erfahrungen zu sammeln, sind wohl nach wie vor Moot Courts oder entsprechende Praktika bei Gericht oder Anwälten, wobei die Rolle der Studenten bei letzterer Option wohl eher passiver Natur sein wird.

Allerdings darf der Student selbstverständlich an allen verfahrensvorbereitenden Aufgaben mitarbeiten, sofern sie außergerichtlich sind. Das heißt, dass er auch an einem letztlich vor Gericht zu verhandelnden Fall mitwirken, sogar den Schriftsatz verfassen kann, ihn lediglich nicht als offizieller Vertreter seines Mandanten vor Gericht vortragen darf.[10]

6. Vertretung im Zuge einer Streitgenossenschaft

§§ 78 ff ZPO normiert die Voraussetzungen, unter denen eine Vertretung vor Gericht aus personeller Sicht erfolgen darf. Dabei ist das Augenmerk besonders auf § 79 Abs. 2 Nr. 2 3. Alt ZPO zu legen. Danach sind zur Vertretung vor Gericht auch Streitgenossen berechtigt. Die Streitgenossenschaft wiederum ist in § 59 ff ZPO geregelt. Um einen Fall im Zuge einer Streitgenossenschaft vertreten zu können, müsste eine Gesamtgläubigerschaft[11] vorliegen.

---

[10] Siehe BT-Drs 16/3655, S. 45.
[11] *Hüßtege* in: *Thomas/Putzo*, ZPO, § 60 Rn. 2.

6. Vertretung im Zuge einer Streitgenossenschaft

Wenn ein Student Mitglied einer Streitgenossenschaft wäre, würde ihm grundsätzlich die Möglichkeit offen stehen, selber vor Gericht aktiv zu werden, um seine eigenen Anliegen und Rechte im Zuge der Streitgenossenschaft, deren Mitglied er geworden ist, zu vertreten.

Zunächst könnte ein studentischer Rechtsberater als Streitgenosse bevollmächtigt werden, wobei ein persönliches Näheverhältnis dahinstehen kann.[12] Allerdings kann das Gericht die Vertretung jederzeit ex nunc untersagen, wenn es den Eindruck gewinnt, dass der Bevollmächtigte nicht dazu in der Lage ist, den Prozess im Interesse des Vertretenen zu führen.[13] Dieser Eindruck besteht aber nur dann, wenn der Vortrag des Streitgenossen mit schwerwiegenden Mängeln behaftet ist oder die Verhandlung im hohen Maße gestört wird.[14] Ein unbeholfener Prozessbeitrag für sich allein reicht allerdings noch nicht aus, um die Prozessvertretung in Abrede zu stellen.[15]

Ferner kann der Student auch Mitglied der Streitgenossenschaft werden, was ein Untersagen der Prozessvertretung durch das Gericht gleichermaßen unmöglich machen würde, da sich der Student (auch) selbst vertreten würde.[16] Gem. § 265 ZPO müsste ihm von der eigentlichen Streitpartei ein Anspruch oder lediglich ein Teil des Anspruches (ggf. als Schenkung) abgetreten werden, wobei mangels gegenteiliger Angaben die Größe des Anteils frei wählbar ist und somit auch minimale Beteiligungen, die das Risiko minimieren, eine Streitgenossenschaft und entsprechende Vertretungsrechte begründen würde.

Das Abtreten des Anspruches kann erfolgen, indem man entweder einen Anteil an einer Sache, die Teil oder Gegenstand des Prozesses ist, an den Rechtsberater veräußert oder ihn im Zuge einer Schenkung gem. § 516 BGB überträgt. Dies sollte natürlich mittels eines Vertrages geschehen.

Der Eintritt in eine Streitgenossenschaft birgt allerdings auch einige Risiken, die man genauestens evaluieren sollte, da man mit Eintreten in den Prozess selbst Teil des Verfahrens nach § 62 ZPO wird, dessen Ausgang offen ist bzw. einer hohen und schlecht zu kalkulierenden Dynamik unterworfen ist. Daher sollte man sich das Beitreten bzw. Eröffnen eines Prozesses genauestens überlegen.

Ferner sollte man versuchen etwaige Risiken auszuschließen. Dies kann z. B. erfolgen, indem man mit seinem Mandanten eine Vereinbarung über das Prozessgeschehen trifft, in welcher festgehalten wird, dass der Mandant den Berater von sämtlichen Verbindlichkeiten aus dem Prozess (Anwalts- und Gerichtskosten) freistellt und der Berater für den Ausgang des Prozesses nicht einzustehen hat.

---

[12] *Müller*, MDR 2008, 360; BT-Drs. 16/3655, 88.
[13] *Weth*, in: *Musielak*, ZPO, 2012, 9. Aufl., § 79 Rn. 18 ff.; *Hüßtege*, in: *Reichold/Hüßtege/Seiler*, ZPO, 2012, 33. Aufl., § 79 Rn. 17; *Zimmermann*, ZPO, 2011, 9. Aufl., § 79 Rn. 13; BGH FamRZ 2010, 1068.
[14] *Weth*, in: *Musielak*, ZPO, 2012, 9. Aufl., § 79 Rn. 21.
[15] *Baumbach/Lauterbach/Hartmann*, ZPO, 70. Aufl. 2012, § 79 Rn. 28.
[16] *Hüßtege,* in: *Reichold/Hüßtege/Seiler*, ZPO, 2012, 33. Aufl., § 79 Rn. 21.

7. Vertretung im Zuge eines Eheversprechens i. S. d. § 1297 BGB

Ferner ist auch eine Vertretung vor Gericht im Zuge eines Eheversprechens gem. § 79 ZPO möglich.[17] Wenn man bedenkt, dass eine Verlobung abgesehen von dem Versprechen, einander zu heiraten i. S. d. § 1297 Abs. 2 BGB – keine weiteren Verbindlichkeiten herbeiführt, könnte man das theoretische und natürlich fragwürdige Gedankenspiel eröffnen, sich mit der Person, die man vor Gericht vertreten möchte, für den Zeitraum der Vertretung „zu verloben". Da man sich auch jederzeit wieder entloben könnte, wäre dieses Lippenbekenntnis ohne weiteres möglich und würde keine weiteren Verbindlichkeiten (außer im Vertrauen auf die Verlobung getätigte Verbindlichkeiten, was hier allerdings ausgeschlossen ist) begründen. Nachdem man sich vor dem Prozess verlobt hätte, würde man sich quasi nach dem Prozess wieder entloben.

Im Einzelfall zu prüfen ist, ob ein solches Verhalten gegen das Anstandsgefühl aller billig und gerecht denkender Menschen i. S. d. § 242 BGB verstößt, da eine Verlobung eigentlich der Vorbereitung einer Eheschließung dient bzw. sogar das Versprechen beinhaltet, künftig die Ehe einzugehen. Zwar gibt es einige Fälle, in denen sich ein Zeuge mit dem Angeklagten verlobt hat, um von seinem Zeugnisverweigerungsrecht (§ 52 I Nr. 1 StPO) Gebrauch machen zu können – oder in denen diese Vermutung zumindest naheliegend war.[18] Allerdings wird eine nicht ernst gemeinte bzw. missbräuchliche Verlobung, die bloß aus prozessualen Interessen erfolgt, bei ganz offensichtlicher Fiktion von einem Gericht abgelehnt werden.[19] Dies kann z. B. auch der Fall sein, wenn das Verlöbnis mehrere Jahre zurück liegt.[20] Grundsätzlich hat also derjenige, der Vorteile aus einem Verlöbnis für sich geltend machen möchte, die Tatsachen vorzutragen (und im Zweifel auch zu beweisen), die ein Verlöbnis begründen.[21] Es ist also dringend davon abzuraten, über eine fiktive Verlobung eine gerichtliche Vertretungsbefugnis zu konstruieren. Anders verhält es sich selbstverständlich, wenn der Berater und sein Mandant tatsächlich verlobt sind.

---

[17] *Hüßtege,* in: *Reichold/Hüßtege/Seiler*, ZPO, 2012, 33. Aufl., § 79 Rn. 13; *Burgermeister,* in: *Prütting/Gehrlein*, ZPO, 2012, 4. Aufl. § 79, Rn. 4; *Saenger*, ZPO, 2011, 4. Aufl., § 79, Rn. 7; *Volkommer,* in: *Zöller*, ZPO, § 79, Rn. 7; *Zimmermann*, ZPO, 2011, 9. Aufl., § 79 Rn. 7; *Toussaint,* in: MüKo ZPO, 2013, 4. Aufl., § 79, Rn. 11; *Weth,* in: *Musielak*, ZPO, 2012, 9. Aufl., § 79 Rn. 10.
[18] Vgl. BGH, Urteil vom 28.05.2003–2 StR 445/02, NJW 2003, 2619; OLG Köln, Urteil vom 14.02.2002–2 Ws 61/02, BeckRS 2008, 08533.
[19] BGH, Beschluss vom 09.03.2010–4 StR 606/09, NStZ 2010, 461; BGH, Urteil vom 02.10.1985– 2 StR 348/85, NStZ 1986, 84.
[20] AG Göttingen, Urteil vom 11.06.2010–74 IN 270/04, ZInsO 2010, 1708.
[21] OLG Frankfurt a. M., Beschluss vom 09.05.2007–3 Ss 70/07, NJW 2007, 3014.

8. Zeugenstand

Theoretisch bestünde noch die Möglichkeit, dass der studentische Rechtsberater als Zeuge am Prozess mitwirkt. Hier müsste er allerdings einen qualifizierten Beitrag zum Verfahren leisten können, also einen konkreten Bezug zum Fall selbst haben, was bei einem unabhängigen Rechtsberater regelmäßig nicht der Fall sein wird. Ferner wäre es dem studentischen Rechtsberater auch nicht erlaubt, Inhalte wie ein Rechtsanwalt einzubringen, vielmehr müsste er ausschließlich die Rolle eines Zeugen wahrnehmen. Dies wird jedenfalls nicht dem Wunsch gerecht, an einem Verfahren rechtsberatend teilzunehmen.

9. Schiedsverfahren

Selbstverständlich kann ein Studentischer Rechtsberater seinen Mandanten bei einem Schiedsverfahren – also einer außergerichtlichen, aber doch rechtlich bindenden Entscheidung i. S. d. § 1029 ZPO – vertreten, sofern die Regeln, denen das Schiedsverfahren unterliegt, eingehalten werden.[22] Nach welchen Regeln das Schiedsverfahren verläuft, ist regelmäßig im Vorfeld vertraglich gem. § 1031 ff. ZPO von beiden Parteien festgehalten worden.[23]

---

[22] Z. B. ist dies mangels gegenteiliger Angaben nach der DIS Schiedsgerichtsordnung ohne weiteres möglich. Regelmäßig stehen die meisten Schiedsgerichtsordnungen dem offen gegenüber, wenngleich es hier keine bekannten Präzedenzfälle in Deutschland gibt.
[23] *Eberl/Eberl*, in: *Saenger/Ulrich/Siebert*, ZPO, 2009, § 1031 Rn. 3; *Reichold*, in: *Reichold/Hüßtege/Seiler*, ZPO, 2012, 33. Aufl., § 1031 Rn. 1 ff.; *Voit*, in: *Musielak*, ZPO, 2012, 9. Aufl., § 1031 Rn. 4 ff.

10. Auftreten vor Behörden

Ein studentischer Rechtsberater kann seinen Mandanten auch wirksam gegenüber Behörden vertreten (§ 14 VwVfG[24]), sofern der Rahmen des § 3 RDG berücksichtigt wird (§ 14 Abs. 5 VwVfG).[25] Dies wird in Deutschland bereits seit 1977 von der studentischen Rechtsberatung Bremen[26] durchgeführt, die „Sonderregeln" mit dem Land Bremen aushandeln konnte, um Inhaftierte rechtlich zu beraten und auch Behördengängen nachkommen zu können. Auch die Refugee Law Clinic an der Juristischen Fakultät der Justus-Liebig-Universität Gießen kümmert sich um behördliche Angelegenheiten mit Fokus auf das Asyl- und Flüchtlingsrecht.[27]

---

[24] Zu Baden-Württemberg vgl. § 14 Abs. 5 LVwVfG i. d. F. von Art. 1 Nr. 1 lit. a des Gesetzes vom 30. 7. 2009, GBl. S. 363; zu Bayern vgl. Art. 14 Abs. 5 BayVwVfG i. d. F. von Art. 1 Nr. 3 lit. a des Gesetzes vom 27. 7.2009, GVBl. S. 376; zu Bremen vgl. § 14 Abs. 5 BremVwVfG i. d. F. von Art. 1 Nr. 2 lit. a des Gesetzes vom 23.6. 2009, GBl. S. 234; zu Hamburg vgl. § 14 Abs. 5 Satz 1 HmbVwVfG i. d. F. von Art. 1 Nr. 2 des Gesetzes vom 7. 4. 2009, GVBl. S. 113; zu Hessen vgl. § 14 Abs. 5 HVwVfG i. d. F. der Bek. vom 15. 1. 2010, GVBl. S. 24; zu Mecklenburg-Vorpommern vgl. § 14 Abs. 5 VwVfG M-V i.d.F. von Art. 1 Nr. 7 lit. a des Gesetzes vom 2. 12.2009, GVOBl. S. 667; zu Nordrhein-Westfalen vgl. § 14 Abs. 5 VwVfG NRW i. d. F. von Art. 1 Nr. 2 lit. a des Gesetzes vom 12. 5. 2009, GVBl. S. 296; zum Saarland vgl. § 14 Abs. 5 SVwVfG i. d. F. von Art. 1 Nr. 2 lit. a des Gesetzes vom 11.3.2009, Amtsbl. S. 674; zu Schleswig-Holstein vgl. § 79 Abs. 5 LVwG i. d. F. von Art. 1 Nr. 3 lit. a des Gesetzes vom 17.9.2009, GVBl. S. 573; zu Thüringen vgl. § 14 Abs. 5 ThürVwVfG i. d. F. der Bek. vom 18.8.2009, GVBl. S. 704. In Berlin (§ 1 Abs. 1 VwVfG i. d. F. von Art. VI Nr. 1 des Gesetzes vom 8.12.2000, GVBl. S. 515), Brandenburg (§ 1 Abs. 1 Satz 1 VwVfGBbg vom 7.7.2009, GVBl. S. 262, 264), Niedersachsen (§ 1 Abs. 1 NVwVfG i. d. F. des Gesetzes vom 24.9.2009, GVBl. S. 361), Rheinland-Pfalz (§ 1 Abs. 1 LVwVfG i. d. F. von Art. 1 des Gesetzes vom 21.6.2003, GVBl. S. 308), Sachsen (§ 8 Satz 1 SächsVwVfZG vom 19.5.2010, GVBl. S. 142) und Sachsen-Anhalt (§ 1 Abs. 1 VwVfG LSA vom 18.11.2005, GVBl. 2005, S. 698) wird ohnehin dynamisch auf das VwVfG des Bundes verwiesen.

[25] Vgl. 4. VwVfÄndG (Viertes Gesetz zur Änderung verfahrensrechtlicher Vorschriften vom 11.12.2008).

[26] Unter dem Dach des Verein für Rechtshilfe im Justizvollzug des Landes Bremen e. V. – vgl. auch *Graebsch/Schäfer/Bruns,* Der Verein für Rechtshilfe. Kostenlose Gefangenenberatung und praxisorientierte Juristenausbildung, in: *Burkhardt/Graebsch/Pollähne* (Hrsg.), Korrespondenzen in Sachen Strafvollzug, Rechtskulturen, Kriminalpolitik, Menschenrechte (Festschrift für *Johannes Feest),* Münster u. a. 2005, S. 265–275.

[27] Vgl. www.recht.uni-giessen.de/wps/fb01/home/rlc, [Stand: 15.07.2015].

Kapitel 8 – Studentische Rechtsberatung und anwaltliches Standesrecht

Entgegen Bestrebungen im Vorfeld des Gesetzgebungsverfahrens zum RDG[1] hat der Gesetzgeber die unentgeltliche Rechtsberatung bewusst nicht unter die anwaltlichen Berufspflichten der BRAO und der BORA gestellt. Damit gelten die Vorgaben des anwaltlichen Berufsrechts für studentische und andere nicht-anwaltliche Rechtsberater nicht unmittelbar. Gleichwohl kann sich eine analoge Anwendung dieser Vorschriften aus dem jeweiligen Vertragsverhältnis und im Einzelfall ergeben. Als Nebenpflicht kann ein studentischer Rechtsberater so etwa an Maßstäbe gebunden sein, die ein Rechtsanwalt im Rahmen des anwaltlichen Berufsrechts stets beachten muss.[2] Zuletzt hat darauf das OLG Brandenburg ausdrücklich verwiesen.[3]

Auch der nicht-anwaltliche Rechtsberater hat seinem Mandanten gegenüber bestimmte Treuepflichten (§ 242 BGB) einzuhalten. Konkret bedeutet dies etwa, dass auch der nicht-anwaltliche Rechtsberater über Angelegenheiten, die ihm im Rahmen des Beratungsverhältnisses anvertraut worden sind, zur Verschwiegenheit verpflichtet ist. Rechtlich ergibt sich dies zwar nicht aus einer analogen Anwendbarkeit des anwaltlichen Berufsrechtes (§ 43a BRAO), allerdings regelmäßig aus dem Vertragsverhältnis mit dem Mandanten selbst. In ihrem Inhalt und in ihrer Reichweite können gerade die vertraglichen Nebenpflichten sehr nah an die Vorgaben des anwaltlichen Berufsrechts herankommen. Gerade bei fremdnützigen Rechtsdienstleistungen sind die Loyalitätspflichten des Rechtsberaters sehr stark ausgeprägt.[4] Konkret betrifft dies die Pflicht zur Verschwiegenheit und das Verbot der Vertretung widerstreitender Interessen.

Auch die Verschwiegenheitsverpflichtung des studentischen Rechtsberaters seinem Mandanten gegenüber kennt bestimmte Einschränkungen. In der Praxis

---

[1] Vgl. *Prütting*, Rechtsberatung zwischen Deregulierung und Verbraucherschutz (Gutachten zum 35. DJT), 2004, G48.

[2] *Schmidt*, in: *Krenzler*, RDG, § 6 Rn. 39.

[3] OLG Brandenburg, Beschluss vom 10.09.2014, Rn. 20 – 7 W 68/14, NJW 2015, 1122.

[4] Vgl. BGH, Urteil vom 12.05.1958 – II ZR 103/57, NJW 1958, 1232; *Müller*, in: Grunewald/Römermann, RDG, § 6 Rn. 29; *Schmidt*, in: *Krenzler*, RDG, § 6 Rn. 39; *Seiler*, in: MüKo BGB, § 662 Rn. 37; *Mansel*, in: *Jauernig*, BGB, § 662 Rn. 12; *Martinek*, in: *Staudinger*, BGB, § 662 Rn. 32.

werden über ein Mandat immer mehr als zwei Augen schauen (müssen), allein um der Vorgabe des § 6 Abs. 2 RDG (anwaltliche Anleitung) genüge zu tun. Die Verschwiegenheitspflicht trifft dann sämtliche Rechtsberater und Anwälte, die mit dem Mandat zu tun haben. Entsprechendes sollte auch in der Mandantenvereinbarung festgehalten werden.

Auch der studentische Rechtsberater ist zur Beachtung der Vorschriften des Datenschutzes (BDSG) verpflichtet. Sämtliche mandantenbezogene Daten sind also vertraulich zu behandeln. Dass diese gespeichert und im Rahmen der studentischen Rechtsberatung weitergegeben werden dürfen, muss ausdrücklich im Mandantenvertrag festgehalten werden.

Das anwaltliche Standesrecht regelt auch den Umgang mit Mandantengeldern (Treuhandkonto, Anderkonto). Dies dürfte im Alltag einer studentischen Rechtsberatung kein relevantes Thema sein, da die Rechtsberatung in der Regel nur begleitend tätig sein wird und gar nicht in Kontakt mit Geldern der Mandanten kommen. Sollte dies in besonderen Fällen doch der Fall sein, so sind auch hier die Standards des anwaltlichen Standes zu beachten.

Wieder ein Thema für studentische Rechtsberatung ist die Vermeidung von widerstreitenden Interessen. Zwar ist eine solche Interessenkollisionen bei einer kleineren Rechtsberatung eher unwahrscheinlich und im Einzelfall auch schon auf den ersten Blick erkennbar. Anders kann das allerdings bei einer größeren Legal Clinic sein, deren Rechtsberater mit zahlreichen unterschiedlichen Fällen betraut sind. Hier könnte es sein, dass die studentische Rechtsberatung mit einem Rechtsfall betraut wird, bei dem sich die Kontrahenten unabhängig voneinander an die studentische Rechtsberatung gewandt haben.[5] In einem solchen Falle wäre es standeswidrig und ein Verstoß gegen den Grundsatz von Treu und Glauben (§ 242 BGB), wenn die studentische Rechtsberatung – ohne Prüfung einer möglichen Interessenkollision – beide Rechtsfälle annimmt und Berater – trotz des Vorliegens einer Interessenkollision – beide Seiten beraten.

Die studentische Rechtsberatung muss ihre einzelnen Mandate folglich – so aufwändig dies im Einzelfall sein kann – detailliert dokumentieren. Die einzelnen in Arbeit befindlichen Mandate sollten in einer zentralen Datenbank registriert sein unter Angabe der beteiligten Parteien und des Streitgegenstandes. Auf diese Datenbank, die z. B. auch mit einer Anwaltssoftware erstellt werden kann, müssen alle Mitarbeiter der Rechtsberatung Zugriff haben. Aus der Liste der laufenden Mandate muss der einzelne Rechtsberater schnell erkennen können, ob sich bei geplanten Mandaten eine Interessenkollision ergeben könnte. Zusätzlich zur Prüfung möglicher Interessenkollisionen durch den jeweils beteiligten Rechtsberater sollte zumindest ein Mitarbeiter der Rechtsberatung im Besonderen verantwortlich sein für die Wahrung der Parteiinteressen und für die Vermeidung von Interessenkollisionen.

Im Gegensatz zum anwaltlichen Berufsrecht wird die Pflicht zur Verschwiegenheit sowie die Pflicht zur Vermeidung von Interessenkollisionen bei nicht-anwaltlichen Rechtsberatern nicht strafrechtlich sanktioniert. So kommt bei studentischen Rechtsberatern eine Strafbarkeit nach § 203 Abs. 1 Nr. 3 StGB (Verletzung von Privatgeheimnissen) oder § 356 Abs. 1 StGB (Parteiverrat) nicht in Betracht.

---

[5] Vgl. *Joy/Kuehn*, Conflict of interest and competence issues in law clinic Practice, 9 Clinical L. Rev. (2002/3), 493 ff.

Kapitel 9 – Weitere Konzepte zur Verbesserung der praxisnahen Ausbildung im Jurastudium

Legal Clinics sind nur eine Möglichkeit, Theorie und Praxis im Jurastudium zusammenzuführen. Es gibt noch zahlreiche andere Konzepte, die kurz vorgestellt werden sollen:

1. Moot Courts und Mock Trials

Bei einem „Moot Court" wird in Form einer simulierten Gerichtsverhandlung, die einem akademischen Rollenspiel gleicht, ein fiktiver Fall von Studenten behandelt und verhandelt.[1] Die Studenten treten als anwaltliche Vertreter (Kläger/Beklagter) vor einer Fachjury aus erfahrenen Juristen (Richter, Staatsanwälte, Rechtsanwälte, Professoren) auf und plädieren dort auf Grundlage ihrer Schriftsätze, die sie im Vorfeld einer mündlichen Verhandlung angefertigt haben. In den einzelnen Positionen werden strittige Rechtsfragen verhandelt, wobei die Richterbank zu überzeugen ist.[2]

Moot Courts sind nicht vergleichbar mit dem alltäglichen Studium, das eher theoretisch passiv als praktisch aktiv orientiert ist. Mit studentischer Rechtsberatung haben Moot Courts das praktische Element gemeinsam, wobei sich Moot Courts mit fiktiven Fällen beschäftigen, während studentische Rechtsberatung mit realen (und daher oft „langweiligeren") Fällen aus dem Alltag auseinandersetzen. Es ist erstaunlich, dass gerade einmal 2 % aller Studenten an einem Moot Court teilnehmen.[3] Die Teilnehmerquote an einer studentischen Rechtsberatung fällt allerdings sogar noch niedriger aus.

---

[1] Vgl. *Hannemann*, Praxisleitfaden Moot Courts – Tipps und Tricks zur erfolgreichen Teilnahme, Berlin/Wien/Zürich 2015, 15 ff.
[2] Vgl. *Wehlau*, JZ 1992, 942; *Bredt/Fricke Garten/Kirchhof/Ohrtmann/Rollin*, JuS 1995, 85–87; *Wetzel*, JA 2000, 523; *Nieschlag*, Fifth Annual Willem C Vis International Commercial Arbitration Moot, JURA 1998, 671; *Schroeter*, JuS 1996, 83–85; *Meador/Bernstein*, Appellate Courts in the United States (1994); *Wetzel*, Internationale Moot Courts, JA 2000, 523–525 (523).
[3] *Griebel/Sabanogullari*, Moot Courts – eine Praxisanleitung für Teilnehmer und Veranstalter, Baden-Baden 2011, S. 5.

An dieser Stelle seien auch noch Mock Trials erwähnt. Bei ihnen ist im Gegensatz zu Moot Courts auch die Richterbank mit Studenten besetzt, so dass die gesamte Verhandlung einem Schauspiel gleicht.[4]

2. Weitere Möglichkeiten praktischer Jurisprudenz

Wer für seine Ausbildung nach weiteren praktischen Erfahrungen sucht und einen Vorgeschmack auf die spätere berufliche Tätigkeit bekommen möchte[5], kann zum Beispiel auch an diversen juristischen Wettbewerben teilnehmen.

Neben den klassischen Moot Court Wettbewerben gibt es solche, die mit den Moot Courts eine gewisse Verwandtschaft haben: *Contract Drafting Competitions* und Wettbewerbe zur Vertragsverhandlung, *Mock Trials*, reine Prozesstaktik-Wettbewerbe (in welcher Schrittfolge sollte man vor Gericht den konkreten Fall darstellen – rein theoretische Erörterung des Ablaufs, ohne ihn selbst wie bei einem Moot Court praktisch zu verhandeln), *Court Debates, Trial Advocacy* (insbesondere Zeugenvernehmung), *Client interviewing*[6], *International litigation modeling, Mediation Competitions*, Wettbewerbe zur außergerichtlichen Streitbeilegung, *negotiation tables*, *legal ethic competitions* (wie kann man ein Problem am besten und vor allem ethisch korrekt in den Griff bekommen?), *JuraSlam* und – ganz ausgefallen und leider in Deutschland kaum zu finden – Wettbewerbe zur *Vernehmungslehre und Spurendeutung* sowie *Beweiswürdigung*, aber auch *Litigation PR Competitions*.

Auch juristische Aufsatzwettbewerbe (*„legal research"*, *„ill-structured cases"*, *„legal writing"*) können sich als praxisnah und interessant erweisen. Auch der Blick in andere Bereiche ist lohnenswert. So kann man bei Debattiermeisterschaften seine rhetorischen Fähigkeiten unter Beweis stellen[7] und bei Planspielen wie *Model United Nations (MUN)*, *Poetry Slams* oder auch bei Businessplan Wettbewerben erste Erfahrungen in der Unternehmensgründung sammeln.[8] Der Blick über den juristischen Horizont hinaus kann niemals schaden.

Wer das juristische Schreiben üben möchte, dem ist die Mitarbeit in einem juristischen Law Journal zu empfehlen. Einige Fachzeitschriften stehen auch der Mitarbeit von Studenten offen gegenüber. Auch der Bund Studentischer Rechtsberater gibt ein eigenes Law Journal heraus, das in Form eines Jahrbuches erscheint und sich mit der Juristenausbildung, der Clinical Legal Education und der studentischen Rechtsberatung beschäftigt.

---

[4] *Henking/Maurer*, Mock Trials – Prozesssimulation als Lehrveranstaltung, Baden-Baden 2013, S. 13 ff.

[5] *Schröder*, Wissenschaftstheorie und Lehre der praktischen Jurisprudenz, Frankfurt a. M. 1979, S. 82.

[6] Vertiefend zum Client Interviewing: *Hannemann/Mertes*, Praktische Jurisprudenz – Ein Fünf–Punkte–Plan zur Ergänzung des akademischen Curriculums, GJLE 2014, 148–160.

[7] *Hannemann/Nordmeyer*, Rhetorik in der juristischen Ausbildung – (beredetes) Schweigen ist keine Alternative: Eine praxisorientierte Einführung in das Hochschuldebattieren, Iurratio 2014, S. 45 ff.

[8] *Wäscher/Hannemann*, Manifest zur Verbesserung der deutschen Rechtsdidaktik aus studentischer Sicht für mehr Rechtspraxis in der deutschen Juristenausbildung, in: Jahrbuch der Rechtsdidaktik 2012 der Vereinigung Deutscher Rechtslehrender, 2013, S. 71 ff.

Kapitel 10 – Kritik an Studentischer Rechtsberatung

Die studentische Rechtsberatung steht in Deutschland zwar erst am Anfang, hat sich aber in erstaunlich schnellem Tempo entwickelt und von vielen Seiten Anerkennung, Förderung und Unterstützung erfahren. Nichtsdestotrotz gibt es berechtigte (und unberechtigte) kritische Anmerkungen, die nicht ungehört bleiben sollen.

So listet *Prof. Richard Wilson,* Gründer der International Human Rights Law Clinic in Washington, fünf Kritikpunkte auf, die regelmäßig gegen Clinical Legal Education ins Feld geführt werden:[1]

1. Die praktische Ausbildung sei (zumindest in Deutschland) hinreichend durch das Referendariat sichergestellt, das verpflichtender Bestandteil der Ausbildung ist.
2. Im Vergleich zum amerikanischen System der Juristenausbildung sei die Studentenzahl in Deutschland pro Semester sehr groß und die Studenten seien sehr jung. Eine echte Clinical Legal Education sei wegen der großen Studentenzahl und mangelnder Lebenserfahrung praktisch gar nicht möglich.
3. Die studentische Rechtsberatung könnte eine Gefahr für professionell agierende Rechtsberater darstellen.
4. Studentische Rechtsberatung könne kleinere Kanzleien in ihrer Existenz bedrohen und eine Konzentrationsbewegung zur Großkanzlei fördern.
5. Bei studentischer Rechtsberatung bestehe immer die Gefahr, dass der pädagogische Aspekt vorgeschoben wird und die Studenten nur als günstige Arbeitskräfte ausgenutzt werden. Wenn sich in einem Rechtssystem ärmere Menschen keinen Rechtsberater leisten können, sei es die Aufgabe des Staates (und nicht die von Studenten) für Abhilfe zu sorgen.

---

[1] *Wilson*, Western Europe. Last Holdout in the Worldwide Acceptance of Clinical Legal Education, German Law Journal 10 (2009) 823–846.

1. Keine Verbesserung der juristischen Ausbildung durch Legal Clinics (Ad 1)?

Das deutsche Jurastudium verlangt Transferleistungen. Es geht darum, Rechtsfälle zu lösen. In den Ausbildungssystemen anderer Staaten ist das häufig anders: Dort muss man reproduzieren, d. h. möglichst viel Wissen ansammeln und korrekt wiedergeben. Als Argument gegen den behaupteten Praxisbezug von Legal Clinics wird daher oft geltend gemacht, dass es dem deutschen Studium aufgrund des besonderen Fallbezuges ja gar nicht an Praxisbezug fehle.[2] Dem ist allerdings zu widersprechen.[3] Je früher und umfänglicher man praktische Elemente in das Studium aufnimmt, desto besser ist die Ausbildung und umso größer die Motivation der Studenten.

Und auch der Verweis auf das Referendariat als praxisbezogener Teil der Ausbildung zieht nicht: Zum einen steht dieser Ausbildungsabschnitt erst nach dem Ersten Staatsexamen, zum anderen entscheiden sich etliche Studenten nach dem Ersten Staatsexamen gegen den traditionellen Ausbildungsweg und gehen gar nicht ins Referendariat. Nicht zu vergessen ist dabei, dass Referendare selten selbstständig Mandanten beraten, zum Teil mit Aufgaben betraut sind, die wenig mit dem späteren Beruf zu tun haben, und die Betreuung der Referendare mancherorts zu wünschen übrig lässt.

2. Überforderung der studentischen Rechtsberater (Ad 2)?

Manchmal stellt sich erst im Laufe der Beratung heraus, wie kompliziert und weitreichend ein Fall tatsächlich ist. Was sich anfangs als sehr einfach darstellt, kann im Zuge der Bearbeitung wesentlich schwieriger werden und die Studenten (auch wenn sie unter der Aufsicht eines Anwaltes arbeiten) überfordern. Es sollte im Vorfeld daher genau überprüft werden, ob der Fall auch konsequent bis zum Ende bearbeitet werden kann.

Jedoch gilt es zu berücksichtigen, dass einige Rechtsberatungsstellen in rechtlichen Spezialgebieten wie dem Flüchtlingsrecht, dem Medienrecht oder mit anderen Schwerpunktsetzungen (Business Law Clinics) derart komplizierte und spezielle Anfragen zu bearbeiten haben, die ein gewöhnlicher Anwalt wahrscheinlich gar nicht selbst beraten könnte. Die Qualität in der Legal Clinic ist aufgrund einer umfangreichen Ausbildung – die idR im Vorfeld abzuleisten ist – und Kontrollen

---

[2] *Rüdiger*, Praktische Jurisprudenz: Clinical Legal Education und Anwaltsorientierung im Studium – Ein Tagungsbericht, in: JA 7/2011, S. VI f. Abrufbar unter: http://www.ja-aktuell.de/cms/website.php?id=/de/studium_referendariat/erfahrungsberichte/praktische-jurisprudenz.htm, [Stand: 15.07.2015]; vgl. auch ders., ZJS 2011, 583–586.

[3] Vgl. jüngst *Bernzen*, Schafft das Juraexamen ab!, in: ZEIT online (www.zeit.de/studium/studiengaenge/2015-06/staatsexamen-jura-abschaffen): „Das Examen bereitet nicht auf die Realität im Job vor. Das Ziel des deutschen Jurastudiums ist es, sogenannte Einheitsjuristen auszubilden."

seitens der anleitenden bzw. ausbildenden Juristen qualitativ als hochwertig einzustufen.[4]

3. Konkurrenz für die Anwaltschaft (Ad 3 & Ad 4)?

Nicht selten wird studentische Rechtsberatung als Konkurrenzprojekt zur Anwaltschaft gesehen. Wenn man sich vor Augen hält, dass allein im Bezirk Hannover 48 Anwälte ihre Einkünfte mit Hartz IV aufstocken müssen, um ein Grundauskommen zu haben, ist dieser Einwand gegen die studentische Rechtsberatung natürlich verständlich. Dies führte dazu, dass der erste Gründungsschub studentischer Rechtsberatungen auch seitens der Anwaltschaft kritisch beobachtet wurde. Insbesondere kleine Anwaltskanzleien hatten Angst davor, dass Studenten ihnen Mandate abwerben könnten, indem sie kostenlos beraten.

Diese Befürchtung hat sich jedoch nicht bewahrheitet. Die meisten Mandanten, die sich an eine studentische Rechtsberatung wenden, verfügen ohnehin nicht über die finanziellen Mittel, um einen Anwalt in Anspruch zu nehmen. Im Zweifel holen sie sich gar keinen Rechtsrat. So gesehen füllen studentische Rechtsberatungsstellen eine Lücke in der Rechtsversorgung, die bislang nicht geschlossen worden ist und wirtschaftlich keine Rolle spielt.[5]

Auch das häufig angeführte Argument, der Staat biete Beratungshilfe, um den Gang zum Rechtsanwalt zu erleichtern, greift nicht, denn viele Rechtssuchende stehen diesem Thema relativ hilflos gegenüber und scheuen darüber hinaus den administrativen und bürokratischen Aufwand. Dass das Angebot existiert, heißt eben noch lange nicht, dass es auch für jeden erreichbar ist. Der Grundsatz der Rechtswahrnehmungsgleichheit erfordert auf der anderen Seite staatliche Maßnahmen und Regelungen, die auch benachteiligten Personen einen Zugang zur Rechtsversorgung ermöglichen.

Studentische Rechtsberatung ist keine Gefahr für die Anwaltschaft, sondern ein Gewinn für das Rechtssystem. Nach dem Abrechnungs-Kostenschlüssel der Anwälte (RVG) ergibt sich insbesondere aus den finanziell wenig gewichtigen Fällen, die studentische Rechtsberatungen übernehmen, kaum Gewinn. Häufig wäre dieser so niedrig, dass Anwälte es sich nicht leisten können, solche Fälle anzunehmen, oder sich für die Beratung kaum Zeit nehmen können, wenn sie ihre Kanzlei wirtschaftlich führen wollen. Außerdem kommt der anwaltliche Rat zu spät, wenn der Beratungstermin für eine Person mit Beratungsschein mit mehreren Wochen Wartezeit verbunden ist.

Die studentische Rechtsberatung ist ein niedrigschwelliges Angebot. Der Gang zum Anwalt stellt dagegen eine höhere Schwelle dar, denn Ratsuchende haben eine gewisse Scheu, einen Anwalt einzuschalten, Sorge vor hohen Rechnungen und viel-

---

[4] Vgl. *Lewinski*, GJLE 2015, 3.
[5] Vgl. auch vertiefend zur Thematik ökonomischen Relevanz finanzschwacher Mandanten *Kleine-Cosack*, BB 2007, 2637 (2640); *Bälz/Moelle/Zeidler*, NJW 2008, 3383 (3388).

leicht verhindert auch in manchen Fällen das Schamgefühl, dass ein Jurist aufgesucht wird.

Die studentische Rechtsberatung ist in einem Bereich tätig, in dem es ein geringes Angebot auf anwaltlicher Seite, aber eine hohe Nachfrage auf Bürgerseite gibt. Da selten Fälle mit einem höheren Haftungsvolumen als 750 bis 1200 € übernommen werden[6], dürften studentische Rechtsberatungen nicht als Konkurrenz zur Anwaltschaft zu sehen sein.

Zielgruppe studentischer Rechtsberatung sind Menschen, die kaum oder nur sehr eingeschränkt Zugang zum Recht haben, den Gang zum Anwalt ohnehin scheuen und sich auch nicht mit Beratungs-/Prozesskostenhilfe oder ähnlichem auskennen. Auch die Gruppe der Studierenden – aus der sich die meisten Fälle der studentischen Rechtsberatung speisen – stellt für einen Anwalt nur in den seltensten Fällen eine lukrative Zielgruppe dar.[7] Ein Kampf um Marktanteile der Anwaltschaft droht also nicht. Und die Fälle, die für einen Anwalt letztlich doch in Betracht kommen könnten, würden aufgrund der Haftungsgrenze von einer studentischen Rechtsberatung ohnehin ausgeschlagen oder sogar an die Anwaltschaft weitervermittelt. Viele der Mandanten wären ohne Kontakt mit einer Rechtsberatungsstelle gar nicht zu einem Rechtsanwalt gegangen.[8] Studentische Rechtsberatung dient also letztlich dem Zugang zum Recht und ist Teil der Rechtspflege geworden, ohne eine ernsthafte Konkurrenz für die niedergelassenen Anwälte zu sein.[9]

Man könnte sogar noch weiter gehen: Durch die Tätigkeit der Studenten in der Legal Clinic, dem engen Kontakt zu anwaltlichen Beratern und auch zu Kanzleien wird die Distanz zwischen anwaltlicher Kanzlei und Jurastudenten geringer. Studentische Rechtsberatung bindet die Studierendenschaft also letztlich an die Anwaltschaft und führt sie hin zum Anwaltsberuf. Und ein weiterer Aspekt: Die studentische Rechtsberatung differenziert die Funktionen des Rechts und weitet den Markt aus.[10]

4. Prozesskostenhilfe und sozialstaatliche Behelfe (Ad 5)

Gelegentlich wird der studentischen Rechtsberatung entgegengehalten, dass es sie angesichts sozialstaatlicher Behelfe wie Beratung-/Prozesskostenhilfe als solche nicht zwingend geben müsste. Wenn man sich aber anschaut, wie häufig und mit welchen Begründungen Anträge auf prozessuale Hilfestellung abgelehnt werden,

---

[6] So auch *Rüdiger*, ZJS 2011, 585.

[7] Zur Thematik der ökonomischen Relevanz finanzschwacher Mandanten nur *Kleine-Cosack*, BB 2007, 2637 (2640); *Bälz/Moelle/Zeidler*, NJW 2008, 3383 (3388).

[8] *Bocksrocker*, Azur 01/2014, S. 30.

[9] Vgl. *Blankenburg*, ZPR 1976, 93 ff.; *Bolt*, Der Zugang zum Recht in den Vereinigten Staaten von Amerika, Frankfurt a. M. 2010, Abschnitt J.V („Die legal clinics der juristischen Fakultäten"); *Heussen*, Zugang zum Recht – Ein internationaler Vergleich, AnwBl. 2005, 771–773.

[10] Vgl. bereits *Blankenburg*, Rechtsberatung als Hilfe und als Barriere auf dem Weg zum Recht, ZRP 1976, 93 ff.

kann man sich des Eindrucks nicht erwehren, dass es gut ist, wenn es für Grenzfälle ein kostenfreies Beratungsangebot gibt. Ferner wird Prozesskosten- bzw. Beratungshilfe erst dann gewährt, wenn die zu ergreifenden Rechtsschritte schon relativ konkret geworden sind. Kleinere Anliegen und Unannehmlichkeiten passen gar nicht in das System der Beihilfe und finden häufig keine Berücksichtigung.

Dass hier Defizite der Rechtspflege bestehen, zeigt die Nachfrage bei den studentischen Rechtsberatungen und anderen Formen der Rechtsberatung (Rechtsberatungsstellen für sozial Schwache, für Studenten, Verbraucherzentralen)

5. Nur „hausinterne" Beratung?

Kritisiert wird, dass es studentische Rechtsberatungsstellen gibt, die nur „hausintern" beraten, also nur Studenten der eigenen Hochschule, und sich die Fälle, die sie annehmen, zudem nicht gegen die betreffende Hochschule richten dürfen. Solche Einschränkungen sind in der Tat bedauerlich, da den studentischen Rechtsberatern so viele Fälle entgehen, an denen sie die praktische Anwaltstätigkeit einüben könnten. Natürlich bedeuten mehr Fälle auch höheren Betreuungsaufwand seitens der Hochschulen. Doch es sollte den Fakultäten ja darum gehen, möglichst vielen Studenten eine praxisnahe Ausbildung zu ermöglichen. Hier sind die Hochschulen gefordert, die Ausbildung durch entsprechende Investitionen und Vergabe von Lehraufträgen zu verbessern.

Kapitel 11 – Mehrwert des Engagements in einer Legal Clinic

1. Anreize für Studenten zur Mitarbeit in einer Legal Clinic

Vielen Studenten kommt der Erwerb praktischer Fähigkeiten im Studium zu kurz. Der Praxisbezug einer Legal Clinic ist für sie der entscheidende Anreiz, in einer studentischen Rechtsberatung mitzuarbeiten. Durch dieses Engagement können die Studenten das theoretisch erlernte Wissen zum ersten Mal bei realen Mandanten zur Anwendung bringen. So können sie schon recht früh im Studium lernen, was es heißt, rechtlich beratend tätig zu werden. Es ist letztlich das Engagement des einzelnen Studenten, das das Problem des Mandanten zu lösen vermag oder eben auch nicht. Der Student wird real gefordert mit allem, was dazu gehört. Der Erfolg des Falls ist nicht mehr nur eine Frage der Bereitschaft, etwas auswendig zu lernen und zu verinnerlichen, sondern zu analysieren, zu hinterfragen und das erworbene Studienwissen den realen, greifbaren und begreifbaren Umständen des Lebens anzupassen. Die Studenten müssen ihre Handlungen reflektieren, sich optimieren und sich schlussendlich auch vor ihrem Mandanten verantworten.

Außerdem können und müssen sie die rechtlichen Aspekte und sozialen Besonderheiten in einer Tiefe eruieren, wie es im normalen universitären Ausbildungsbetrieb nicht möglich ist. Sie erfahren so sehr real, was es heißt, ihre Rolle als Anwalt auszufüllen und müssen sich auch mit Aspekten der *Legal Ethics* auseinander setzen.

Der Gewinn an Wissen und Fähigkeiten ist gewaltig: Die Beschäftigung mit praktischen Fällen fördert die Fähigkeit, sich schnell in neue Situationen hineinzudenken und dafür Lösungen zu finden. Man muss sich mit Themen auseinandersetzen, die im Studium nur oberflächlich behandelt oder ganz ausgeklammert werden, etwa: Wie komme ich zu einem tragfähigen Vergleich? Wie kann ich Verträge oder AGB formulieren? Wie führe ich ein Mandantengespräch? Wie organisiere ich meine Rechtsberatungsstelle? Projektverwaltung erlernen und Teamarbeit fördern sind Ausbildungsaspekte, die – abgesehen von den „praktischen Studienzeiten" – im Studium viel zu kurz kommen. Wichtige Schlüsselqualifikationen werden erworben, wie Kommunikationsfähigkeit (Mandantengespräche führen), mündliche und schriftliche Darlegung juristischer Ratschläge, Verantwortung für und Empathie mit dem Mandanten, die Kultivierung eines ethischen Grundverständnisses. Das Strukturieren eines anwaltlichen Schreibens, das Gespräch mit dem Mandanten, sowie das Anwenden der juristischen Materie können in dieser Kombination nur in Legal Clinics erlernt werden.

Studenten, die sich in einer Legal Clinic engagieren, sind davon in der Regel begeistert. Ihre Motivation wird von der Realitätsnähe getragen. Kein anderes Ausbildungsmodell vermag diese Nähe am Fall zu vermitteln.

Und auch dies ist vielen Studenten Motivation, in einer Legal Clinic mitzuarbeiten: Anderen Menschen zu helfen und Lösungen für sie zu erarbeiten, kann sehr bereichernd sein – natürlich besonders, wenn die Bemühungen von Erfolg gekrönt sind. Dies begründet ein ethisches Grundverständnis für Pro Bono Arbeit, das für die Berufsgruppe der Anwälte von besonderer Bedeutung ist. Insbesondere bei der Mitarbeit in einer Refugee Law Clinic wird dem Rechnung getragen: Einem Menschen, der in seinem Land mit dem Tode bedroht ist, eine Zukunft in Deutschland zu sichern, ist ein besonderes Erfolgserlebnis, das jahrelangem theoretischem Studium Sinn gibt. Hinzu kommt, dass die Legal Clinic den Studenten ein anderes Bild von ihrem späteren Beruf zu vermitteln vermögen. Man setzt sich für eine funktionierende Rechtsordnung ein, hilft denen, die sich nicht selbst helfen können und bewegt etwas zum Guten. Die Teilnahme an einer studentischen Rechtsberatung wird auf jeden Fall die Sinne für die Konsequenzen der juristischen Entscheidungen schärfen. Man wird sich seiner Verantwortung bewusst, wenn es um reale Menschen und nicht nur um fiktive Personen geht.

Und an dieser Stelle sei auch eine Beobachtung nicht verschwiegen: Ein wichtiger Nebeneffekt des Engagements in der Legal Clinic ist der Aufbau eines persönlichen Netzwerks. Man kommt mit Gleichgesinnten in Kontakt und kann diese Kontakte vielleicht sogar später im beruflichen Alltag nutzbar machen, denn man hat ja schon einmal zusammengearbeitet.

Wer neben dem Studium in einer Legal Clinic erste Praxiserfahrungen gesammelt hat, wird beim Start ins Berufsleben mit ganz anderen Augen gesehen als jemand, der noch keine praktischen Erfahrungen vorzuweisen hat: zum einen als sozial engagierter und interessierter junger Mensch und zum anderen als bereits erprobter Rechtsanwender, wenngleich natürlich im Kleinen. Denn es ist klar, dass jemand, der in einer Legal Clinic mitgearbeitet hat, sich schon frühzeitig mit Rechtsberatung und Mandantenführung auseinandersetzen muss und natürlich wesentlich mehr Erfahrungen mitbringt, als jemand, der nur Hörsaal- und Seminarbank gedrückt hat.

International genießt die Mitarbeit an einer Legal Clinic hohes Prestige. In den USA hat das Engagement in einer studentische Rechtsberatung inzwischen einen höheren Stellenwert als die Mitarbeit an einem Law Journal.

2. Fähigkeiten, die durch Legal Clinics trainiert werden

1. Die Fähigkeit wissenschaftlich zu recherchieren, insbesondere herauszufinden, wo die für den Fall relevanten Rechtsquellen zu finden sind.
2. Die Kommunikationsfähigkeit wird ausgebaut. Es wird trainiert, zielführende Gespräche zu führen.
3. Interviewtechniken werden geübt.
4. Die Fähigkeit zuzuhören, auf jedes noch so kleine Detail Acht zu geben und den Sachverhalt zu ermitteln (gezieltes Üben des Mandantengespräches).
5. Das Erstellen des Gutachtens, damit einhergehend rechtliche Analyse- und Argumentationsfähigkeit. Auch Fähigkeiten wie das Schreiben eines Antrages, das Aufsetzen eines Briefes an die Gegenseite und das allgemeine Darlegen des Sachstandes werden geschult.
6. Die Kunst zu verhandeln (möglicherweise auch mit der Gegenseite) und zu beraten.
7. Probleme lösen. Das gesamte Bild zu erkennen, die einzelnen Probleme zusammenzuführen, sie mit dem richtigen Recht zu adressieren und dann einen gangbaren Lösungsweg zu identifizieren.
8. Die Fähigkeit zu organisieren (damit einhergehend auch das Team-Management, sowie das administrative Koordinieren der Rechtsberatung wie z. B. die Fristenverwaltung)
9. Zeitmanagement
10. Einblick in die juristische Arbeitsorganisation sowie ein Gefühl für die Arbeit als Anwalt.
11. Die Herausbildung ethischer Werte sowie die Förderung des Strebens nach Gerechtigkeit.

3. Anreize für Anwälte zur Mitarbeit in einer Legal Clinic

Es gehört zum Selbstverständnis vieler Anwälte, dass ihr Beruf zugleich gesellschaftliche Verpflichtung ist.[1] Aus diesem Grund engagieren sich Anwälte in Legal Clinics. Aber dieses Engagement kann auch greifbare Vorteile für die Berufsgruppe an sich und die jeweilige Kanzlei haben:

So hebt es das Ansehen des Berufsstands, bietet die Möglichkeit, frühzeitig Nachwuchskräfte unter den Studenten zu akquirieren und an deren Ausbildung mitzuwirken.[2]

Die Law Clinic der Bucerius Law School bewirbt die anwaltliche Mitarbeit an ihrer Legal Clinic gegenüber Kanzleien zu Recht als Personalentwicklungsmaßnahme. Sie fordern die Kanzleien dazu auf, ihre jungen Anwälte (Associates) als Teamleiter in die Legal Clinic zu entsenden und dieses Engagement in die eigenen Fortbildungsmaßnamen zu integrieren. Der Lerneffekt für die Anwälte, die eine Legal Clinic betreuen, ist sicher nicht geringer als in kostspieligen Seminaren.[3]

---

[1] *Bocksrocker*, Azur 01/2014, S. 28.

[2] *Bocksrocker*, Azur 01/2014, S. 32.

[3] *Bocksrocker*, Azur 01/2014, S. 37.

Kapitel 12 – Ausblick

Die studentische Rechtsberatung hat eine relativ lange Geschichte.[1] Stellt man z. B. auf die Bremer Legal Clinic (seit den 1970er Jahren) oder auf die Arbeit von Rudolf von Jhering im 19. Jahrhundert ab, so gilt das durchaus auch für Deutschland. So richtig in Bewegung gekommen ist die Bewegung in Europa jedoch erst in den letzten Jahrzehnten und in Deutschland sogar erst seit 2008.

Eine engere Durchdringung von theoretischer und praktischer Ausbildung im Jurastudium ist unabdingbar. Studentische Rechtsberatung kann ihren Beitrag dazu leisten. Es ist daher unbedingt notwendig, dass die Universitäten und Hochschulen sich auf diesem Gebiet engagieren und studentische Rechtsberatung unter ihrem Dach anbieten, sei es durch Neugründung oder durch Kooperation mit bestehenden außeruniversitären Einrichtungen.

International finden studentische Rechtsberatungen große Anerkennung. Deutschland hat die Chance, an diesen Entwicklungen mitzuwirken.

Die Ausbildung zum Juristen ist einem ständigen Entwicklungsprozess unterworfen.[2] Gerade in den letzten Jahren wird der Ruf nach Integration praktischer Tätigkeit in das Jurastudium immer lauter. Kritik wird auch daran geübt, dass die Ausbildung bestimmte spätere Berufsfelder wie die Anwaltstätigkeit oder beratende Tätigkeiten zu wenig berücksichtigt. Eine strenge Teilung der Ausbildung in theoretischen und praktischen Teil, wobei letzterer vor allem dem Referendariat entspricht, ist sicher nicht mehr zeitgemäß und verbesserungswürdig. Durch Integration der studentischen Rechtsberatung in das Studium können Studenten schon sehr früh Erfahrungen in praktischer Rechtsanwendung machen, wertvolle Fähigkeiten für die spätere berufliche Tätigkeit erlernen und das Gelernte praktisch anwenden lernen. Neben einem guten Examen erhöhen solche Fähigkeiten die Einstiegschancen auf dem juristischen Markt.[3]

---

[1] Vgl. *Hannemann/Mertes*, GJLE 2014, 164.
[2] *Barry/Dubin/Joy*, 7 Clinical Law Review (2000/1), 2 ff.
[3] *Zenthöfer*, JuS 1999, 1143.

Überdies vermitteln studentische Rechtsberatungen ein ethisches Grundverständnis. Wer dem mittellosen Klienten, dessen Mietvertrag zu Unrecht gekündigt wurde, zu seinem Recht verhilft, sich verfolgter Menschen annimmt (Refugee Law Clinics)[4] oder dabei hilft, eine unternehmerische Idee umzusetzen, schafft einen Mehrwert für die Gesellschaft und das gemeinsame Zusammenleben.[5]

Kleinen, für einen Anwalt unwirtschaftlichen Fällen, wird zu rechtlichem Gehör verholfen (z. B. ein Mietrechtsstreit in einer studentischen Wohngemeinschaft oder Streit wegen unautorisiertem Wegsperren eines Hundes durch den Nachbarn).[6]

In den ersten fünf Jahren nach Eröffnung der Möglichkeit zu unentgeltlicher Rechtsberatung in Deutschland (RDG) sahen sich studentische Rechtsberatungen noch Vorbehalten und Bedenken seitens der Anwaltschaft, Universitäten und der Gesellschaft ausgesetzt. Das hat sich inzwischen geändert. Durch überzeugendes Engagement, Dialog mit Universitäten, Institutionen und der juristischen Fachwelt ist etwa seit 2013 eine große und zunehmende Akzeptanz zu verzeichnen. Zurückzuführen ist dies sicherlich auf die innerhalb weniger Jahre stark angewachsene Anzahl an Rechtsberatungsstellen in Deutschland.

Sieht man die Entwicklung der Legal Clinics in den USA, so lässt sich leicht vorhersagen, dass sich die studentische Rechtsberatung auch in Deutschland weiterentwickeln und als Selbstverständlichkeit etablieren wird. Mit weit über 70 Projekten (viele davon an die juristischen Fakultäten angeschlossen, teilweise sogar schon als Leistungsnachweis in das universitäre Curriculum integriert) kann man ihr bereits jetzt eine gewisse Standfestigkeit attestieren. Dass bei einer studentischen Rechtsberatung eine kostenlose Erstberatung möglich ist, führt letztlich dazu, dass immer mehr Menschen auch zu ihrem Recht kommen. Studentische Rechtsberatung ist ein Gewinn für alle Beteiligten: für den studentischen Rechtsberater, für seinen Mandanten und letztlich auch für den Anwalt.

---

[4] Vgl. den berührenden Bericht von: *Wolff/Cunovic/Stein*, in: *Tiedemann/Gieseking* (Hrsg.), Flüchtlingsrecht in Theorie und Praxis – 5 Jahre Refugee Law Clinic an der Justus Liebig Universität Gießen (Schriftenreihe zum Migrationsrecht 13), Baden-Baden 2014, S. 142 ff.

[5] *Dietlein/Hannemann*, Am Anfang: Studentische Rechtsberatung in Deutschland, in: JURACON-Jahrbuch 2014/2015, 2014, S. 148.

[6] Vgl. ausführlicher *Hannemann/Lampe*, Theorie wird zur Praxis – Studentische Rechtsberatung unter anwaltlicher Aufsicht, Justament 09/2012, S. 16 ff.

Anhang

1. Entwurf einer Mandatsvereinbarung

Mandatsvereinbarung
zwischen

[Name, Anschrift, Kontaktdaten]
(nachfolgend als „**Mandant**" bezeichnet[1])

und

[Rechtsträger, Anschrift, ggf. Registernummer, Kontaktdaten]
(nachfolgend als „......" bezeichnet)

[...] ist eine studentische Rechtsberatungsgesellschaft, die ihre Mandanten unentgeltlich in Rechtssachen berät und vertritt. Rechtsberatungen und Rechtsdienstleistungen durch Vertreter von [...], die in der Regel ihr juristisches Studium noch nicht abgeschlossen haben, können selbstverständlich nicht das Niveau einer Rechtsberatung durch einen zugelassenen deutschen Rechtsanwalt erreichen und werden nicht durch die Vorgaben des anwaltlichen Berufsrechts (kein Zeugnisverweigerungsrecht, kein besonderer Schutz der erlangten Informationen in Strafverfahren) reguliert. **Dessen ist sich der Mandant bewusst.** [...] bietet seine Rechtsdienstleistungen unentgeltlich an und kann nur begrenzt für entstandene Schäden auf Seiten des Mandanten und Dritten haftbar gemacht werden.

Das zwischen dem Mandanten und [...] geschlossene bzw. zu schließende Auftragsverhältnis (nachfolgend als „**Mandat**" bezeichnet) unterliegt in allen rechtlichen Fragen der folgenden Mandatsvereinbarung.

---

[1] Soweit in dieser Vereinbarung Personen- und Funktionsbezeichnungen nicht ausdrücklich in der weiblichen und männlichen Form genannt werden, gelten die sprachlichen Bezeichnungen in der männlichen Form sinngemäß auch in der weiblichen.

1. Beratungsauftrag

1.1. Der Mandant beauftragt [...] mit der Wahrnehmung seiner rechtlichen Interessen, insb. durch Beratungsgespräche, Kontaktaufnahme und Verhandlungen mit der gegnerischen Partei bzw. mit ihrem Rechtsanwalt oder rechtlichen Vertreter, außergerichtliche Korrespondenz, Vertretung und Beistand vor deutschen Gerichten, sofern dies gesetzlich zulässig ist.

1.2. Das Auftragsverhältnis kommt erst dadurch zustande, dass die Geschäftsführung bzw. der Vorstand von [...] das Mandat ausdrücklich und schriftlich annimmt. Erste Beratungsgespräche mit Vertretern von [...] sind dem vorgelagert und stellen eine reine Gefälligkeit dar. Sie begründen noch kein Auftragsverhältnis.

1.3. Das Auftragsverhältnis begründet keinen Anspruch des Mandanten auf Beratung und andere Rechtsdienstleistungen. [...] kann das Mandat jederzeit – außer zur Unzeit – niederlegen und das Auftragsverhältnis kündigen.

1.4. [...] verpflichtet sich zur Wahrnehmung der rechtlichen Interessen des Mandanten und zur Verschwiegenheit hinsichtlich sämtlicher im Rahmen des Mandats erlangten Informationen.

1.5. [...] ist berechtigt, mandatsbezogene Daten, Informationen und Unterlagen, die der Mandant [...] im Rahmen des Mandates überlassen hat, zu speichern, zu verwahren und an Mitglieder des Beraterteams von [...] weiterzugeben.

1.6. Im Einzelfall sind die Vorschriften des Rechtsdienstleistungsgesetzes zu beachten. Unentgeltliche Rechtsdienstleistungen außerhalb familiärer, nachbarschaftlicher oder ähnlich enger persönlicher Beziehungen erbringt [...] unter Anleitung eines zugelassenen Rechtsanwalts.

2. Mitwirkungspflichten

2.1. Der Mandant verpflichtet sich, [...] vollständig und wahrheitsgemäß Auskunft über alle für das Mandat relevanten Tatsachen zu geben und relevante Dokumente vorzulegen. Verstöße hiergegen können den Mandanten schadensersatzpflichtig machen und berechtigen den Auftragnehmer der Rechtsberatung zur sofortigen Niederlegung des Mandates. Der Mandant verpflichtet sich, die ihm vorgelegten Protokolle von Beratungsgesprächen kritisch zu überprüfen und Fehler sowie Unvollständigkeiten bei der Sachverhaltsdarstellung anzumerken.

2.2. Die Beratung erfolgt unentgeltlich. Übersteigen die tatsächlich bei [...] im Rahmen des Mandats angefallenen Aufwendungen einen Betrag von 50 €, so besteht – unter der Bedingung, dass diese Aufwendungen vom Mandanten nicht getragen werden – ein außerordentliches Kündigungsrecht durch [...].

2.3. Auf die Rechtsdienstleistungen durch [...] findet das anwaltliche Berufsrecht keine Anwendung. Vertreter von [...] haben daher im Rahmen eines Straf- oder Zivilprozesses kein Zeugnisverweigerungsrecht. In einem Strafverfahren können Unterlagen bei Vertretern von [...] beschlagnahmt werden (§ 97 StPO). Bei besonders schweren Straftaten (§ 138 StGB) sind Vertreter von [...] zur Strafanzeige verpflichtet. Es besteht **keine Berufshaftpflichtversicherung** (§ 51 BRAO).

3. Haftung

3.1. [...] haftet, soweit dies gesetzlich zulässig ist, **nur für grobe Fahrlässigkeit und Vorsatz.** Eine weitergehende Haftung bei Schäden aus der Verletzung des Lebens, des Körpers oder der Gesundheit, die auf einer vorsätzlichen oder fahrlässigen Pflichtverletzung von [...] oder seiner Vertreter bzw. Erfüllungsgehilfen beruhen, sowie eine weitergehende Haftung aus Garantien oder nach dem Produkthaftungsgesetz bleiben hiervon unberührt. Unberührt bleibt ferner die Haftung für die Verletzung von Pflichten, deren Erfüllung die ordnungsgemäße Durchführung des Vertrages überhaupt erst ermöglicht und auf deren Einhaltung der Mandant regelmäßig vertrauen darf.

3.2. Die Haftung nach 3.1. ist, soweit dies gesetzlich zulässig ist, auf einen Gesamtbetrag von 1000 € beschränkt. Weitergehende Ansprüche des Mandanten, soweit gesetzlich zulässig, sind ausgeschlossen.

3.3. Maßgeblich ist nicht die Sorgfalt eines Rechtsanwalts, sondern die Sorgfalt in eigenen Angelegenheiten eines Studierenden der Rechtswissenschaften.

3.4. Etwaige Streitigkeiten, die sich aus diesem Vertragsverhältnis ergeben sollten, entscheidet unter Ausschluss des ordentlichen Rechtswegs abschließend und verbindlich ein **Schiedsgericht** gemäß der in einer besonderen Urkunde niedergelegten **Schiedsvereinbarung**. Auf diesen Vertrag findet deutsches Recht unter Ausschluss der Vorschriften zum Internationalen Privatrecht Anwendung.

3.5. Die Unwirksamkeit einer einzelnen Klausel dieses Vertrages führt nicht zur Unwirksamkeit des gesamten Vertrages.

[Ort, Datum, Unterschriften]

Schiedsvereinbarung

Im Hinblick auf Ziffer 3.4. der zwischen uns am [...] abgeschlossenen Mandatsvereinbarung wird folgende **Schiedsvereinbarung** getroffen.

§ 1 1) Sämtliche Streitigkeiten aus der Mandatsvereinbarung, insbesondere auch über ihre Gültigkeit, die Gültigkeit ihrer Klauseln, ihre Auslegung oder Beendigung, entscheidet unter Ausschluss des ordentlichen Rechtswegs abschließend und verbindlich ein **Schiedsgericht**. 2) Das Schiedsgericht entscheidet auch über Gestaltungsklagen.

§ 2 1) Das Schiedsgericht setzt sich aus zwei Beisitzern und einem Vorsitzenden, der die Befähigung zum Richteramt haben muss, zusammen. 2) Die Beisitzer werden je von der klagenden und beklagten Seite benannt. Die Beisitzer benennen den Vorsitzenden. Können sich die Beisitzer nicht auf einen Vorsitzenden einigen, so wird er durch den Vorstand der örtlich zuständigen Rechtsanwaltskammer benannt.

§ 3 1) Für die Hinterlegung des Schiedsspruches und das sonstige Verfahren ist das Oberlandesgericht [...] zuständig. 2) Ergänzend gelten für das Verfahren die §§ 1025 ff. ZPO. 3) Auf diese Vereinbarung findet deutsches Recht unter Ausschluss der Vorschriften zum Internationalen Privatrecht Anwendung.

[Ort, Datum, Unterschriften]

2. Gemeinnützigkeitsklausel in der Satzung

§ 1 – Verein, Sitz

1. Die studentische Rechtsberatung [...] ist ein nicht-wirtschaftlicher Verein im Sinne des BGB und beim Vereinsregister einzutragen.
2. Der Verein verfolgt ausschließlich und unmittelbar gemeinnützige Zwecke im Sinne des Abschnitts „Steuerbegünstigte Zwecke" der Abgabenordnung.
3. Zweck des gemeinnützigen Vereins ist die Förderung von Verbraucherberatung und Verbraucherschutz, die Förderung der Erziehung, Volks- und Berufsbildung einschließlich der Studentenhilfe sowie die Förderung von Wissenschaft und Forschung.
4. Der Satzungszweck wird verwirklicht insbesondere durch die unentgeltliche Erbringung von Rechtsdienstleistungen, die Durchführung wissenschaftlicher Veranstaltungen, Forschungsvorhaben und Lehr- sowie Weiterbildungsveranstaltungen auf dem Gebiet der Rechtswissenschaften, der Rechtspflege und der Rechtsdidaktik, insbesondere für Studierende der Rechtswissenschaften.
5. Der Verein ist selbstlos tätig. Er verfolgt nicht in erster Linie eigenwirtschaftliche Zwecke. Mittel des Vereins dürfen nur für die satzungsmäßigen Zwecke verwendet werden. Die Mitglieder erhalten keine Zuwendungen aus Mitteln des Vereins. Es darf keine Person durch Ausgaben, die dem Zweck des Vereins fremd sind, oder durch unverhältnismäßig hohe Vergütungen begünstigt werden.
6. Bei Auflösung oder Aufhebung der Körperschaft oder bei Wegfall steuerbegünstigter Zwecke fällt das Vermögen der Körperschaft an den Bund Studentischer Rechtsberater e. V. mit Sitz in Göttingen, der es unmittelbar und ausschließlich für gemeinnützige, mildtätige oder kirchliche Zwecke zu verwenden hat. Sollte der Bund Studentischer Rechtsberater e. V. zur Zeit der Auflösung oder Aufhebung der Körperschaft oder bei Wegfall steuerbegünstigter Zwecke nicht mehr rechtlich bestehen, so fällt das Vermögen der Körperschaft an die Universität [...], die es unmittelbar und ausschließlich für gemeinnützige, mildtätige oder kirchliche Zwecke zu verwenden hat.
7. Mittel des Vereins dürfen nur für die satzungsmäßigen Zwecke verwendet werden. Die Mitglieder erhalten keine Gewinnanteile und auch keine sonstigen Zuwendungen aus Mitteln des Vereins, die auf ihrer Eigenschaft als Mitglieder gründen. Der Verein darf sein Mittel weder für die unmittelbare noch für die mittelbare Unterstützung oder Förderung politischer Parteien verwenden. Die Mitglieder erhalten bei ihrem Ausscheiden oder bei Auflösung oder Aufhebung des Vereins keinen Anteil des Vereinsvermögen.
8. Der Verein muss seine Mittel grundsätzlich zeitnah für die steuerbegünstigten satzungsmäßigen Zwecke verwenden. Verwendung in diesem Sinne ist auch die Verwendung der Mittel für die Anschaffung oder Herstellung von Vermögensgegenständen, die satzungsmäßigen Zwecken dienen. Eine zeitnahe Mittelverwendung ist gegeben, wenn die Mittel spätestens in dem auf den Zufluss

folgenden Kalender- oder Wirtschaftsjahr für die steuerbegünstigten satzungsmäßigen Zwecke verwendet werden.

3. Checkliste für die Annahme eines Falles

1. persönliche Angaben des Mandanten (Name, Geburtsdatum, Wohnanschrift, Erreichbarkeit per Mail/Telefon)
2. kurze Erläuterung des Sachverhalts (Aktennotiz)
3. Angabe möglicher Fristen
4. ggf. Bedürftigkeit des Mandanten (Beratungshilfe)
5. Konkrete Analyse: Was sind die Interessen und Ziele des Mandanten?
6. Passt der Fall in das Beratungsspektrum der studentischen Rechtsberatung? Kann der Fall sinnvoll beraten werden? Ist er zu umfangreich oder weist zu große prozessuale Bezüge auf? Geht es um einen Fall aus der Steuerberatung, der nicht beraten werden darf?
7. Bestehen Interessenkonflikte mit anderen Mandaten?
8. Ist das Haftungslimit der Rechtsberatungsstelle eingehalten (i.d.R. sind zwischen 750–1200 € zu empfehlen).
9. Liegen alle erforderlichen Unterlagen vor? Müssen noch weitere Dokumente eingesehen oder angefordert werden?
10. Unterzeichnung der Mandantenvereinbarung
11. Unterzeichnung der Datenschutzerklärung

4. Checkliste für die finale Fallübernahme nach dem ersten Treffen

1. Ist das Protokoll des Erstgespräches vom Mandanten unterzeichnet worden?
2. Ist die Faktenlage hinreichend bekannt oder bedarf es eines weiteren Treffens?
3. Tritt man mit der Fallübernahme in Konflikt mit den Interessen anderer Mandanten oder der betreuenden Hochschule/eines betreuenden Anwaltes?[2]
4. Hat man den Eindruck, dass die Fallübernahme sinnvoll ist? Ist der Mandant seriös und ehrlich? Werden eigene Kompetenzen dem Fall gerecht? Ist der Fall innerhalb eines bestimmten Zeitraumes bearbeitbar?

---

[2] Vgl. dazu ausführlich: *Joy/Kuehn*, Conflict of interest and competence issues in law clinic Practice, 9 Clinical L. Rev. 493 2002–2003, 493 ff.

5. Fragebogen für Mandanten

> Um auch zukünftigen Mandanten so gut wie möglich zu helfen, ist es uns wichtig, Ihre Verbesserungsvorschläge umzusetzen. Wir wären Ihnen daher sehr dankbar, wenn Sie uns ein Feedback geben würde. Selbstverständlich werden alle Angaben vertraulich und anonym behandelt.
>
> Geben Sie uns einfach eine dem Schulsystem entsprechende Note auf der Skala von 1 (= ausgezeichnet, sehr gut, gut) bis 6 (= sehr schlecht, schlecht, mangelhaft). Außerdem können Sie an manchen Stellen kommentieren.

A. Generelle Bewertung der Legal Clinic

                                            1 2 3 4 5 6

1. Ich bin zufrieden. ☐ ☐ ☐ ☐ ☐ ☐

2. Mir wurde geholfen. ☐ ☐ ☐ ☐ ☐ ☐

3. Mir gefällt das Angebot der studentischen Rechtsberatungsstelle. ☐ ☐ ☐ ☐ ☐ ☐

B. Detailierte Analyse der Beratung

I. Kontaktanbahnung mit der Legal Clinic

1. Wie wurden Sie auf unsere Rechtsberatungsstelle aufmerksam?

Aufmerksam auf die Rechtsberatungsstelle wurde ich durch:

_____
_____
_____
_____

2. Wie beurteilen Sie den **Informationsfluss im Vorfeld** des ersten Treffens? ☐ ☐ ☐ ☐ ☐ ☐

Vorschläge zur Verbesserung (hat Ihnen etwas gefehlt?):

_____
_____
_____
_____

	1	2	3	4	5	6

3. Wie haben Sie unser Auftreten im Internet empfunden? ☐ ☐ ☐ ☐ ☐ ☐

Vorschläge zur Verbesserung:
_____
_____
_____
_____

4. Wie haben Sie unser Marketing empfunden? ☐ ☐ ☐ ☐ ☐ ☐

Vorschläge zur Verbesserung:
_____
_____
_____
_____

II. Das erste Beratungsgespräch

1. Wie war Ihr **erster Eindruck**, als Sie unsere Vertreter der Rechtsberatungsstelle kennengelernt haben? ☐ ☐ ☐ ☐ ☐ ☐

2. Wurden Sie **ausreichend** über das Procedere/ das Verfahren/den Ablauf der studentischen Rechtsberatung **informiert**? ☐ ☐ ☐ ☐ ☐ ☐

3. Hatten Sie den Eindruck, dass Sie immer einen **Ansprechpartner** hatten, an den Sie sich jederzeit wenden konnten? ☐ ☐ ☐ ☐ ☐ ☐

Verbesserungsvorschläge zu 1./2./3.:
_____
_____
_____
_____

	1	2	3	4	5	6

4. Hatten Sie den Eindruck, dass Ihr **Sachverhalt** sachgerecht, ordentlich und vollumfänglich aufgenommen wurde? ☐ ☐ ☐ ☐ ☐ ☐

5. Wie empfanden Sie die **Fragen** seitens unserer Berater? ☐ ☐ ☐ ☐ ☐ ☐

Verbesserungsvorschläge zu 4./5.:

_____
_____
_____
_____

6. Hatten Sie den Eindruck, dass sich genug Zeit genommen wurde? Konnten Sie alle Ihre Fragen stellen? ☐ ☐ ☐ ☐ ☐ ☐

Verbesserungsvorschläge?:

_____
_____
_____
_____

7. Wie beurteilen Sie unser Vorgehen im Hinblick auf die **erste grobe und noch unverbindliche Einschätzung** Ihres Falles, die wir Ihnen im Anschluss an das erste Beratungsgespräch gegeben haben (Informationsgehalt)? ☐ ☐ ☐ ☐ ☐ ☐

III. Die abschließende Beratung

1. Waren unsere Berater stets freundlich und hilfsbereit (Atmosphäre)? ☐ ☐ ☐ ☐ ☐ ☐

Anmerkungen:

_____
_____
_____
_____

	1	2	3	4	5	6

2. Hatten Sie den Eindruck, dass wir Ihre Rechtsfrage/Ihr Anliegen lösen konnten? ☐ ☐ ☐ ☐ ☐ ☐

Haben Sie Beanstandungen?

_____
_____
_____
_____

C. Fazit

1. Konnten wir Ihnen vollumfänglich bei Ihrem Rechtsanliegen helfen?/**Sind Sie mit der inhaltlichen Arbeit zufrieden?** ☐ ☐ ☐ ☐ ☐ ☐

2. Waren Sie mit unserer Bearbeitungszeit zufrieden? ☐ ☐ ☐ ☐ ☐ ☐

3. Wie haben Ihnen die Beratungsgespräche gefallen? ☐ ☐ ☐ ☐ ☐ ☐

4. Wie war der Gesamteindruck der juristischen Betreuung? ☐ ☐ ☐ ☐ ☐ ☐

5. Können Sie sich vorstellen, in der Zukunft noch einmal auf die studentische Rechtsberatungsstelle zurückzugreifen? ☐ ☐ ☐ ☐ ☐ ☐

Warum?/Warum nicht?:

_____
_____
_____
_____

6. Würden Sie uns weiterempfehlen? ☐ ☐ ☐ ☐ ☐ ☐

	1	2	3	4	5	6
7. Wie fanden Sie diesen Umfragebogen?	☐	☐	☐	☐	☐	☐

Was würden Sie anders machen?

_____
_____
_____
_____

8. Was hat Ihnen an der Legal Clinic im Allgemeinen **besonders gut gefallen**?

_____
_____
_____
_____

9. Was hat Ihnen an der Legal Clinic im Allgemeinen **überhaupt nicht gefallen**?

_____
_____
_____
_____

10. Zusätzliche Anmerkungen:

_____
_____
_____
_____

Herzlichen Dank für Ihre Mithilfe! Falls Sie uns mehr mitteilen möchten, würden wir uns über eine E-Mail mit dem Subject/Betreff: "Feedback" an "E-Mail" freuen.

Ihr Rechtsberatungs-Team der studentischen Rechtsberatung

Adresse:
Telefon:
Telefax:

6. FAQ – Häufig gestellte Fragen potenzieller Mandanten

Nachstehend ist eine Übersicht von Fragen aufgelistet, die häufig von Mandanten gestellt werden. Es empfiehlt sich, diese Fragen dem Mandanten bereits im Vorfeld zugänglich zu machen (zum Beispiel auf der eigenen Internetseite) und zu klären. So können sich potentielle Mandanten ein gutes Bild über das Leistungsspektrum der studentischen Rechtsberatungsstelle machen. Dies erleichtert die Arbeit, da die studentische Rechtsberatung so klarstellen kann, welche Voraussetzungen für eine Beratung vorliegen müssen.

Wer wir sind?
Hier wird dargestellt, wer hinter der studentischen Rechtsberatung steht, also meist eine studentische Organisation (Verein) oder eine Hochschule. An dieser Stelle kann man auch die Berater/Beratungsteams vorstellen. Außerdem empfiehlt es sich, die Kooperationspartner der studentischen Rechtsberatungsstelle anzuführen. Darunter fallen vor allem die anleitenden Volljuristen. Natürlich kann man auch weitere Unterstützer, z. B. Wohlfahrtsverbände, karitative Organisationen oder Sponsoren anführen.

Welche Fälle nehmen wir an?
Hier sollten alle Rechtsgebiete, die bearbeitet werden, dargestellt werden. Man kann darüber hinaus auch juristische Fachbereiche nennen, die von einer Beratung von vornherein ausgeschlossen sind.
Man sollte klarmachen, dass bestimmte Fälle aufgrund ihres Umfanges oder ihres Haftungsvolumens („Streitwert") möglicherweise nicht angenommen werden können.

Wie reiche ich meinen Fall ein?
Hier wird ausgeführt, wie die studentische Rechtsberatung kontaktiert werden kann. Es empfiehlt, sich ein Online-Formular oder E-Mail-Adressen bereitzustellen, so dass die potentiellen Mandanten den Fall elektronisch einreichen können.
Man sollte darauf hinweisen, dass keine Fälle über die eigene (sofern vorhandene) Facebook Seite angenommen werden.

Wer kann sich an die studentische Rechtsberatung mit einem Rechtsproblem wenden?
Hier wird erläutert, an welche Personenkreise (Zielgruppe) sich die studentische Rechtsberatung richtet (z. B. Bedürftige oder Studenten u. ä.)

Welche Aufgaben übernehmen wir außerdem neben der Rechtsrat-Erteilung?
Sehr hilfreich ist auch diese Rubrik, die das weitere Leistungsspektrum der studentischen Rechtsberatung darstellt. Hier wird ausgeführt, was die studentische Rechtsberatung neben dem Erteilen von Rechtsrat sonst noch für ihre Mandanten leisten kann. Darunter fällt zum Beispiel das Führen der Korrespondenz mit der

gegnerischen Seite oder die Möglichkeit, nur eine erste grobe rechtliche Einschätzung zu geben und erst später den Fall zu vertiefen.

Wie lange dauert die Bearbeitung meines Falles?
Dem Mandanten muss klar sein, dass die Arbeit ehrenamtlicher Natur ist und je nach Fall unterschiedlich viel Zeit in Anspruch nehmen kann. Eine erste grobe Einschätzung kann jedoch relativ schnell erfolgen. Aber es muss verdeutlicht werden, dass den gesetzlichen Bestimmungen entsprechend die gelösten Fälle zunächst einmal einem anleitenden Volljuristen zur Kontrolle vorgelegt werden müssen. Dies benötigt Extrazeit. In diesem Zusammenhang bleibt zu empfehlen, dass im Zweifel und insbesondere bei Fällen mit Fristen immer ein Anwalt aufzusuchen ist.

Wann endet das Beratungsverhältnisses
Das Beratungsverhältnis endet mit Lösung des Falles. Ggf. wird der Mandant noch ein wenig länger begleitet. Aber man sollte auch erwähnen, dass das Mandantenverhältnis als solches jederzeit ohne Angabe von Gründen seitens der studentischen Rechtsberatungsstelle beendet werden kann. Dies gilt natürlich auch in umgekehrter Weise.

Können wir auch anonym beraten werden?
Auf solche Fälle sollten sich eine studentische Rechtsberatung grundsätzlich nicht einlassen.

Wie wird mit meinen Daten verfahren?
Hier sollte kurz Stellung genommen werden, wer die einzelnen Akten einsehen kann (i.d.R. nur die beratenden Rechtsberater und die koordinierenden Mitarbeiter der studentischen Rechtsberatungsstelle). Man sollte klarmachen, dass die Daten selbstverständlich nicht an Dritte weitergereicht werden, sondern bei der Rechtsberatungsstelle verbleiben. Einzig zu bedenken bliebe, dass studentische Rechtsberater nicht etwa wie Anwälte von einem Zeugnisverweigerungsrecht Gebrauch machen können.

Welche Schriftstücke, Dokumente, Urkunden und sonstige Unterlagen müssen mit eingereicht werden?
Je mehr Unterlagen der Mandant zugänglich macht, desto besser kann der Fall aufgearbeitet und schlussendlich auch gelöst werden.

Daher ist zu empfehlen, dass die potenziellen Mandanten darauf hingewiesen werden, dass sie der studentischen Rechtsberatung nach Möglichkeit alle Rechtsdokumente zugänglich machen, die sie auch einem Anwalt zugänglich machen würden.

Können Sie mir einen Anwalt vermitteln?
Dies ist grundsätzlich nicht ohne Weiteres möglich, da man mitunter gegen wettbewerbsrechtliche Grundsätze verstoßen könnte.

Welche Mandate schließen wir von vornherein aus?
Man sollte genau erklären, welche Mandate nicht angenommen werden (können), zum Beispiel Mandate mit zu kurzen Fristen/prozessualem Bezug oder Mandate, aus denen widerstreitende Interessen entstehen könnten. Natürlich steht es der Rechtsberatungsstelle frei, auch weitere Mandate abzulehnen, etwa solche, die man schlicht und ergreifend nicht annehmen möchte, weil sie suspekt wirken. Grundsätzlich gilt: Die Arbeit der studentischen Rechtsberatung ist freiwillig. Die studentische Rechtsberatung entscheidet, welche Fälle sie annimmt.

Was kostet die Beratung?
Eine Frage, die immer wieder gestellt wird und nur eine richtige Antwort hat: Nichts! Hier sollte man klar und deutlich sagen, dass die studentische Rechtsberatung – abgesehen von Erfahrungen am Fall – keine Gewinne einstreicht. Das einzige, was man in Rechnung stellen könnte, sind sogenannte Aufwendungen. Dabei handelt es sich z. B. um Portokosten für Schreiben an die Gegenseite. Es empfiehlt sich jedoch, diese Kosten nicht in Rechnung zu stellen, da dies bei dem ein oder anderen Mandanten zu Verwirrung führen kann. Man sollte klarmachen, dass diese studentische Rechtsberatung für die Berater eine Möglichkeit ist, sich an realen Fällen zu erproben und dadurch zu lernen. Zugleich sollte man noch einmal verdeutlichen, dass nur von Studenten beraten wird und man keinesfalls das Niveau eines praktizierenden Anwalts erreichen wird.

Wie kann ich die studentische Rechtsberatung unterstützen?
Hier sollten man klarmachen, dass man kein Geld für die Beratung erhält und auch keines annimmt. Außerdem sollte man verdeutlichen, dass es zum einen um die Sache geht (nämlich Menschen zu helfen) und zum anderen darum, theoretisch erlerntes Wissen in der Praxis zu erproben.

Ist man als gemeinnütziger Verein anerkannt, kann man für Spenden eine Spendenquittung ausstellen, die dann als Sonderausgaben bei der Einkommensteuer geltend gemacht werden können (§ 10b EStG).

Wofür verwenden wir unsere Spenden?
Auch dies ist ein wichtiger Punkt, der auf jeden Fall geklärt sein muss. Zum einen hat man natürlich Gründungskosten, jährlich wiederkehrende Ausgaben (zum Beispiel die Internetseite oder Eintragungen beim Handels- oder Vereinsregister) und möglicherweise Kosten für Versicherungen. Man sollte darstellen, dass man als gemeinnützige Körperschaft Mittel nur zweckgebunden und für gemeinnützige Zwecke verwenden darf. Es empfiehlt sich an dieser Stelle, die in der Satzung genannten gemeinnützigen Zwecke aufzuführen. Man kann auch die Satzung zum Download bereitstellen.

Erfolgt eine rechtliche Vertretung auch vor Gericht?
Bis auf wenige studentische Rechtsberatungen ist dies in Deutschland noch unüblich (vergleiche als Ausnahme die in Hamburg ansässige Law Clinic der Bucerius

Law School). Man sollte erläutern, dass man zwar Telefonate führen könne und auch Schreiben im Auftrag der Mandanten versenden dürfe, dass jedoch für eine Vertretung vor Gericht ein Anwalt hinzugezogen werden muss.

Welche Pflichten muss ich als Mandant erfüllen?
Diese Frage muss jede Rechtsberatungsstelle für sich beantworten. Regelmäßig muss jedoch ein Beratungsvertrag abgeschlossen, der Fall zunächst schriftlich geschildert (meist mit eigenhändige Unterschrift zur Absicherung der Rechtsberatungsstelle) und ein Termin zur Besprechung des Falles vereinbart werden.

Wie ist die Haftung seitens der studentischen Rechtsberatungsstelle gestaltet?
Hier erläutert man die Rechtsform der Beratungsstelle, die Mandantenvereinbarung und ggf. den Versicherungsschutz. Außerdem sollte man den Mandanten erklären, in welchen Fällen man haftet (zum Beispiel bei grober Fahrlässigkeit).

Wie sieht der konkrete Ablauf der Beratung aus?
Hier sollte man beschreiben, wie die Beratung abläuft. Vom Einreichen des Falles über die Analyse und Annahme bis zum ersten Beratungstermin und schließlich zur Lösung des Problems. Man sollte den Mandanten erläutern, was auf sie zukommt.

Wo findet das Erstgespräch statt?
Es empfiehlt sich, das Erstgespräch immer erst nach Prüfung des Falles zu vereinbaren. Sobald der Fall eingereicht ist, kann man den ersten Termin vereinbaren. Grundsätzlich spricht nichts dagegen, sich in einem Café zu treffen, sofern keine Räumlichkeiten von der Universität oder anderen Institutionen zur Verfügung stehen.

An wen kann ich mich mit weiteren Fragen wenden?
An dieser Stelle sollten Kontaktdaten gelistet werden.

Ich möchte mich gerne in einer studentischen Rechtsberatungsstelle engagieren. Was kann ich tun?
Unter diesem Punkt sollte man auf alle Möglichkeiten hinweisen, wie man als studentischer Rechtsberater in der Beratungsstelle aktiv werden kann.

Ich würde mich gerne als anleitende Person im Sinne des RDG einbringen.
Unter dieser Rubrik ist aufzuführen, welche Anforderungen nach dem RDG an anleitende Personen gestellt werden und wen es in Ihrem Team zu kontaktieren gilt.

Wie ist die gesetzliche Grundlage?
Hier sollte man erläutern, wie die studentische Rechtsberatung momentan gesetzlich geregelt ist.

Was können wir im Zuge der Mandatsannahme trotzdem nicht tun?
Hier wird ausgeführt, was die Rechtsberatungsstelle nicht leisten kann. Zum Beispiel kann sie keine Prozesse für die Mandanten führen, da dies nur ein zugelassener Rechtsanwalt tun darf. Man muss klarmachen, dass die studentische Rechtsberatung die Arbeit eines Anwaltes nicht ersetzen kann und will.

The manufacturer's authorised representative in the EU is Springer Nature Customer Service Centre GmbH, Europaplatz 3, 69115 Heidelberg, Germany. If you have any concerns regarding our products, please contact ProductSafety@springernature.com

Printed and bound by CPI Group (UK) Ltd, Croydon, CR0 4YY
23/03/2026
02076393-0016